2025年度版　首都圏

国立・私立　幼稚園

入園のてびき

― 絵画協力 ―

洗足学園大学附属幼稚園

日本学習図書株式会社　編集部

本書の内容は、2024年度入学志願者に対し配布された
資料に基づいて作成されたものです。

まえがき

　永く続いたコロナ禍を乗り越え、幼稚園をとりまく教育環境もかつてのものをとりもどしつつあります。困難が続いた数年間の教訓を生かし、より安全に、充実した学びの場を提供したいという想いはすべての幼稚園に共通するものといえましょう。

　一方、従来の幼稚園の教育機能と保育所の福祉機能を一体化させる目的で設立された「認定こども園」の普及も進められています。これは保護者にとっては選択肢が増えることにつながる施策ですから、一見よいことのように感じられます。しかし、学費が安い、立地やサービスがよいといった利便性だけではない、お子さまの将来を考えた教育のための園選び、という観点からすると、このような施策は保護者を混乱させています。「どのような教育が行われているか」が表面に出にくくなっているからです。

　国立・私立小学校受験図書の発行を通して、幼児教育について考える日本学習図書では、独自の理念に基づいて「教育」を行う幼稚園・認定こども園のうち、特に人気・評価の高い園に焦点をあて、園の概要や教育の特色など、選択の判断材料となる情報を提供することを意図し、本書を発行します。

　幼稚園選択の際に最優先して考慮すべきことは、各幼稚園が子どもの成長にどのようなプラスを与えてくれるかを知ることです。そのために、各幼稚園の特色を把握する必要があります。

1．いつ設立されたか：

　　長い歴史があればよいとは限りませんが、伝統を無視することはできません。長い年月を
　　かけて蓄積された幼児教育のノウハウには価値があります。

2．設立の目的は何か：

　　創立者がどのような目的で設立したかは、その幼稚園の存在価値に関わる大切なことです。
　　この点を見誤ると、入園後、不満や違和感を持ちながら幼稚園に通わせることになります。

3．どういう先生がどのような教育をしているのか：

　　これが最も重要な点です。お目当ての幼稚園の案内書を集め、精読してください。多くの
　　場合、園長先生からのメッセージが書かれています。また、多くの園が保育や園舎の見学
　　会を行っており、運動会やバザーなどのイベントを公開している場合があります。積極的
　　に参加し、ご自身の目で判断してください。

4．設備や教育器具などは一定の水準に達しているか：

　　園舎や遊具、楽器など施設・備品だけではなく、健康や安全などに対する配慮も十分なさ
　　れているか、チェックすることも大切です。

　以上を考慮に入れ、家庭の方針に沿った保育を行う幼稚園が通園可能な範囲内にあるか、じっくりと案内書や資料、募集要項に目を通し、また足を運んでください。

　本書は、保護者の方に幼稚園選びの判断材料を提供すべく、十分に意を尽くして編集いたしました。しかし、まだまだ不備なところもあると存じます。大方の叱正を期待し、あわせまして各関係方面から賜りましたご協力に対し感謝の意を表します。

日本学習図書株式会社　編集部

総目次

まえがき		3
幼稚園検索表		6
英語が学べる幼稚園		8
預かり保育のある幼稚園		10
国立・私立幼稚園案内図		12

巻頭特集

◆巻頭特集①
入園前に意識すること　　　17

◆巻頭特集②
現在の幼稚園はこうなっている！　　29
「どこがちがうの？
　　幼稚園・保育所・認定こども園」
「これでわかった！幼児教育無償化」

◆巻頭特集③
幼稚園ってどんなところ？　　39
「幼稚園の1日」
「幼稚園の活動内容」
　正課活動／課外活動／
　行事いろいろ幼稚園の一年／
　特色ある取り組み／
　幼小連携と一貫教育／子育て支援／
　保護者の役割

◆巻頭特集④
幼稚園選びのポイント　　53

◆巻頭特集⑤
入園準備　　61
「入園準備のスケジュール」
「願書の書き方」
　提出書類／
　願書取得後、はじめに行うこと／
　願書を記入する前に／
　願書記入上の注意／願書記入例／
　願書見本

◆巻頭特集⑥
入園面接とテスト　　71
　面接／行動観察・運動・指示行動／
　個別テスト

国立幼稚園

◆東京都◆

	お茶の水女子大学附属幼稚園	80
	東京学芸大学附属幼稚園竹早園舎	84
	東京学芸大学附属幼稚園小金井園舎	86

私立幼稚園

◆東京都23区◆

〔千代田区〕	暁星幼稚園	90
	白百合学園幼稚園	92
	雙葉小学校附属幼稚園	94
〔港 区〕	聖徳大学三田幼稚園	96
	東洋英和幼稚園	98
	愛育幼稚園	100
	麻布みこころ幼稚園	102
	枝光会附属幼稚園	104
	若葉会幼稚園	106
	麻布山幼稚園	108
	白金幼稚園	110
	サンタ・セシリア幼稚園	112
〔新宿区〕	牛込成城幼稚園	114
	伸びる会幼稚園	116
〔文京区〕	日本女子大学附属豊明幼稚園	118
	共立大日坂幼稚園	120
	文京学院大学文京幼稚園	122
〔品川区〕	品川翔英幼稚園	124
	文教大学付属幼稚園	126
〔目黒区〕	育英幼稚園	128
	枝光会駒場幼稚園	130
	枝光学園幼稚園	132
	目黒サレジオ幼稚園	134
	若草幼稚園（自由が丘）	136
	祐天寺附属幼稚園	138
〔大田区〕	清明幼稚園	140
	小さき花の幼稚園	142
	田園調布ルーテル幼稚園	144
〔世田谷区〕	昭和女子大学附属昭和こども園	146
	三軒茶屋幼稚園	148
	家庭幼稚園	150

〔世田谷区〕　みょうじょう幼稚園　152
　　　　　　　国本幼稚園　154
　　　　　　　成城幼稚園　156
　　　　　　　聖ドミニコ学園幼稚園　158
　　　　　　　田園調布雙葉小学校附属幼稚園　160
　　　　　　　東京都市大学二子幼稚園　162
　　　　　　　和光幼稚園　164
　　　　　　　上野毛幼稚園　166
　　　　　　　ゆかり文化幼稚園　168
　　　　　　　春光幼稚園　170
　　　　　　　マダレナ・カノッサ幼稚園　172
　　　　　　　世田谷聖母幼稚園　174
　　　　　　　さくら幼稚園　176
　　　　　　　日本女子体育大学附属
　　　　　　　　　　　みどり幼稚園　178
　　　　　　　バディスポーツ幼児園　180
　　　　　　　常徳幼稚園　182
　　　　　　　日体幼稚園　184
〔渋谷区〕　　青山学院幼稚園　186
　　　　　　　福田幼稚園　188
〔中野区〕　　宝仙学園幼稚園　190
　　　　　　　大和幼稚園　192
　　　　　　　新渡戸文化子ども園（幼稚園）
　　　　　　　　　　　　194
〔杉並区〕　　光塩幼稚園　196
　　　　　　　國學院大學附属幼稚園　198
〔豊島区〕　　学習院幼稚園　200
　　　　　　　川村幼稚園　202
　　　　　　　東京音楽大学付属幼稚園　204
〔北　区〕　　聖学院幼稚園　206
　　　　　　　石川幼稚園　208
〔荒川区〕　　道灌山幼稚園　210
〔板橋区〕　　淑徳幼稚園　212
〔練馬区〕　　みのり幼稚園　214
　　　　　　　みずほ幼稚園　216
　　　　　　　高松幼稚園　218

◆東京都 市部◆
〔武蔵野市〕　聖徳幼稚園　220
　　　　　　　武蔵野東第一幼稚園
　　　　　　　　　　・第二幼稚園　222
〔府中市〕　　武蔵野学園ひまわり幼稚園　224

〔府中市〕　　明星幼稚園　226
〔調布市〕　　晃華学園マリアの園幼稚園　228
　　　　　　　桐朋幼稚園　230
〔町田市〕　　玉川学園幼稚部　232
　　　　　　　和光鶴川幼稚園　234
〔東村山市〕　晃華学園暁星幼稚園　236
〔国分寺市〕　みふじ幼稚園　238
〔国立市〕　　国立音楽大学附属幼稚園　240
　　　　　　　国立学園附属かたばみ幼稚園　242
〔東久留米市〕自由学園幼児生活団幼稚園　244
◆神奈川県◆
〔横浜市〕　　横浜英和幼稚園　248
　　　　　　　桐蔭学園幼稚園　250
　　　　　　　森村学園幼稚園　252
　　　　　　　湘南やまゆり学園　254
　　　　　　　　横浜マドカ幼稚園　256
　　　　　　　　横浜あすか幼稚園　257
　　　　　　　　横浜みずほ幼稚園　258
　　　　　　　　横浜黎明幼稚園　259
　　　　　　　金の星幼稚園　260
　　　　　　　上星川幼稚園　262
　　　　　　　認定こども園 捜真幼稚園　264
　　　　　　　大谷学園幼稚園　266
〔川崎市〕　　大西学園幼稚園　268
　　　　　　　洗足学園大学附属幼稚園　270
　　　　　　　カリタス幼稚園　272
〔大和市〕　　聖セシリア幼稚園　274

さくいん　276

幼稚園検索表

本書掲載の各幼稚園の主要項目を一覧にまとめました。幼稚園選びのご参考にしてください。

国立大学附属幼稚園（東京都内のみ）

幼稚園	宗教	園バス	昼食	未就園児	課外授業	宿泊行事	制服	頁
お茶の水女子大附属	－	－	弁	－	※	※	－	84
東京学芸大附竹早	－	－	弁	－	※	※	－	88
東京学芸大附小金井	－	－	弁	－	※	※	－	90

私立幼稚園（東京23区）

幼稚園	宗教	園バス	昼食	未就園児	課外授業	宿泊行事	制服	頁
暁星	キ	－	弁	－	－	－	○	90
白百合学園	キ	－	弁	－	－	－	○	92
雙葉	キ	－	弁	－	－	○	○	94
聖徳大学三田	－	○	給	○	○	○	○	96
東洋英和	キ	－	弁	－	○	○	○	98
愛育	－	－	弁	－	－	○	○	100
麻布みこころ	キ	－	弁	－	※	○	○	102
枝光会附属	キ	－	弁	－	○	○	○	104
若葉会	－	－	給	－	○	○	○	106
麻布山	仏	○	弁	－	○	○	○	108
白金	－	－	弁	※	－	○	○	110
サンタ・セシリア	キ	－	弁・給	○	○	○	○	112
牛込成城	－	－	弁・給	－	－	○	－	114
伸びる会	－	○	弁	○	○	○	○	116
日本女子大附属豊明	－	－	弁	－	－	○	○	118
共立大日坂	－	－	弁	－	○	○	○	120
文京学院大学文京	－	－	弁・給	○	○	○	○	122
品川翔英	－	○	弁・給	－	○	○	○	124
文教大学付属	仏	－	弁・給	○	○	○	○	126
育英	－	－	弁・給	○	○	○	○	128
枝光会駒場	キ	－	弁	－	○	○	○	130
枝光学園	キ	－	弁	－	○	○	○	132
目黒サレジオ	キ	－	弁・給	○	○	－	○	134
若草	－	－	弁・給	※	○	○	○	136
祐天寺附属	仏	○	弁・給	－	－	○	○	138
清明	－	－	弁	－	－	－	－	140
小さき花の	キ	－	弁	－	○	○	○	142
田園調布ルーテル	キ	－	弁・給	○	○	○	○	144
昭和女子大附属昭和	－	－	給	○	○	○	○	146
三軒茶屋	－	－	弁・給	－	○	○	○	148
家庭	－	－	弁・給	○	○	－	○	150
みょうじょう	キ	－	弁	○	○	○	○	152
国本	－	○	弁・給	○	○	○	○	154
成城	－	－	弁	－	○	○	－	156
聖ドミニコ	キ	○	弁	○	○	○	○	158
田園調布雙葉小学校附	キ	－	弁	－	○	－	○	160

私立幼稚園（東京23区）

幼　稚　園	宗　教	園バス	昼　食	未就園児	課外授業	宿泊行事	制　服	頁
東京都市大学二子	−	−	弁・給	※	○	○	−	162
和光	−	−	弁	○	○	○	−	164
上野毛	−	○	弁・給	※	※	−	○	166
ゆかり文化	−	−	弁	−	○	−	○	168
春光	−	○	給	−	○	−	○	170
マダレナ・カノッサ	キ	○	弁	○	○	○	○	172
世田谷聖母	キ	−	弁	○	○	○	○	174
さくら	−	−	弁・給	○	○	○	○	176
日本女子体育大みどり	−	−	給	○	○	○	○	178
バディスポーツ	−	○	弁	○	○	○	○	180
常徳	仏	○	給	○	○	○	○	182
日体	−	−	弁	○	○	○	○	184
青山学院	キ	−	弁	−	※	○	○	186
福田	−	−	弁・給	○	○	○	○	198
宝仙学園	仏	−	給	○	○	−	○	190
大和	−	○	弁	○	○	−	○	192
新渡戸文化	−	−	給	○	○	○	○	194
光塩	キ	−	弁・給	○	○	○	○	196
國學院大附属	−	−	弁・給	○	○	○	○	198
学習院	−	−	弁	−	−	○	○	200
川村	−	−	弁・給	○	○	○	○	202
東京音楽大学付属	−	−	給	○	○	−	○	204
聖学院	キ	−	弁・給	−	○	○	−	206
石川	−	○	弁・給	○	○	○	○	208
道灌山	−	−	弁	−	○	○	○	210
淑徳	仏	○	給	○	○	○	○	212
みのり	−	○	弁	○	○	○	○	214
みずほ	−	○	弁・給	○	○	○	○	216
高松	−	−	弁	○	○	○	○	218

私立幼稚園（東京市部）

幼　稚　園	宗　教	園バス	昼　食	未就園児	課外授業	宿泊行事	制　服	頁
聖徳（しょうとく）	仏	○	弁・給	○	○	○	○	220
武蔵野東 第一・第二	−	○	給	○	○	○	○	222
武蔵野学園ひまわり	キ	−	弁	○	○	○	−	224
明星（めいせい）	−	○	弁・給	○	○	○	○	226
晃華学園マリアの園	キ	○	弁	○	○	○	○	228
桐朋	−	−	弁	−	−	○	○	230
玉川学園	−	−	弁	−	−	○	○	232
和光鶴川	−	−	弁・給	○	○	○	○	234
晃華学園暁星	キ	○	弁・給	○	○	○	○	236
みふじ	−	○	弁・給	○	○	○	○	238
国立音楽大学附属	−	−	弁	○	○	○	−	240
国立学園附かたばみ	−	−	弁・給	○	○	○	○	242
自由学園幼児生活団＊1	キ	−	給	−	−	−	−	244

私立幼稚園（神奈川県）

幼 稚 園	宗 教	園バス	昼 食	未就園児	課外授業	宿泊行事	制 服	頁
横浜英和	キ	○	弁・給	−	○	○	−	248
桐蔭学園	−	○	弁・給	○	−	○	○	250
森村学園	−	−	弁・給	○	○	○	○	252
横浜マドカ	−	○	給	○	○	○	○	256
横浜あすか	−	○	給	○	○	○	○	257
横浜みずほ	−	○	給	○	○	○	○	258
横浜黎明	−	○	給	○	○	○	○	259
金の星	−	○	弁・給	○	○	○	○	260
上星川	キ	○	弁・給	○	○	−	○	262
捜真	キ	−	弁・給	○	−	○	−	264
大谷学園	−	○	給	○	○	○	○	266
大西学園	−	○	弁・給	○	○	−	○	268
洗足学園大学附属	−	−	弁	−	○	○	○	270
カリタス	キ	○	弁・給	○	○	○	○	272
聖セシリア	キ	○	弁・給	○	○	○	○	274

※ 詳細は、必ず幼稚園にお問い合わせください。

＊1 キリスト教教会附属の幼稚園ではありませんが、キリスト教精神に基づいた教育を行っています。

英語が学べる幼稚園

【先生】 日本人教師を「日」、ネイティブスピーカー（日本人含む）を「ネ」とした。

【時間／週】 春休み・夏休み・冬休み以外で1週間のうちの授業時間数。　※ 詳細は、必ず幼稚園にお問い合わせください。

地域	幼 稚 園	時間／週	内容	講師	頁
千代田区	暁星		詳細は園にお問い合わせください		90
港区	麻布みこころ		詳細は園にお問い合わせください		102
港区	サンタ・セシリア	約15分	英語の歌やリズム体操、英会話	ネ	112
新宿区	牛込成城	約20分	英語の歌やリズム体操、英会話	ネ	114
新宿区	伸びる会	約25分	英語の歌やリズム体操	ネ	116
文京区	日本女子大附属豊明	○	英語の歌やリズム体操など	ネ	118
文京区	文京学院大学文京	約30分	英語の歌やリズム体操、英会話	ネ	122
品川区	品川翔英	約20分	英語の歌や絵本の読み聞かせ	ネ	124
品川区	文教大学付属	約1時間	英語の歌やリズム体操	日	126
目黒区	育英		詳細は園にお問い合わせください		128
目黒区	枝光会駒場		詳細は園にお問い合わせください		132
目黒区	枝光学園		詳細は園にお問い合わせください		132
目黒区	若草	約15分	英語の歌やリズム体操、英会話	ネ	136
大田区	清明	約15分	英語の歌やゲーム（初等部教員指導）	ネ	140
世田谷区	昭和女子大附属昭和	○	アクティビティ（小学校英語教員）	ネ	146
世田谷区	家庭		詳細は園にお問い合わせください		150
世田谷区	みょうじょう	○	英語の歌やリズム体操など	ネ	152
世田谷区	国本	月に1〜3回	英語の歌やリズム体操	ネ	154
世田谷区	成城	週に2回	留学生との交流など	日	156
世田谷区	田園調布雙葉小学校附	約30分	英語の歌やリズム体操、英会話	ネ	160
世田谷区	東京都市大学二子	約1時間	英語の歌やサイバードリーム	ネ	162
世田谷区	上野毛	約40分	英語の歌やリズム体操、英会話	日	166
世田谷区	春光	20分	英語の歌やリズム体操、英語劇	ネ	170
世田谷区	マダレナ・カノッサ		詳細は園にお問い合わせください		172

地域	幼 稚 園	時間／週	内容	講師	頁
世田谷区	さくら	○	英会話など	※	176
世田谷区	日本女子体育大みどり	○	英語の歌やリズム体操など	※	178
世田谷区	バディスポーツ	約2時間	英語の歌やリズム体操、DVD鑑賞	ネ	180
世田谷区	常徳	○	英語の歌やリズム体操など	ネ	182
世田谷区	日体	○	英語の歌やリズム体操など	※	184
中野区	宝仙学園	約30分	英語の歌やリズム体操、英会話	ネ	190
中野区	大和	週に3回	英語の歌やリズム体操、英会話など	ネ・日	192
中野区	新渡戸文化	○	英語の歌やゲームなど	ネ	194
杉並区	光塩	○	英語の歌やリズム体操、英会話	ネ	196
杉並区	國學院大附属	約1時間	英語の歌やリズム体操、英会話	ネ	198
豊島区	川村	約1時間	英語の歌やリズム体操、英会話	日	200
豊島区	東京音楽大学付属	約30分	英語の歌やリズム体操、英会話	日	204
北区	聖学院	約30分	英語の歌やリズム体操	ネ	206
北区	石川	約1時間	サイバードリームなど	ネ	208
板橋区	淑徳	○	英会話など	ネ	212
練馬区	みのり	約20分	英語の歌やリズム体操、英会話	ネ	214
練馬区	みずほ	約15分	英語の歌やリズム体操、英会話	ネ	216
武蔵野市	聖徳（しょうとく）	○	英語の歌や絵本の読み聞かせなど	※	220
武蔵野市	武蔵野東 第一・第二	約30分	英語学習（年長・年中）	日	222
府中市	明星（めいせい）	約30分	英語の歌、英会話、読み書き	ネ	226
調布市	晃華学園マリアの園	約1時間	英語の歌、DVD鑑賞、英会話（年長）	ネ	228
町田市	玉川学園	○	英語の歌やリズム体操、英会話	ネ	232
東村山市	晃華学園暁星	○	英会話	※	236
国立市	国立音楽大学附属	3時間	英語の歌やリズム、異文化交流	ネ	240
国立市	国立学園かたばみ	週に1回	ECCジュニア（希望者）	※	242
東久留米市	自由学園幼児生活団	約30分	英語の歌やリズム体操	ネ	244
横浜市	横浜英和		詳細は園にお問い合わせください		248
横浜市	桐蔭学園	約1時間	英語の歌やリズム、英語かるたなど	ネ	250
横浜市	森村学園		詳細は園にお問い合わせください		252
横浜市	横浜マドカ	約30分	英語の歌やリズム体操、英会話	ネ	256
横浜市	横浜あすか	約30分	英語の歌やリズム体操、英会話	ネ	257
横浜市	横浜みずほ	約30分	英語の歌やリズム体操、英会話	ネ	258
横浜市	横浜黎明	約30分	英語の歌やリズム体操、英会話	ネ	259
横浜市	金の星	○	英語クラスあり	日・ネ	260
横浜市	上星川	約30分	英語の歌、英語劇、本の読み聞かせ	ネ	262
横浜市	大谷学園	○	英語の歌、英会話など（年長）	ネ	266
川崎市	大西学園	約30分	英語の歌やリズム体操、英会話	ネ	268
川崎市	洗足学園大学附属	○	詳細は園にお問い合わせください		270
川崎市	カリタス	約20分	英語の歌、英会話、ICTを活用	ネ	272
大和市	聖セシリア	約30分	英語の歌、英会話、英語劇など	ネ	274

預かり保育のある幼稚園

【就労】　Ａ保護者の就労の有無に関わらず利用可能　Ｂ保護者が就労している場合のみ利用可能
【日数／週】　春休み・夏休み・冬休み以外で１週間のうちの利用可能日数（週何日利用可能）
【長期休暇中】　長期休暇中の預かり。預かり可能日が休みの一部期間でも「○」と表示している
【対象年齢】　未就学児童クラスのある場合は対象年齢に含めた　※ 詳細は、必ず幼稚園にお問い合わせください。

地域	幼稚園	就労	日数／週	終了時間	長期休暇中	未就学児教室	頁
港区	聖徳大学三田	※	5日	17時30分	※	○	96
港区	麻布山	A	5日	16時	―	―	108
港区	白金	B	5日	16時30分	―	○	110
港区	サンタ・セシリア	B	5日	17時	○	○	112
新宿区	牛込成城	A	5日	18時	○	―	114
新宿区	伸びる会	B	5日	19時	○	○	116
文京区	日本女子大付属豊明	※ 2025年度より開始予定				―	118
文京区	共立大日坂	A	4日	16時	―	―	120
文京区	文京学院大学文京	※	5日	17時30分	○	○	122
品川区	品川翔英	A	5日	18時	○	○	124
品川区	文教大学付属	A	5日	18時	○	○	126
目黒区	育英	※	5日	17時	※	○	128
目黒区	枝光会駒場	※	2日	15時	―	○	130
目黒区	枝光学園	※検討中				―	132
目黒区	目黒サレジオ	A	5日	18時	○	○	134
目黒区	若草	A	5日	18時30分	―	※	136
大田区	清明	A	5日	17時30分	○	○	140
大田区	田園調布ルーテル	B	5日	18時30分	○	○	144
世田谷区	昭和女子大附属昭和	B	5日	19時	○	○	146
世田谷区	三軒茶屋	B	5日	18時	○	―	148
世田谷区	家庭	※	5日	18時30分	○	○	150
世田谷区	みょうじょう	※	5日	17時	○	○	152
世田谷区	国本	A	5日	19時	○	○	154
世田谷区	聖ドミニコ学園	※	5日	18時	○	―	158
世田谷区	東京都市大学二子	※	5日	18時	○	○	162
世田谷区	和光	※	5日	18時	○	○	164
世田谷区	上野毛	※	5日	17時	○	―	166
世田谷区	ゆかり文化	※	5日	16時30分	※	○	168
世田谷区	春光	A	5日	17時	○	―	170
世田谷区	マダレナ・カノッサ	※	5日	※	※	○	172
世田谷区	世田谷聖母	※	5日	18時	○	○	174
世田谷区	さくら	A	5日	19時	○	○	176
世田谷区	日本女子体育大みどり	A	5日	18時30分	○	○	178
世田谷区	バディスポーツ	※	6日	19時	○	○	180
世田谷区	常徳	B	5日	18時	○	○	182
世田谷区	日体	※	6日	18時30分(土朝のみ)	○	○	184
渋谷区	福田	B	5日	18時	○	○	188
中野区	宝仙学園	B	5日	18時	○	○	190
中野区	大和	B	5日	18時	○	○	192
中野区	新渡戸文化	※	5日	19時	○	○	194
杉並区	光塩	B	5日	18時30分	○	○	196
杉並区	國學院大附属	A	5日	18時	○	○	198
豊島区	川村	A	4日	16時	―	○	202
豊島区	東京音楽大学付属	B	5日	18時	○	○	204

地域	幼　稚　園	就労	日数／週	終了時間	長期休暇中	未就学児教室	頁
北区	聖学院	A	5 日	18 時	－	－	206
北区	石川	A	5 日	18 時 30 分	○	○	208
北区	道灌山	B	5 日	18 時	○	○	210
板橋区	淑徳	A	5 日	17 時	○	○	212
練馬区	みのり	B	5 日	18 時 40 分	○	○	214
練馬区	みずほ	B	5 日	18 時 30 分	○	○	216
練馬区	高松	B	5 日	18 時 30 分	○	○	218
武蔵野市	聖徳（しょうとく）	B	5 日	18 時 30 分	○	○	220
武蔵野市	武蔵野東 第一・第二	B	5 日	17 時	○	○	222
府中市	武蔵野学園ひまわり	A	4 日	16 時 30 分	－	○	224
府中市	明星（めいせい）	B	5 日	18 時 30 分	○	○	226
調布市	晃華学園マリアの園	B	5 日	18 時	○	○	228
調布市	桐朋	※	5 日	16 時	－	－	230
町田市	玉川学園	A	5 日	19 時	－	－	232
町田市	和光鶴川	A	5 日	18 時 30 分	○	○	234
東村山市	晃華学園暁星	A	5 日	18 時	○	○	236
国分寺市	みふじ	B	5 日	18 時	○	○	238
国立市	国立音楽大学附属	A	4 日	16 時 30 分	※	○	240
国立市	国立学園附かたばみ	B	5 日	18 時 30 分	○	○	242
東久留米市	自由学園幼児生活団	B	5 日	18 時	○	－	244
横浜市	横浜英和	※	5 日	17 時	－	－	248
横浜市	桐蔭学園	A	5 日	18 時	－	－	250
横浜市	森村学園	A	5 日	18 時	○	○	252
横浜市	横浜マドカ	B	6 日	18 時 30 分	○	○	256
横浜市	横浜あすか	B	6 日	18 時 30 分	○	○	257
横浜市	横浜みずほ	B	6 日	18 時 30 分	○	○	258
横浜市	横浜黎明	B	6 日	18 時 30 分	○	○	259
横浜市	金の星	A	6 日	希望時間まで	○	○	260
横浜市	上星川	A	5 日	18 時	－	○	262
横浜市	捜真	B	6 日	18 時 30 分	○	○	264
横浜市	大谷学園	B	5 日	18 時 30 分	○	○	266
川崎市	大西学園	B	5 日	17 時 30 分	－	－	268
川崎市	洗足学園大学附属	B	5 日	17 時	－	－	270
川崎市	カリタス	B	5 日	18 時 30 分	○	○	272
大和市	聖セシリア	A	5 日	18 時 30 分	○	○	274

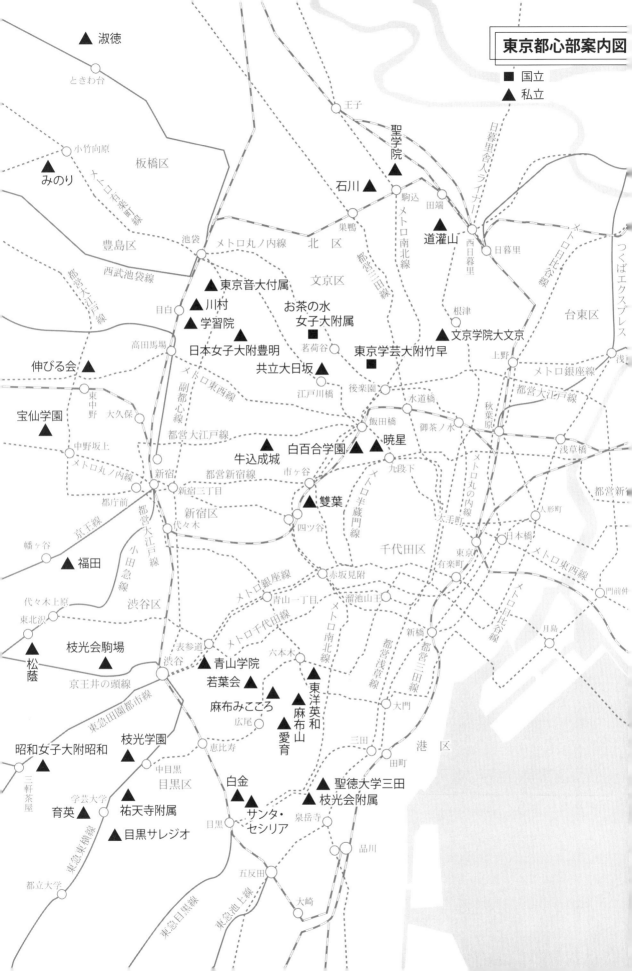

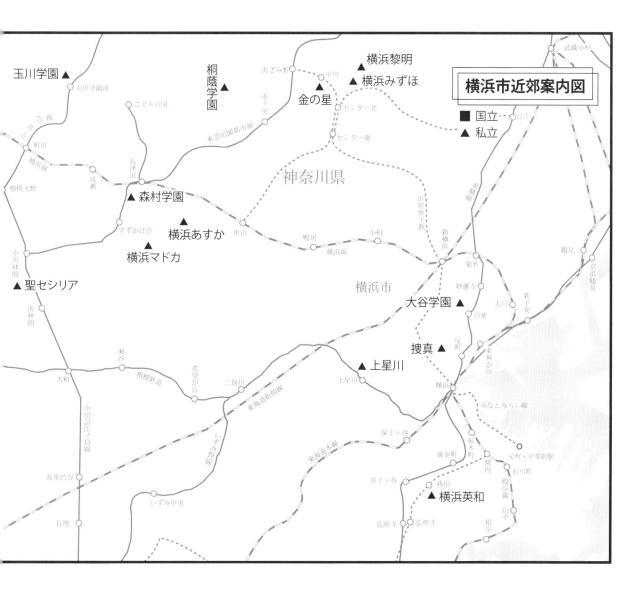

入園前に
意識すること

入園を控え、どのようなことに気をつけたらいいのか、
身に付けることはどんなことかなど、不安はあると思います。
そこで、入園までの心構えなどを取り上げましたので、
参考にしてください。

🍀 「3歳の壁」を歓迎しよう

みな様は「3歳の壁」というものをご存じですか。

3歳ぐらいの子どもは、肉体的にも精神的にも成長著しい時期であり、色々なことができるようになってきます。すると、イヤイヤが始まり、欲求のままに自分の意見を通そうとします。中には、そのまま反抗期に入る子どももいます。

この状況は特別なことではなく、ごく自然な成長の証であり、歓迎すべきことでもあります。しかし、このとき、子どもの要求を何でも受け入れたり、ご機嫌をとるような対策ばかりとることはよい対策とは言えません。

子どもは、要求を跳ね返されることを知らずに成長すると、どのように育つか容易に想像できるのではないでしょうか。「何でも自分の意見は通る」と思うようになってしまい、わがままになってしまいます。

この「3歳の壁」とは、自分の要求が全てが通らないことを知ることであり、この最初の「壁」になるのが保護者の役目になります。

ダメなことはダメ。と、通らないことがあることを知り、我慢、自制などを学んでいくのが「3歳の壁」といわれる時期にあたります。

どうしたらいいものかと悩む方もいらっしゃるかもしれませんが、毅然とした姿勢で臨むことも大切です。

🍀 幼稚園の入園は
　　ミニ社会への進出

幼稚園への入園は保護者にとっても喜ばしいことで、楽しみにしていると思います。と同時に、幼稚園への入園は、今まで親元で育てられていた子どもが、親元から離れて過ごす集団生活の始まりでもあります。それは大きな冒険でもあり、ミニ社会への進出ということになります。

今まで、保護者の庇護の下で生活していた子どもが、初めて会ったお友達と共同生活を送るということは、色々な困難なできごとにも遭遇します。幼稚園にはさまざまな決まりごと、ルールが存在し、それらを守りながらお友達と仲良く、楽しく過ごしていかなければなりません。ですから、入園後の生活に対応できるように、入園に備えた準備も必要ということになります。

集団生活を送る上で、トラブルは切っても切り離すことはできません。入園してから卒園するまでの期間、大なり小なりお友達とのトラブルを経験するでしょう。保護者とすると、できることならトラブルは避けないとと思うのが本心だと思いますが、実は、子どもの成長を考えると、ある程度のトラブル（大きなことは除きます）は歓迎することでもあります。

それは、トラブルを通して相手の気持ち、善悪の判断、謝罪と寛容の精神、その後の関係修復などを学んでいく機会となるからです。これからの人生を考えたとき、順風満帆とはいきません。そのようなことがあっても乗り越えていけるよう、少しずつ経験して力をつけていくのです。

と同時に、どうやったらトラブルを回避

できたのかなども学んでいく機会でもあります。

　初めての社会進出は楽しみもありますが、同時に不安も抱えています。保護者として子どもが安心して幼稚園生活を送れるように「大丈夫」と安心させてあげてください。

　幼稚園から帰ったら、何をしたのか。何が楽しかったのか。など、話をして幼稚園が楽しい場所になるようにしてあげましょう。

入園準備を始めるにあたって

　子どもはまだ幼く、経験もあまりありません。ですから、保護者は、入園準備を始めるにあたって意識をしなければならないことがあります。

　大切なことは、何事もやらせるのではな

く、子ども自らがしたくなるような環境、自然に身に付くような環境を作ることです。

　躾をするにあたって、内容によっては形から入っていくものもありますが、どうしてするのかなど、意味や意義から入っていくものもあります。しかし、どちらにしても、一度では身に付きませんから、何度も何度も、繰り返しながら少しずつ修得していくものだと心得ておきましょう。

　また、この時期の子どものお手本は保護者になります。ですから、入園準備をするときは、やらせるとか、教えるという意識ではなく、お手本を示し、修得して欲しいことを環境として整えることで、生活体験を通して自然と修得できるようにすることも大切です。

特集

やったからと急には身に付かない

どのようなことでも、やって直ぐには身に付きません。例え、そのときできたとしても、それは一過性のことであり、修得した、身に付いたこととは違います。何度も繰り返すことで少しずつ身に付くことを忘れないでください。

取り組んでいれば、「うちの子、できない。」と悩むこともあるでしょう。そのようなときがあっても大丈夫です。そのまま取り組んでいればできるようになります。

「では、いつできるようになりますか？」と答えが欲しくなるでしょう。そのような質問があったら、「はっきり申し上げることはできませんが、続けていればできるようになりますし、止めればできないままです。」とお応えします。

身も蓋もないと思われるかもしれませんが、悩んだときは、何事もシンプルに考えるのが一番スッキリするものです。

できないことに挑戦しているのですから、できなくて当然です。今は、できないことをできるようにするために取り組んでいるのだから。と考えましょう。

そして、そのようなときこそ「笑顔」を忘れず、楽しく取り組みましょう。

これからの生活で気をつけて欲しいこと

保護者がなにげなくしていることが、これからの子どもの成長にいい影響を与えるか。悪い影響を与えるか。果たしてどちらか考えたことはありますか。

コロナ禍の自粛生活を経て、今、国立・私立小学校の入学試験では、常識問題の出題が増えています。自粛生活により、生活体験が不足していることが指摘されており、入学後の集団生活に影響が出ています。自粛期間中のお手本、躾をするのは保護者の役割になります。子どもの年齢を考慮すると、まだ知識も経験もありません。だからこそ保護者は色々なことに配慮、意識をする必要があると思います。

不思議なことに、子どもは身に付けて欲しいことはなかなか身につかず、身に付けて欲しくないことほど、すぐに修得する。そんな経験はありませんか。

それをダメといって何とかなるのならいいですが、そう、ことは上手くは運びません。ですから、保護者はその点を忘れずに生活を送りましょう。

入園までに身につけること

❶朝　早寝・早起き、自分で起床、時間の意識

　まずは、基本的生活習慣に関することです。幼稚園では規則正しい生活を送ります。その規則正しい生活を送るために必要な規則正しい生活を送れる習慣を身につけることが大切です。

早寝・早起き、自分で起床

　なんと言っても早寝早起きは規則正しい生活習慣の基本です。これが身についていないと１日の生活は乱れてしまいます。朝、バタバタすると１日が慌ただしくなってしまい、上手くいかないという経験はありませんか。初めての幼稚園生活において、バタバタして上手くいかない状況は、園に対する苦手意識を持つことにつながりかねません。

　基本は朝、決まった時間に自分で起きることを目指しましょう。そのために夜更かしは厳禁です。夜更かしをすれば、朝起きられないのは当然のこと。また、十分な睡眠をとらないと、子どもの成長に悪影響しか与えません。

　夜更かしの原因となることを生活から排除し、子どもが早く寝られるように環境を整えましょう。

　「うちの子、早く寝なくて」とお困りの方もいると思います。早く寝ない原因は、そのような生活習慣で日常生活を送っていたからです。

　このような場合、その点を改善しなければなりません。原因となっていることを排除し、子どもが寝やすい状況を作ります。布団の中で読み聞かせをする。生まれた頃の話をしてあげるなども有効です。

　そしてもう一つのお勧めですが、早く寝かそうとするのではなく、起きていられない状態にするという考え方もできると思います。

　これは、小学校受験をするご家庭の子どもの夏休みに生活習慣が崩れ、修正するとき

にお勧めしている方法なのですが、それは、思いっきり体力を使わせ、疲れて起きていられない状態にして早く寝る方法です。

この方法、イライラすることもありませんからいいと思いませんか。

早く寝れば自然と早く起きるでしょうし、睡眠時間を十分とっていれば、目覚ましが鳴ったとき、目が覚めやすいと思います。

時間の意識

時間の意識は大切です。しかし、時計を読むことはまだできないと思います。そこで、幼稚園生としてお兄さん、お姉さんになるので、自分専用の目覚まし時計をプレゼントしたらどうでしょう。自分専用となれば、嬉しいですしこのとき、お兄さん、お姉さんになった気分になると思います。と同時に、時間に対する意識付けもできます。このときプレゼントするのは、デジタルではなくアナログの目覚まし時計にしてください。子どもは、まだ時間が読めませんから長い針がここに来たとき、短い針がここに来たときと、位置で時間を意識させるためです。

この、針の位置で時間を意識させることは他のことにも取り入れます。何かをするときでも、「長い針がここまでくるまでにやろうね」などと、時間を意識して取り組むことができます。

❷ 準備　時間の意識、洗顔、着替え（平服⇔パジャマ、平服⇔制服）

先ほども時間の意識については述べましたが、幼稚園に通うと時間によってやることが変わります。家にいても登園時間があり、その時間までには準備を終えなければなりません。

そうした起床してから登園するまでの過ごし方も、時間を意識して行動できるように習慣付けておく必要があります。

そのための方法の一つとして、朝の行動をルーティーン化させるという方法

があります。

　まず起床をしたら、家族に挨拶をしそのあとに洗顔。パジャマから着替えて新聞を取りに行き、食卓に着く、食後、歯磨きをして云々という具合に、朝のルーティンを決めることで、習慣化が身につきます。

時間の意識

　朝のルーティンを取り入れてと言いましたが、それをいつまでにするのでしょう。もちろん、するだけでなく、いつまでにという時間的概念も同時に身に付けることが望ましいことは言うまでもありません。子どもはまだ小さく一度にすべてを把握することは難しいと思いますので、時間のイラストを作るなどして、次はこの時間までに○○をしようね。と少しずつ意識付けさせていくのがよいでしょう。最初は項目も少ないことから始め、最終的には時計を観て時間を意識できるところまで身に付けたいですね。

洗顔

　洗顔ですが、ただ顔を洗えばいいということから、もう少しだけ意識させることができるようにしたいですね。まず、洗顔ですが、顔を洗ったあと、服は濡れていませんか。濡れたときも濡れたままになっていないでしょうか。また、洗顔をしたあと周りがビチャビチャになっていませんか。濡れているところは拭いて、次の人が使いやすいようにする配慮をすることも身に付けたいものですね。

　実際、ここまでのことは難しいかもしれませんが、身に付けられる環境を整えておくとよいと思います。このようなことは理解から入ることは難しいと思います。ですからこれはこうすることだと、形から入って後から意味を教えてあげる方法をおすすめ致します。

着替え（平服⇔パジャマ、平服⇔制服）

　1人で着替えることは入園までに身に付けておきましょう。通園時と園内で過ごすときと服装が違う園が多くみられます。ですから自分のことは自分ですることが求められ

る園生活においては必要なこととなりますので、身に付けるようにしましょう。

　この着替えですが、ただ着替えればいいというものではありません。恐らく、着替えというと別の服を着ることに意識が向いてしまうと思いますが、脱いだ服の状態はどうなっているでしょう。のちほど「片付け」について触れますが、やはり、脱いだ服をきちんとたためるようにしたいものです。脱いだら脱ぎっぱなしはよくありません。例えば、洗濯するものでも脱ぎっぱなしではなくかごに入れる。再度、着る服などはたたむことまでが着替えです。もちろん、たたむにしても最初は1人ではできませんし、難しいたたみ方もできませんから、そこは年齢に合わせたたたみ方で十分です。脱ぎっぱなしにしないことを第一に考えて取り組んでください。

❸食事 食前・食後の挨拶、食べこぼし、食後の食器を下げる、椅子

　ここでは食事のマナーに関することが中心です。細かなことではなく、大きくとらえて他にも関係することを中心に取り上げます。

食前・食後の挨拶
　最近、大人でもこの挨拶が言えない人が増えていると思います。食事を出してもらうのは当たり前のことではなく、色々な人が関係して食卓に並んでいることは教えていただきたいと思います。よく命をいただくといいますが、年齢を考えるとショッキングなことでもあるので、作ってくれた人に感謝の気持ちを表すということで、挨拶はしっかりとするようにしましょう。そして、挨拶は、食事の時だけでなく、ＴＰＯに応じて他にもあることを教えてあげてましょう。

食べこぼし
　ここで取り上げている食べこぼしは、原因を特定して取り上げます。一つはお皿や茶碗などから口に運ぶときに食材を落とすこと。もう一つが食べている最中におしゃべりなどをして口からこぼすことです。前者の場合、練習をすることで上達することができ

ます。

　ただ、口の中に食べ物が入っている状態で会話をすることは食事のマナーとしてもよくありません。この場合、その点をしっかりと教え修正しましょう。

食後の食器を下げる

　これも片付けの一環です。自分が食べたものはそのままテーブルに置いたままにするのではなく、せめてキッチンまで下げましょう。ちょっとした気遣いですが、作ってくれた人への感謝も込めた行為として、自分で食べたものは片付けるという習慣の一つとして取り組んで欲しいと思います。家でそのようにしていると、外食したときにも「ごちそうさまでした」とお店の人に挨拶ができるようになります。ちょっとした一言ですが、言えると素敵だと思いませんか。

椅子

　食事と椅子に何の関係が、と思う方もいると思いますが、これは普段の椅子の扱いの一環として取り上げてます。使った後の椅子が出しっぱなしになっている子どもの場合、家庭内でも使った椅子をしまわない環境があるのではないでしょうか。

　これも大きく見たら使ったものを片付けることの一つといえるでしょう。

❹ 挨拶

　この項目は今後のことを考えると、身に付けなければならないことです。近年、大人でも挨拶、返事、謝罪ができない人が増えています。みなさんは我が子にそのような大人になって欲しいとは思わないと思います。そうならないためにも今のうちからしっかりと身に付けておきましょう。

挨拶、返事、謝罪

　これらはセットとして考えてください。ＴＰＯによってそれぞれ違いますが、共通しているのは相手があることです。そして相手がどう感じるかが大切になりますし、人間関係を構築する上で大切なものです。最初は形から入った方がいいと思います。年齢的にも深いことまでは理解できませんから、最初はこういうものとしっかりと教え込みましょう。

　相手の目を見て、（相手に伝わる）大きな声で、ダラダラせずにするようにしましょう。家庭内では、特に朝の挨拶はしっかりして、１日の始まりを気持ちよく始めましょう。

　挨拶に関することがどれぐらいあるか、一度考えてみてください。

❺ 会話 目を見て聞く・話す、傾聴する

　これも挨拶同様、人と関わっていく上で大切なことの一つです。特に最後の「傾聴」することは、小学校でも話の聞けない子どもが増えているといわれいることの一つで、学力に直結する大切なことですから、小さい内から身に付けるようにしましょう。

　そしてここにあげた項目ですが、保護者自身もできているかチェックをしてください。と申し上げるのも、この項目は、保護者にも当てはまっており、できていない人が年々増えており、園側も頭を抱えている一つとなっています。この項目に挙げていることは、すべてしっかりと修得してください。そのためにも保護者自身が規範意識を持って生活しましょう。

❻ 片付け 玩具、脱いだ靴、脱いだ服、〜しっぱなし

　片付けについては、散らかすのが子どもの仕事みたいなところがあると思います。しかし、今まではそれでも保護者が後片付けをしてくれたのでよいかもしれませんが、園ではそうはいきません。出したあと、片付けなければ誰かがすることになりますし、迷惑になります。それは集団生活において大切なことですから、片付けに関してはしっかりとできるようにしましょう。

玩具

　玩具を使い飽きたら次の玩具を、ということは幼児期にはよくあることですが、園生活を考えたら、使ったものを出し放しというのはよくありません。まず、家のルールとして使ったら片付けてから、次のものを出すというように決めて徹底しましょう。

脱いだ靴

　これもなかなかできないでしょう。最初は、形から真似事から入ってみるという方法もあります。自分のものを大切にすることから教え始める

ことで、ものを大切に扱うことを覚えます。大切な靴の存在を教えてあげましょう。そして保護者はできるだけ一緒に靴を脱ぎ、揃える習慣をつけましょう。

脱いだ服

服は大切なものです。それを粗末に扱うということはいらないの？　と聞いたり、脱いだ服を片付けるまでは次のことをしないなど、ある程度の制約を決めることも一案ですが、そこはまだ幼児です。約束の加減をきめ取り入れてください。最初から１人でやらせるのではなく、最初は一緒にするなどし、片付ける環境を整えることが必要です。まずは脱いだ服をたたむ、片付ける習慣を身に付けましょう。

❼ お手伝い

お手伝いも取り入れた一つですが、年齢を考慮すると、たくさんのことは望めません。やはり、年齢に応じてできることも限られますし、結果も違います。ただ、一生懸命したお手伝いを目の前で直すことはやめましょう。子どもからしたら、やったことを目の前で直されることはダメ出しされるのと同じです。保護者が一生懸命、家族のために料理を作り、食卓に出したとき、家族がそれぞれ調味料を手に取り、味の修正をされたらどう思いますか。そのときの気持ちと同じです。

年齢的にも、子どものお手伝いは、あとから手直しが必要だと思います。ですが直すなら、子どもがいないときや寝てからにしましょう。

そしてお手伝いは回数を重ねることで上達してきます。

現在の幼稚園は こうなっている!

お子さまを通わせるのにベストな園とは?
幼稚園と保育所、認定こども園の違いや特徴を
「子ども子育て支援新制度」と合わせて説明します。
また、幼児教育無償化についても、
その概要からポイントまで、すべて解説します。

「どこがちがうの? 幼稚園・保育所・認定こども園」
「これでわかった! 幼児教育無償化」

どこがちがうの？
幼稚園・保育所・認定こども園

幼稚園・保育所・認定こども園。知っているようでも、いざ自分の子どもの入園時期が近づいてみると、意外に知らないことも多く、不安を感じてしまう保護者の方も多いでしょう。
お子さまにとってベストな園を選ぶにあたり、それぞれの違いや特徴を把握することが大切です。

幼稚園　3歳から5歳の子どもを預かり、1日約4時間の“教育”を行う“学校”です。近年、時間外に“預かり保育”を行う園も増えています。

保育所　0歳から5歳の子どものうち、両親の就労などで家庭での子育てが困難な子どもを預かる“児童福祉施設”です。1日8時間の預かりが基本です。

認定こども園　幼稚園と保育所のよいところを合わせた施設で、0歳から5歳の子どもを預かります。また、地域の子育て支援を行う役割も果たします。

	幼稚園	保育所（保育園）	認定こども園
機能	学校	福祉施設	学校および福祉施設
根拠法と管轄	学校教育法 文部科学省	児童福祉法 厚生労働省	子ども・子育て支援法 内閣府
預かる子ども	3〜5歳の子ども	0〜5歳の子どものうち 自治体の認定を受けた者	0〜5歳の子どものうち 自治体の認定を受けた者
設置者	国、地方公共団体、 学校法人、宗教法人、 その他の法人、個人	地方公共団体、 社会福祉法人、 その他の法人、個人	国、地方公共団体、 学校法人、社会福祉法人
預かり時間	標準は1日4時間 （園により延長あり）	原則として1日8時間 （園により最大11時間）	1日4時間または8時間 （園により延長あり）
利用料	園が定める額または 自治体が定める額	自治体が定める額	自治体が定める額

＊現在は、保育所を認定こども園に移行し、所轄官庁を厚労省から内閣府に移管することが構想されている。

子ども・子育て支援新制度

　待機児童の問題など、子育てをめぐるさまざまな課題の解決を目的として、2015 年度より、「子ども・子育て支援新制度」の運用が開始されました。幼児期の教育や保育、地域の子育て支援の拡充や質の向上をめざし、さまざまな取り組みが進められます。

　この制度により普及が促されているのが「認定こども園」です。両親が仕事を持つ家庭でも子どもに幼稚園と同様に「教育」を受けさせられる、子育てについて相談できる場所や一時的に子どもを預かってくれる施設が増える、2 人目以降の子どもの保育料が軽減されるなど、利用者にとってさまざまなメリットがあります。しかし、新制度への移行を進める園がある一方で、教育機関としての役割に専念するために、新制度へ移行せずに従来の枠組で運営を行う幼稚園もあります。

　2019 年 10 月からの幼児教育無償化（後述）によって、費用面のサポートが実施されたことで、今まで保育料の高さを理由に通園を考えてなかった施設も、お子さまを通わせる施設の選択肢の 1 つになります。子どもを預けるのにどの施設がよいのか、保護者にとっては悩みどころです。

進められている取り組み

①「認定こども園」の普及

　これまで、小学校へ上がる前の子どもを預かる施設としては、おもに「幼稚園」「保育所」の 2 つが利用されてきましたが、新制度では、これらに加え、両方の特徴をあわせ持つ「認定こども園」の普及が進められています。幼稚園には、新制度へ移行せず従来通りの制度で運営される幼稚園と新制度で運営される幼稚園、認定こども園の 3 つがある状態です。

②保育の場を増やして待機児童を減らし、子育てしやすい、働きやすい社会へ

　少人数の子どもを保育する「地域型保育」（P.33 参照）が設けられ、特に都市部における待機児童の解消が進められています。

③幼児期の教育や保育、地域のさまざまな子育て支援の量の拡充と質の向上

　家庭で子育てをする保護者も急の場合などに利用できる「一時預かり」や、身近なところで子育て相談などが受けられる「地域子育て支援拠点」など、地域のさまざまな子育て支援制度の充実が図られています。

④少子化が進む地域の子育てを支援

　親子で出かけて交流や相談ができる場の設置、一時預かりや学童保育、病児・病後児保育の増設など、さまざまな家庭のニーズに合ったサービスを選択することができるように、区市町村が主体となって、地域での子育てを支える仕組みを充実させています。

特
集

「保育の必要性」の認定と、利用できる施設について

　新制度で運営されている幼稚園・保育所・認定こども園・地域型保育などの施設を利用するためには、居住する区市町村から「保育の必要性」の認定を受ける必要があります。1号・2号・3号の3つの認定区分があり、それぞれ利用できる施設が異なります（下図参照）。なお、従来の枠組で運営を行う幼稚園への就園を希望する場合は、この認定を受ける必要はありません。

特集

「保育の必要性」の認定区分、認定事由

1号認定	教育標準時間認定	子どもが満3歳以上で、教育を希望する場合。
2号認定	満3歳以上・保育認定	就労などで家庭での保育が難しく、保育所等での保育を希望する場合。保育の必要量によって、保育標準時間（11時間）と保育短時間（8時間）とに分けられます。また子どもの年齢によって、2号認定と3号認定に分かれます。
3号認定	満3歳未満・保育認定	

保育の必要性の認定事由	●就労（フルタイム・パートタイム・夜間・居宅内の労働など）　●妊娠・出産 ●保護者の疾病・障害　●同居または長期入院等の親族の介護・看護　●災害復旧 ●求職活動（起業準備含む）　●就学（職業訓練を含む）　●虐待やＤＶのおそれ ●育児休業取得中に、すでに保育を利用している子どもがいて継続利用が必要であること ●その他、上記に類する状態として自治体が認める場合

「認定」と利用できる施設

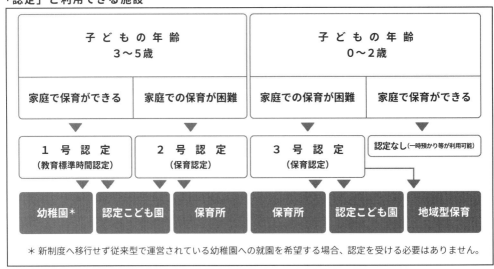

＊新制度へ移行せず従来型で運営されている幼稚園への就園を希望する場合、認定を受ける必要はありません。

「認定こども園」とは

「認定こども園」は、幼稚園・保育所等の、次の2つの機能を備え、各都道府県や政令指定都市の認定を受けた施設です。

① 保護者が働いている・いないにかかわらず、小学校就学前の子どもを受け入れ、教育・保育を一体的に行う機能。

② 地域のすべての子育て家庭を対象に、子育ての不安に対応した相談活動や、親子の集いの場の提供などを行う機能。

「認定こども園」は下の表の4タイプに分けられ、預かる対象や保育の内容が異なります。

1 幼保連携型	**2 幼稚園型**	**3 保育所型**	**4 地域裁量型**
認可幼稚園と認可保育所とが連携して、一体的な運営を行うタイプ	認可幼稚園が、保育に欠ける子どものための保育時間を確保するなど、保育所的機能を備えたタイプ	認可保育所が、保育に欠ける子ども以外の子どもも受け入れるなど、幼稚園的な機能を備えたタイプ	幼稚園・保育所いずれの認可もない地域の教育・保育施設が、必要な機能を果たすタイプ

特
集

 「認定こども園」のメリット

「認定こども園」のメリットとしては、まず、保護者が仕事を持っている・いないにかかわらず利用することができる点、また長時間の預かり希望にも対応している点が挙げられます。仕事に就く、離職するなどの理由で就労状況が変わった場合でも継続して同じ施設を利用できるため、子どもに環境の変化（転園）によるストレスを経験させずに済みます。

年齢の違う子どもたちや地域の子どもたちとふれあう機会が豊富なことも、メリットの1つです。0歳～5歳の子どもを同じ施設内で預かる認定こども園では、多くの場合、教育時間以外の時間帯を、3歳～5歳児と0歳～2歳児がいっしょに過ごすことになります。赤ちゃんのお世話の手伝いなど、幼稚園ではできない体験を積むこともできるでしょう。また、認定こども園では、地域のすべての家庭の子育て支援を行う施設として、園外の子どもも参加できる親子教室やイベントが行われます。新しい友だちと出会ったり、彼らが持ち込む新しい文化や価値観に驚いたりと、さまざまな刺激を受けることになるでしょう。

 「地域型保育」とは

少人数（20人未満）の単位で0～2歳の子どもを預かる事業で、待機児童が多いにもかかわらず施設を新たに設けることの困難な都市部や、子どもが減っていて施設を維持できない地方など、地域のさまざまな状況に合わせて保育の場が確保されることが期待されています。①定員5名以下の「家庭的保育」、②定員6～19人の「小規模保育」、③企業や組織の保育施設で従業員の子どもと地域の子どもの保育を行う「事業所内保育」、④個別のケアが必要な場合や施設のない地域において家庭的保育者※の自宅で保育を行う「居宅訪問型保育」の4タイプがあります。

※家庭的保育者：自治体が行う研修を終了した保育士、および保育士と同等以上の知識・経験を有すると自治体が認める者。

各施設の役割

　幼稚園は、1日4時間（教育標準時間）の幼児教育を行います。登園後、午後2時頃まで
を教育時間としている園が大半で、2時以降の課外活動の時間に、希望者を対象として、ス
ポーツや音楽、美術などの指導を行っている園もあります。また、近年では、早朝保育や夕
方の預かり保育を行う園も増えています。

　保育所・地域型保育では、朝から夕方まで、2号・3号認定の子どもを預かり、保育を
行います。園によっては延長保育も実施しており、保育標準時間認定の場合は11時間まで、
保育短時間認定の場合は8時間まで利用することができます。

　認定こども園の場合は、やや複雑です。1号認定の子どもは幼稚園と同様に教育時間があ
り、園によっては課外授業や預かり保育を利用することができます。2号・3号認定の子ど
もは、保育・教育の時間に加え※、早朝保育、延長保育を利用することにより、保育標準時
間認定の場合で11時間、保育短時間認定の場合で8時間まで預かってもらうことができます。

　なお、上記の時刻は目安ですので、実際の時間については各施設や区市町村に確認してく
ださい。

※2号認定の子どものみ、午前9時前後から午後2時前後までは、1号認定の子どもといっしょに教育を受けます。

預かり時間のイメージ　（実際の預かり時間は各施設・市区町村に確認してください）

	幼 稚 園	認 定 こ ど も 園			保育所 地域型保育
		1号認定	2号認定	3号認定	
7：30	早朝保育 登園	早朝保育 登園	早朝保育 登園	早朝保育 登園	早朝保育 登園
9：00	教育主活動	教育主活動	教育主活動	通常保育	通常保育
14：00	預かり保育	預かり保育	通常保育		
17：00			延長保育	延長保育	延長保育
19：00					

先生の資格と役割

　幼稚園は「学校」で、子どもの教育を行うのは「幼稚園教諭」の免状を持つ先生です。一
方、保育所は「児童福祉施設」で、「保育士」の資格を持つ先生です。認定こども園から幼
保連携型こども園に移行を進めている現在、教諭免許と保育士資格の両方を持つ「保育教諭」
がいることが必須なため、もうひとつの資格を取得するための優遇措置があります※。

※優遇措置については2024年まで延長され、その内容は内閣府のHPをご覧ください。

特集

 施設の利用料

　保育料の利用者負担額は、施設によって、また市区町村によっておのおの定められており、金額は一律ではありません（具体的な金額は、各施設、各区市町村に確認してください）。

　従来型の私立幼稚園を利用する場合は、各園が独自に設定する入園料・施設維持費・保育料・教材費などの費用を園に納めます。多くの園で、入園手続き時に入園料・施設維持費を納め、４月以降に各月の保育料・教材費・冷暖房費・光熱費・父母会費・給食費・園バス費などを支払います。その他に、寄付金を募っている園もあります（多くの場合、「任意」）。課外授業、預かり保育を利用する場合は、その費用も別途支払う必要があります。入園料はほとんどの場合かかりませんが、保育料として日額500円前後〜1,000円程度を徴収する園が大半ですが、金額は年度や子どもの年齢によっても変わります（2019年10月の幼児教育無償化により、負担が軽減されました）。

　新制度で運営される幼稚園・保育所・認定こども園の利用料は、国が定める上限額の範囲内で、それぞれの区市町村によって決められます。公平性を保つために、多くの区町村において、１号〜３号の認定区分や所得に応じて細かく設定されていますが、おおむね従来の私立幼稚園・保育所の実質的な利用者負担の水準と同程度となっています。毎月納付する保育料のほかに、園によっては入園手続き時に入園準備金・施設整備費などを納めます。

 利用するための手続き

　幼稚園児として１日４時間の教育（教育標準時間）を受けるのであれば、幼稚園も認定こども園も、申し込み方法は変わりません。利用したい園に直接申し込み、場合によっては園による選考を経た上で、入園の許可を受けます。教育標準時間を超えて保育を必要とする場合や、新制度で運営される施設の利用を希望する場合は、国の基準に基づく「保育の必要性の認定」を、居住する区市町村において受ける必要があります。区市町村に認定の申請を行い、保育の必要性が認められれば、年齢や必要性の有無により３つの区分の認定証が交付されます（P.32参照）。申請から交付までの流れは、認定区分によって異なります。子どもが満３歳以上で幼稚園・定こども園での教育（教育標準時間）を希望する場合（１号認定）は、園が区市町村に対して１号認定を申請し、園を通して認定証が交付されます。契約は、利用者と園の間で直接行われます。認定こども園・保育所での保育を希望する場合は、子どもが満３歳以上であれば２号認定を、満３歳未満であれば３号認定を申請します。保護者が役所に行って認定の申請手続きを行う必要がありますが、この時に希望する園の利用を申し込むこともできます。利用先が決定したら、区市町村と利用の契約を行ってください。

幼　稚　園		保育所・認定こども園・地域型保育
従　来　型	新制度で運営	
●園に直接申し込む	●園に直接申し込む ※１号認定の申請は園が行う	●１号認定：園に直接申し込む 　　　※１号認定の申請は園が行う ●２・３号認定： 　区市町村に認定を申請し、園の利用を申し込む

これでわかった！
幼児教育無償化

2019年10月より、幼児教育の無償化が始まりました。これは、幼稚園・保育所・認定こども園にほぼ費用がかからずに通うことができる制度ですが、無償化の対象となる家庭だけでなく、無償でサービスを提供する園に対してもさまざまな条件があります。
ここではお子さまのよりよい教育環境を実現するために、幼児教育無償化の仕組みを解説します。

無償化の条件

現在、政府（内閣府・文部科学省・厚生労働省）で公表されている情報をもとに、幼児教育無償化のポイントを整理すると、次のようになります。

● 3～5歳児は、幼稚園・認定こども園、保育所・認可外保育施設（保育の必要性認定に該当する場合）が対象。

● 0～2歳児（住民税非課税世帯のみ）は、認定こども園、保育所、認可外保育施設が対象。

● 無償となるのは、保育料のみ。入園料、交通費、食材費、行事費、学用品などは無償とならない。

● 預かり保育については、上限を設定し一部無償。

● 幼稚園は満3歳（3歳になった日）から、保育所は3歳児クラス（3歳になった後の最初の4月）から無償化。

無償となる金額については、幼稚園・保育所・認定こども園・認可外保育施設で多少の違いがあります。38ページの表を参考に、もう少し詳しく見てみます。3～5歳児の場合、保育の必要性の有無によって、2つに分けられます。共働き家庭や、シングルで働いている家庭など、保育の必要性の認定事由に当てはまる場合（図の①）は次のようになります。

・幼稚園の保育料は 25,700円まで補助。

・保育所、認定こども園、障害児通園施設の保育料はすべて無償（上限なし）。

・幼稚園の預かり保育を利用した場合、保育料の 25,700円に加えて 11,300円、あわせて 37,000円までが無償。

・認可外保育施設（※1）の保育料は月額 37,000円までの補助。

・幼稚園、保育所、認定子ども園と障害児通園施設を併用する場合は、その保育料がとも

に無償（ただし幼稚園は 25,700 円まで）。

● 幼稚園の利用に加え、月内の預かり保育利用日数に 450 円を乗じた額と、預かり保育
の利用料とを比較し、少ない方が月額 1.13 万円まで無償となります。

● 障害児通園施設

     ↓

● 就学前障害児の発達支援

● 年収 360 万円未満相当世帯の子どもたちと全ての世帯の第 3 子以降の子どもたちについ
ては、副食（おかず・おやつ等）の費用が免除されます。

● さらに、子どもが 2 人以上の世帯の負担軽減の観点から、現行制度を継続し、保育所等
を利用する最年長の子どもを第 1 子としてカウントし、0 歳から 2 歳までの第 2 子は半
額、第 3 子以降は無償となります。

（注）年収 360 万円未満相当世帯については、第 1 子の年齢は問いません。また、専業主婦（夫）
    家庭など、保育の必要性がない場合（図の②）、幼稚園と認定こども園、障害児通園施
    設の保育料は同様に 無償となりますが、幼稚園の預かり保育と保育所、認可外保育施
    設の保育料が、無償の対象とはなりません。

次に、0 ～ 2 歳児の場合、住民税非課税世帯のみが対象となります（図の③）。

・保育所、認定こども園、障害児通園施設の保育料はすべて無償。

・地域型保育施設（※2）の保育料はすべて無償。

・認可外保育施設は月額 42,000 円までの補助。

特
集

   このように、保育の必要性の有無、子どもの年齢、どの施設に通うのかによって、無
償となる金額が変わってきます。無償化を受けるための手続きについては、現在通園中の
場合、通園中の園からお知らせされます。これからの通園を検討中の場合は、入園予定園、
あるいは自治体に問い合わせください。

※1 認可外保育施設の対象となるサービスは、幼稚園の預かり保育、一般的にいう認可外保育施設、ベビーホテル、ベビーシッター
   および認可外の事業所内保育等のうち、指導監督の基準を満たすもの。

※2 小規模保育所、家庭的保育事業、居宅訪問型保育事業などのことをいう（P.33 参照）。

ケース別、幼児教育の無償化の具体的例

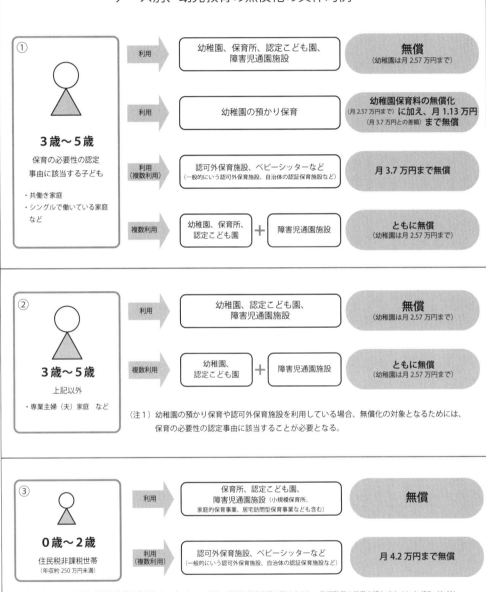

① **3歳～5歳**

保育の必要性の認定
事由に該当する子ども

・共働き家庭
・シングルで働いている家庭
など

利用	幼稚園、保育所、認定こども園、障害児通園施設	**無償**（幼稚園は月2.57万円まで）
利用	幼稚園の預かり保育	幼稚園保育料の無償化（月2.57万円まで）に加え、月1.13万円（月3.7万円との差額）まで無償
利用（複数利用）	認可外保育施設、ベビーシッターなど（一般的にいう認可外保育施設、自治体の認証保育施設など）	月3.7万円まで無償
複数利用	幼稚園、保育所、認定こども園 ＋ 障害児通園施設	ともに無償（幼稚園は月2.57万円まで）

② **3歳～5歳**

上記以外

・専業主婦（夫）家庭　など

| 利用 | 幼稚園、認定こども園、障害児通園施設 | **無償**（幼稚園は月2.57万円まで） |
| 複数利用 | 幼稚園、認定こども園 ＋ 障害児通園施設 | ともに無償（幼稚園は月2.57万円まで） |

（注1）幼稚園の預かり保育や認可外保育施設を利用している場合、無償化の対象となるためには、保育の必要性の認定事由に該当することが必要となる。

③ **0歳～2歳**

住民税非課税世帯
（年収約250万円未満）

| 利用 | 保育所、認定こども園、障害児通園施設（小規模保育所、家庭的保育事業、居宅訪問型保育事業なども含む） | **無償** |
| 利用（複数利用） | 認可外保育施設、ベビーシッターなど（一般的にいう認可外保育施設、自治体の認証保育施設など） | 月4.2万円まで無償 |

（注2）上記のうち認可外保育施設及びベビーシッターについては、認可外保育施設の届け出をし、指導監督の基準を満たすものにかぎる（ただし、5年間の経過措置として、指導監督の基準を満たしていない場合でも無償化の対象とする猶予期間を設ける）。

内閣府・文部科学省・厚生労働省ホームページ掲載、幼児教育無償化に関する「説明資料2」を参考に作成

幼稚園って
どんなところ?

お子さまを待っているのはどのような毎日でしょう。
多くの幼稚園で行われている日々の活動、
年間行事を見ながら、
お子さまの新しい生活を思い描いてみましょう。

「幼稚園の1日」
「幼稚園の活動内容」
正課活動／課外活動／行事いろいろ幼稚園の一年／特色ある取り組み／
幼小連携と一貫教育／子育て支援／保護者の役割

意外と知らない
幼稚園ってどんなところ？

お子さまが幼稚園に入園したら、いったいどんな毎日を過ごすのでしょう。多くの幼稚園で日々行われている活動をご紹介します。新しい友だちとのさまざまな体験が、お子さまを待っています！

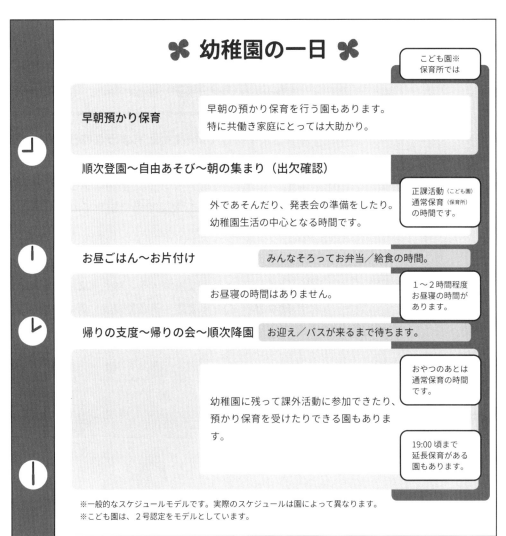

❁ 幼稚園の一日 ❁

こども園※
保育所では

早朝預かり保育
早朝の預かり保育を行う園もあります。
特に共働き家庭にとっては大助かり。

順次登園～自由あそび～朝の集まり（出欠確認）

外であそんだり、発表会の準備をしたり。
幼稚園生活の中心となる時間です。

正課活動（こども園）
通常保育（保育所）
の時間です。

お昼ごはん～お片付け みんなそろってお弁当／給食の時間。

お昼寝の時間はありません。

1～2時間程度
お昼寝の時間が
あります。

帰りの支度～帰りの会～順次降園 お迎え／バスが来るまで待ちます。

おやつのあとは
通常保育の時間
です。

幼稚園に残って課外活動に参加できたり、
預かり保育を受けたりできる園もあります。

19:00頃まで
延長保育がある
園もあります。

※一般的なスケジュールモデルです。実際のスケジュールは園によって異なります。
※こども園は、2号認定をモデルとしています。

幼稚園の活動内容

幼稚園では、それぞれの教育理念や教育目標を実現するため、独自にカリキュラムを組んでいます。ここでは、多くの園で4時間の教育時間に「正課活動」として行われているプログラムをご紹介します。

正課活動

1日4時間の「教育標準時間」内で行われる活動です。1人ひとりの子どもたちが自由にあそぶ「自由あそび」と、みんなで同じ課題に取り組む「一斉活動」に大きく分けられます。各園の方針によって、活動内容には特色がでてきます。

自由保育	一斉保育
子どもたちが自由に活動する保育です。自主性、創造性、協調性、自分で課題を見つける力、子ども同士のトラブルを自分たちで解決する力など、社会生活で必要となるさまざまな素養を身に付けます。	みんなでいっしょに活動する保育です。合唱や合奏をしたり、絵を描いたり、劇や発表会を行うだけでなく、準備までやるなど自分の役割を果たすこと、周囲と力を合わせることを学んでいきます。

● 自由あそび

自分で遊びたいことを見つけたり、いっしょに遊ぶ友だちを見つけたりと、一人ひとり自由に遊びます。園庭探検に出たり、ボール遊びや鬼ごっこなど体を思いきり動かすことは、体の成長のためにとても大切です。もちろん、室内で遊ぶことが好きな子もいます。お絵描きや、さまざまな材料を使った自由制作、おままごと、お店やさんごっこ、図書コーナーで黙々と絵本を読む子もいます。

自分（たち）で遊び方を決めるという体験は、子どもに自主性、創造性を身に付けていきます。また、友だちや先生と活動する中でルールやマナー、社会性や協調性を習得します。

● 体育・体操

元気に楽しく活動するためには、基礎的な体力や、年齢相応の運動能力が必要です。また、自分で自分の身を守るためにも必要です。体力や運動能力の向上のために、多くの園では、体育・体操の時間が設けられています。

園庭で走ったり、ボールやなわとびを使ったりします。また、夏になるとプールで水泳指導、冬には雪山でスキーの指導を行ったり、専門の講師が指導をしたりする園もあります。

● お絵描き・制作

好きな画材を使って自由に絵を描くことや、あるいは課題に沿って、のりやハサミ、

粘土などを使って工作することなど、多彩な造形活動に取り組みます。

見て感じとったものや、自分のイメージの中にあるものを形にする経験を通して、子どもたちは観察力や創造力を獲得していきます。造形活動で行う細かい作業は、集中力や根気も養われます。

🎨 音楽・リズム

幼児期に音楽教育を施すことは豊かな情操を育むとされ、多くの園が、さまざまな音楽活動を取り入れています。

ピアノの伴奏に合わせてみんなで歌ったり、ピアニカやリコーダーなどで合奏したりという日々の音楽活動のほか、合唱コンクールや鼓笛隊の大会への出場を目指して練習を重ねる園もあります。

こうした活動を通じ、音楽への興味・関心を高めるだけでなく、目標に向かって努力を積み上げることの大切さも学んでいきます。

🍱 給食・お弁当

食事は、体づくりにとって重要なだけでなく、精神的・知的な発達に重要な働きがあります。

楽しい食事の時間中にも、学ぶことがたくさんあります。箸の持ち方をはじめとする作法や、手洗いや後片付けなどの生活習慣を身に付けながら、「食べる」という大切なことを学びます。

✏️ 読む・書く・数える・英語

ひらがなや数字の読み・書き、簡単な足し算・引き算などを身に付けることで、小学校に入ってからスムーズに対応できるようになることが期待されています。小学校の授業のようにきちんと席につかせて教える園もあれば、保育室内外の掲示物などで文字に触れさせ、子どもの興味に応じて自発的に学べるように促す園もあります。

また、異文化への寛容性・理解・共感などを身に付けることをねらいとして、英語・英会話の時間を設けている園も見られます。主な内容は、歌や英会話、ゲームなどです。今では、英語学習を行う園のほとんどがネイティブ・スピーカーによる指導を取り入れています。

🌳 園外保育

野山への遠足や、さまざまな施設の見学もまた、子どもにとって大切な学習です。

自然の中で遊ぶことは、体力面だけではなく、精神面での成長にもよいとされています。もちろん、理科的な知識の獲得にも役立ちます。施設の見学では、ふだん目にしている身近なものがつくられていく過程や、物流の仕組みを実際に見ることで、自分を取り巻く社会への関心を持たせます。

宿泊保育を行う園もあります（ほとんどが年長のみ）。親元を離れて、園のホールや郊外の施設で一夜を過ごした子どもたちは、少し大人になった自信をつけて帰ってきます。

躾

幼稚園では、あいさつや、「ありがとう」「ごめんなさい」などの言葉、ものの扱いや食事の作法、公共の場での振るまいについての指導も行われます。

躾が不十分で規律やマナーが身に付かな

いのは困りものですが、逆に厳しすぎて子どもが萎縮してしまうのもいけません。保護者が園の説明会などを実際に見て、子どもに合っているかどうかを見極めましょう。

これらの活動を通して、子どもたちは身体的にも精神的にも成長し、さまざまな知識を獲得して、自分を取り巻く社会について理解を深めます。また、人との関わり方を学び、言葉などの表現手段も獲得していきます。

課外活動

正課活動後の課外時間にも、多くの園ではさまざまなプログラムが用意されています。サッカーや水泳、剣道、体操などの運動系や、お絵描きや工作などの造形表現系、ピアノやバイオリン、バレエなどの音楽、ダンス系だけでなく、お習字、読み書き、英語指導などの学習系のクラスを設けている園もあります。

園の中には、近隣のスポーツクラブや幼児教室と提携し、施設を割安で利用できるようにしたり、コーチや先生を招いて園で指導を受けられるサービスを提供したりしているところもあります。

これらの活動に取り組むことによって、子どもたちの世界はぐんと広がります。年齢の違う子どもや、ふだん、いっしょに遊ぶことのない友だちと触れあう機会ともなり、子どもたちにとって、よい刺激となるでしょう。

特集

年齢別保育 と 縦割り保育

年齢別活動

同じ学年の子どもたちで構成されたグループ活動です。多くの幼稚園では、この形で活動しています。お絵描きや体操、音楽などは、個人の身体的・技能的発達によってできることに差があるため、年齢別に行われることが多いようです。

年上の子どもへの気後れや年下の子どもへの気兼ねなく、ふだんいっしょに過ごしている友だちと思いきり活動します。

縦割り活動

異年齢の子どもたちを、1つのグループにして行う活動です。お店やさんごっこ、動植物の世話、配膳や片付けといった活動は、役割を分担しながら行うことができるため、縦割り活動に適しているようです。

子どもたちが、自分と違う年齢の子どもと活動することは、特に年上の子どもにとっては、同年齢の子どもと活動する時とは違った対応が求められます。年上としての自覚を持つことで、自分より弱い子・できない子への思いやりやいたわりの心、責任感や我慢することを学んでいきます。

一方、年下の子どもは、お兄さん・お姉さんの頼もしい姿を見て「自分もああなりたい」という思い、子どもたちの「早く大きくなろう」という意欲を高めます。

行事いろいろ 幼稚園の一年

幼稚園では、さまざまな年間行事が行われます。家庭ではできない体験も多く、子どもたちの大きな楽しみとなっています。

子どもたちは、季節の移り変わりを楽しみながら、一年を過ごします。

＊園によっては行われないものもあります。

１ 学 期

入園式

希望と不安を胸に、幼稚園の門をくぐります。お友だち、たくさんできるといいね！

園外保育・遠足

足を延ばして豊かな自然の中へ、あるいは動物園や水族館に。はじめてのお友だちといっしょに楽しく過ごします。

七夕まつり

その願い、かないますように…。楽しみながら、伝統文化を伝えていきます。

プール開き

子どもたちの大好きなプール遊び、夏のはじまりです。

２ 学 期

運動会

幼稚園生活のメインイベントの１つ。入園希望者に公開し、未就園児が参加できる競技を行っている園もあります。

遠足・おいも掘りなど

春と秋の２回、遠足に行く園も。幼稚園の行事といえば、やはり、おいも掘りは欠かせません！

七五三

五歳になる年中さん。保護者や年長さん・年少さんが、劇や歌などで祝います。

クリスマス会

みんなで飾りつけをして贈り物を交換したり、劇の発表会を行ったり。宗教行事ですので、行わない園もあります。

３ 学 期

おもちつき

杵をしっかりと持って、おもちをつきます。上手につき上がったら、みんなでおいしくいただきます。

節分・豆まき

鬼が幼稚園へやってくる？１年を元気に過ごせるよう、みんなで豆をまいて願います。

ひな祭り

手作りのひな飾りで、女の子の健やかな成長を願います。桃の木に花が咲いて、季節は少しずつ春へと向かいます。

お別れ会・卒園式

年長さんとはもうすぐお別れ。お兄さん・お姉さんたちの新しい門出を、歌や踊りで祝います。

特色ある取り組み

「正課活動」の中で、さまざまな教育的効果をねらい、特徴的な教育法や独自の活動に取り組んでいる園もあります。いくつかの代表的な例を見ていきましょう。

❀ モンテッソーリ教育

「自立した子どもは、自由の保障と整えられた環境による教育で育つ」

イタリアの精神医学者であり教育者であるマリア・モンテッソーリ（1870 ～ 1952年）が、自ら設立した「子どもの家」において実践した教育方法で、子どもの自発的活動を尊重し、整えられた環境のもとでその可能性を伸ばそうと試みる教育への取り組みです。

年齢の違う子どもたちが集う教室の中で、おもしろそうな教具を自ら選んで遊びます。先生は子どもへの干渉を最小限に抑え、子どもの自己形成を助けます。

モンテッソーリ教育では、子どもの成長段階に応じ、次のような実践課目を設けています。

- 日常生活の練習

  大人がしている日常生活上のさまざまな動作（ひも通し、ボタンかけなど）を模した教具で遊び、生活上の基礎的技術を養います。自分の意思どおりに身体を動かすことで、自分でできるようになり、その結果、自立心が育ちます。

- 感覚教育

  幼児教育を受けるこの時期を、「日常生活」で見知ったさまざまなものごとを、さらに正確に把握するため、五感を洗練させる時期」をとらえ、"比べる""分ける"教具を使って知的な遊びをします。

注意力、観察力、思考力などを育て、気付く、発見する、抽象化するなどの能力を養います。

- 言語教育

  絵カードや文字カードなどで遊び、「話す、読む、書く」の作業を通じて語彙を増やしていきます。最終的には文法や文章構成へと進みます。

- 算数教育

  数の学習は、算数棒、ビーズなどの教具を使い、自分の目で確かめながら行われます。頭と体を使い、数の仕組みを知り、数の概念の基礎から十進法、足し・引き・掛け・割り算へと理解を深めていきます。

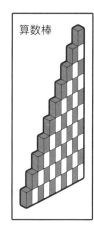

算数棒

- 文化教育

  主な内容として、歴史、地理、生物、音楽などを学びます。教室の中だけでなく、身近なものごとに触れたり、観察したりして、文化的思考を養います。

❀ リトミック

音楽を教育手段として、優しく、豊かで可能性あふれる人格形成を目指します。おもに行われる内容は、先生のピアノに即座

に反応し自由に表現するリズム運動、ソルフェージュ（即興で音程や拍子をとる練習）、さまざまな楽器の即興演奏です。

注意力・運動能力・反射神経・集中力・記憶力・自発性・自己表現力・判断力・創造力・人との関わりにおける調和など、さまざまな面で効果が見られるということで、それらの資質を楽しみながら伸ばせる指導法として、広く採用されています。

🔵 食育

体を作るもととなる「食」を通じ、子どもの体と心の健やかな成長を目指す「食育」。好き嫌いの解消、食事に関する生活習慣の確立、栄養状態の向上、味覚発達の促進など、さまざまな効果が期待されており、幼稚園教育に取り入れられています。

昼食は、栄養士の指導のもとで作られる給食が基本となります（「食育」を行う園の多くは施設内に調理室を備えています）。畑を所有する園では、子どもたちが作物を栽培し、収穫します。子どもたちが自ら収穫したものが調理され、それをみんなでいっしょに食べることの喜びや、食事を作ってくれる人への感謝の気持ちを育みます。また、食や栄養について理解を深め、手洗いや箸の持ち方など、食事のマナーや正しい習慣を身に付けます。

🔵 プロジェクト型保育

近年、質の高い幼児教育理論として欧米や世界で注目を集める教育アプローチです。「プロジェクト活動」とは、いわば「子どもたちの、子どもたちによる、子どもたちのための活動」。子どもたちが、自分たちの関心に基づいてテーマを決めて話し合

い、アイディアを出し合い協力し合いながら、プロジェクトの完成を目指す活動です。

たとえば創作劇の発表会に向けて、子どもたちは次のようなことに取り組みます。テーマ決定やテーマについての研究、ストーリーや台詞ぎめ、配役の決定や役割の分担、大道具・小道具・衣装についてなど、みんなで話し合いながら制作を進めます。子どもたちはそれぞれの「得意」を活かし、自分の役割を一生懸命務めます。実際のお稽古が始まっても、話し合いと試行錯誤は続きます。

さまざまな困難をみんなで乗り越え、目標へ向かう中で、子どもたちは多くのことを学んでいきます。徹底的に話し合いを重ねる経験から、自分の意見を伝えること、他人の意見に耳を傾けることを身に付けていきます。

🔵 充実した図書室

独立した「図書室」を持つ園は多くありません。多くの園で見られるのは、教室や廊下のちょっとしたスペースに書架を設け、絵本を置いた「図書コーナー」です。

一方で、独立した「図書室」に絵本や図鑑などを数千冊揃え、司書の先生による読み聞かせや読書指導、本の貸し出しなどを行っている園も見られます。

自由あそびの時間に友だちと訪れ、大型の絵本を広げて眺める子どもや、園庭で見つけた虫や花について調べにくる子どもなど、利用の仕方はさまざまです。こうして触れた一冊一冊は、心の糧となって蓄えられます。

音楽教育

音楽カリキュラムは、幼少期の情操を育むのによいとされており、多くの幼稚園で取り入れられています。なかでも、音楽大学と附属関係にある幼稚園では、独自のカリキュラムで音楽教育に取り組んでいます。コンサートホールでのオーケストラ鑑賞会や、音大生指導による楽器演奏など、音楽に特化した環境ならではのカリキュラムにより、子どもたちは幼少期から"本物"の音楽に触れることができます。特に音楽活動では、発表会が幼稚園生活の集大成となります。発表会に向けた流れの中で、1人ひとりが演奏の上達を目指して努力することはもちろん、お友だちと力を合わせること、励まし合い、時にぶつかり合いながら、子どもたちは人間的に大きく成長していきます。

スポーツ教育

サッカー・ダンス・水泳・武道など、スポーツを通じて、体づくりを目指します。それだけでなく、あきらめず「やればできる」ということを知ることや、つらいことも自分の力で乗り切っていく、強い心を育むことも期待されます。

また、スポーツは、人間関係の形成という面においても大きな効果が認められます。

生き物とのふれあい

子どもたちは、動植物に触れあう体験から、命の大切さを知ります。

動植物と触れ合う中で、愛おしいという気持ちに気付くことにより、動植物だけでなく、他者を思いやることを学びます。

「生き物とのふれあい」でよく行われるのは、園内の花壇の世話や、動物園の"ふれあい広場"への遠足です。

園によっては移動動物園を招いたり、園内でニワトリやウサギ、ヤギやモルモットといった動物を飼育することもあります。

S・Ⅰあそび

S・Ⅰあそびとは、全米心理学会元会長、J・P・ギルフォード博士（1897～1987年）の「知能構造（S・Ⅰ）理論」に基づく、問題解決力と創造的思考力を育むための教育プログラムで、急速に知能が発達する幼児期に、自ら考える過程で気付くことに重点をおいて遊ぶことで、幅広い思考力の育成を目指すものです。

「教える」「覚えさせる」のではなく、子どもが好きな遊びに熱中し、自分の目で見て、自分の耳で聞き、自分の手で触れ、自分の心で思い、自分の頭で考えることを大切にします。さまざまな試行錯誤を積み重ねながら、子どもたちは柔軟な思考力と創造力を培っていきます。

・・・・・・・・・・・・

ここに挙げたもの以外にも、特徴的なプログラムを組む園もあります。多くの園の情報に触れ、幼稚園選びの参考にしましょう。

特集

幼小連携と一貫教育

 幼小連携

「幼小連携」は、就学前の子どもたちが、幼稚園・保育園・認定こども園の生活から小学校での生活へとスムーズに移っていけるように、幼・保・小が連携してカリキュラムを改善する取り組みです。文部科学省・厚生労働省・内閣府が中心となって進められています。

背景には、「小1プロブレム」があります。これは、小学校に入学したての子どもたちが「集団行動がとれない」「座っていられない」「先生の話を聞かない」など、適応することが困難な状態のことです。2009年度に東京都が公立小学校を対象に行った調査では、5校に1校がこの問題を抱えている（いた）ことが確認されています。

問題の要因の1つとして、就学前の教育と小学校教育とのギャップが挙げられています。自由に動き回って遊ぶことを中心とする就学前の教育と、机が並んだ教室で時間割通りに集団で授業が進められる小学校教育とでは、教育の性質が大きく異なります。さらに、双方の教員との連絡・連携が充分でないまま、それぞれが教育内容を変更してきたため、ギャップはさらに拡大する傾向にありました。

「幼小連携」のさまざまな取り組みは、こうした「小1プロブレム」を解消するために、子どもが幼稚園・保育園・こども園の生活の中で学んできたものを小学校生活でも充分に発揮しながら、スムーズに適応できるようにすることを主なねらいとしています。2018年度の「幼稚園教育要領」改訂も、その1つといえます。

ここで、東京都品川区が進める取り組みをご紹介しましょう（下図）。同区では、幼保の5歳児の10月から小1の1学期までを「ジョイント期」としています。幼児期の教育と小学校教育をなめらかに接続するために「ジョイント期」において育てた

東京都品川区における「幼小連携」の取り組み

0歳　　　4歳　　　5歳　　　6歳　　　7歳　　　15歳		
小学校生活へつながる教育・保育活動		幼稚園・保育園での経験を活かした指導の工夫
・保育室の正面を定め、落ち着いて話を聞く時間を長くする。 ・1日の生活の流れを知らせ、見通しを持たせる。 ・午睡のない生活リズムを確立させる。	**生活する力**	・教室前面の掲示、装飾は必要最低限のものに。 ・時計の模型を活用し、見通しをもって活動させる。 ・学用品管理や給食等、計画的な適応指導を。
・あいさつや返事、ルールを守るなど、小学校生活との接続を踏まえて指導を行う。 ・目的に向かって友だちと協力して取り組み、やり遂げる。	**かかわる力**	・規範意識や人間関係などを繰り返し指導する。 ・園で経験したゲームなどを取り入れて、違う園の出身の児童が一緒に遊ぶ機会を作る。
・カルタ遊びや図鑑の活用などにより、学びの芽生えを促す。 ・掲示物に文字環境を増やす。 ・ルールのある運動遊びを数多く経験させる。	**学ぶ力**	・興味関心を高める導入を丁寧に行い、学び方を示す。 ・できるようになったことを1つひとつ認め励まし、学ぶ楽しさを味わえるようにする。

い力を「生活する力」「かかわる力」「学ぶ力」の３観点からまとめ、質の高い教育・保育活動を進めるとしています。

　同区のように市区町村が主体となって、公・私立を問わず地域の幼保・小の連携を進める例は増えています。また、国・私立の施設において独自の取り組みを行う動きも見られます。中には、当初より一貫教育を目指して大学や小学校などの附属園として設立された園もあり、特に幼稚園とそれらの学校が同じ敷地にあるようなところでは、相互交流が盛んに行われています。

一貫教育

　近年、公立の中高一貫校が進学実績において目覚ましい成長を遂げており、中学進学の選択肢として人気を集めています。東京都の中等教育学校の中には、定員の６〜７倍ほどの応募があり、私立中の最難関校と同程度の学力がなければ合格できないほど人気の学校もあります。

　一貫教育の長所として一般的に言われているのは、上の学校を卒業する時点を見据え、長期的に教育内容を考えられるということです。生徒の発達の段階に応じ、その時に学ぶべきこと、経験すべきことに、じっくりと取り組むことができるというわけです。また、双方の学校の教師が互いに教育内容を把握し、それぞれの教育に活かせることも強みとなっているでしょう。

　そのような流れを受け、小学校・中学校・高校、さらには大学までの一貫教育を行う幼稚園にも、注目が集まっています。

　ひと口に一貫教育と言っても、考え方やカリキュラムはそれぞれです。幼稚園では小学校以降の学習のための「学びの基礎」を作るとするところが多いようです。ただ、幼稚園の間は座学は一切行わないという幼稚園もあれば、年長になったら読み・書き・数えるの学習を始めるという幼稚園もあります。どちらがよいのかは、一概には言えません。家庭の方針と照らし合わせ、子どもとの相性を見て、慎重に決めてください。学校説明会や見学会などに参加して、保護者自身の目で確かめるのがよいでしょう。

特集

TOPIC 東京都立の小中高一貫校が開校

　公立の「中高」一貫校に続き、2016年度からは小中一貫の「義務教育学校」の運用も開始されました。こうした中、公立校では全国初の試みとなる「小中高」一貫校である、東京都立立川国際中等教育学校附属小学校が2022年4月に開校されました。定員に対し30倍超という応募倍率があったことからも、その期待の高さがうかがえます。同校は教育理念として、高い言語能力を活用して国際社会に貢献し、さらに理論的な思考力を用いて、さまざまな分野で活躍できる人材を育成することを掲げています。特色として、高校1年生までに全員がリーダーシップ・アクション・プログラムとして、海外での研究・インターンシップ・ボランティア等に参加することが挙げられます。

　語学力や言語能力の育成に至っては、9年間の義務教育期間で、通常の学校よりも1,000時間以上多い時数で外国語を学習します。学習法についてはCLIL（内容言語統合型学習）を取り入れることにより、履修内容を重視した語学学習を実施します。加えて、小学生から第二外国語に触れる機会を持つことから、これからの国際社会を担う人材が巣立つことが期待されます。

子育て支援

家族のあり方の多様化や、女性の社会進出に伴い、幼稚園でも、共働き家庭への支援を目的とした、さまざまな試みがなされています。

では、具体的にどのような取り組みが行われているのか、見ていきましょう。

❀ 預かり保育・延長保育

通常の保育時間の前後、早朝や夕方までの時間に、幼稚園内で子どもを預かるサービスで、現在では多くの園が実施しています。共働き家庭はもちろん、通院、看護、介護などを必要とする家族がいる家庭の保護者や、まだ小さな第2子・第3子を抱える保護者にとって、大きな助けとなります。

また、急な用事ができたときや、ショッピングなどでリフレッシュしたいときに気軽に利用できる「一時預かり」を行っている園もあります。

子どもにとっても、慣れた環境でお友だちと遊ぶ時間となるため、負荷は少なくなります。多くの場合は有料ですが、園外の教室などに通わせるよりはずっと割安です。

❀ 未就園児プログラム

幼稚園に上がる前の「未就園児」を対象として、さまざまなカリキュラムを用意している園もあります。絵本の読み聞かせ会、リトミック体験、幼稚園の先生といっしょに行う歌とリズムの時間、園庭やホールで思いきり体を動かす体育遊び、プール遊びなど、家庭ではなかなかできない体験の場を提供し、地域の子育て家庭を支援しています。このような場では、先生が子育てに関する相談にも乗ってくれるほか、同年代の子どもを育てるほかの保護者との情報交換もできます。身近に子育てについて話せるような人がいない保護者や、コロナ禍のもとで横のつながりを得られない保護者にとって、心強いサポートです。プログラムへの参加を機に、保護者同士の交流につながるケースも少なくありません。

また、2歳児や満3歳児を対象に週1日・2日、あるいは週5日と、年間を通したクラスを設けている園もあり、子どもたちはひと足先に、親元を離れて集団生活を経験することになります。

こうしたプログラムを設けている園の多くでは、通常の3年保育・2年保育の募集に際して、未就園児プログラムに参加したことのある子どもを、優先的に受け入れる措置を取っているようです。極端な場合、2歳児クラスの子だけで募集枠がいっぱいになってしまい、一般の子どもを受け入れる余地がなくなってしまうというケースもあります。

気になる園があれば、こうしたプログラムへの参加も検討してみるとよいでしょう。

保護者の役割

多くの幼稚園が「家庭とともに子どもを育てる」という方針をとり、保護者や家庭との連携を大切にしています。幼稚園と家庭の双方が、子どもの健康状態や生活リズム、その時どきの体験や興味の対象について共有することで、子どもの生活をより充実したものとすることがねらいです。とりわけ入園当初や年齢が低い子どもにとっては、園で安心して過ごせることが重要です。保護者が園や先生に信頼感を持っていれば、子どもは安心して過ごせます。

ただ、園では保護者・家庭との連携のために、保護者にさまざまな役割を期待します。これに負担を感じる保護者は少なくないようですが、保護者にとって先生方や、ほかの保護者とのつながれるというメリットもありますので、できるだけ役割を果たしましょう。子育ての悩みを話し合ったり、小学校や習いごとの情報を交換したり、また休園日もいっしょに遊べたりと、何かと得るところも多くなります。

実際に保護者が行う事柄は、以下のとおりです。

子どもの状態の伝達

幼稚園と家庭の間で、子どもの状態を共有することは大切です。毎日の送り迎えの際に、先生に直接、あるいは連絡ノートで伝えます。

一人では抱えきれない相談に応じてくれ

る場合もあります。

園児の健康・安全、園の環境の整備

園によっては、昼食の配膳や片付け、園内外の清掃や登降園の安全確認を、保護者が担当するところもあります。多くの場合、当番制です。

PTA活動への参加・協力

PTA（Parent-Teacher Association）は、保護者と先生が主体となり、子どもと園、地域のためにさまざまなボランティア活動を行う組織です。本来的には任意加入ですが、多くの園では入園と同時に入会する仕組みになっています。保護者会、親の会など呼び方は園によって異なります。

おもな役割は園の行事の準備や当日の手伝いです。“保護者会費”などの名目で集められるお金は、この運営のために使われます。

一般的な行事の手伝いとして挙げられるのは、運動会で使うもの（玉入れの玉など）を分担して作ること、お楽しみ会で子どもに配る景品を作ることなどですが、園によっては行事の企画段階から関わることもあります。

園から期待される役割は、園によって違ってきます。ご自身の生活を圧迫しない範囲で、協力するのがよいでしょう。

特集

幼稚園選びの
ポイント

幼稚園を選ぶ時、どのようなことに重点を置くでしょうか。
園長先生からのアドバイスを参考に、
ポイントを絞っていきましょう。
入園準備のスケジュールの確認も忘れずに。

「幼稚園選びのポイント」
（園長先生のアドバイス付き！）

幼稚園選びのポイント

最初にチェックするポイントをおさえる！

「よい幼稚園」を選びたい……。ほとんどのお子さまにとって、はじめての社会生活の場となる幼稚園です。いざ選ぶとなると、何を基準にしたらよいか悩んでしまう方も多いでしょう。**本特集では、さまざまな幼稚園の園長先生からいただいたアドバイスをもとに、園選びのためのポイントを絞りました。ご家庭で大切にしていることや、お子さまとの相性を見きわめ、最適な幼稚園選びをしてください。**2020 年以降、コロナ対策への取り組みも大きな関心事項となっています。

チェック・ポイント

- ☑ 教育方針・保育の理念
- ☑ 宗教
- ☑ 教育内容・カリキュラム
- ☑ 一斉保育重視か
  　　　自由保育重視か
- ☑ 延長保育・預かり保育の有無
- ☑ 通いやすさ・園バスの有無
- ☑ 昼食（給食かお弁当か）
- ☑ 安全対策
- ☑ 課外クラスの充実度
- ☑ 英語教育
- ☑ 小学校への進学
- ☑ 行事などでの保護者の負担
- ☑ 園の雰囲気
- ☑ 新型コロナウイルス
  　　　感染防止対策

家庭の方針を明確にする

　まず、家庭の教育方針をはっきりさせましょう。どのような子どもに育ってほしいのか、子どもの成長にとって何が大切と考えるのか。「個性を大切にしたい」「のびのびと遊ばせたい」「行儀や作法を身に付けさせたい」「私立・国立小学校に進学させたい」など、さまざまな願いがあるでしょう。しかし、あれもこれもと考えていては、なかなか決めることができません。何を重視するのか、ご家庭でよく話し合い、いくつかに絞っておくとよいでしょう。その上で、本書のような案内書や幼稚園の Web サイトなどで、以下に挙げるような項目について、家庭の方針と合っているか、希望を満たしているかを確認してください。

──お子さまをどのように育てたいかをご夫婦でよく考え、話し合いをし、説明会などで園の方針、雰囲気などを実際にお聞きになり、ご家庭の考え方ならびに、お子さまに合った幼稚園を決め

ることが大切だと思います。

（サンタ・セシリア幼稚園園長 松浦栄子先生）

——10年後、20年後、将来の我が子の姿を思い、こんな人間になってほしいと思うことが大切です。幼稚園の教育方針がご家庭の考えに賛同できるのであればよいと思います。

（国本幼稚園園長 岩村きよみ先生）

🌸 教育方針・保育の理念

呼び方はさまざまですが、その幼稚園の根幹をなす考え方です。どのようなことを大切にして、どのような方向に子どもを導くのか。知育中心の教育を行うのか、それともめいっぱい遊ばせるのか。各幼稚園の教育・保育のあり方は、「教育方針」「理念」によって方向づけられます。
——私学はそれぞれの建学の理念に基づき教育方針を持っています。幼稚園は学校です。ご自分のお子さまに最も合った教育方針を持つ幼稚園を探してください。
教育方針を語るスローガンだけでなく、具体的にどんな力をどのように伸ばしてくれるのかを見きわめてください。

（森村学園幼稚園園長 武藤深雪先生）

——建学の精神がしっかりしているかどうか／教育方針やカリキュラムが明確で、それが正確に実施されているかどうか／教職員が保護者から親しみを持たれているかどうか、信頼されているかどうか／ホームページやブログなどで園の教育内容がていねいに発信されているかどうか／運動会や幼稚園説明会の雰囲気がよいかどうか／安全対策が

しっかりしているかどうか

（東京都市大学二子幼稚園元園長 細川秀夫先生）

🌸 宗教

仏教、神道、キリスト教など、宗教の教えに基づいて教育を行う園もあります。日々の祈りや宗教行事を通して、「神仏に守られた大切な存在であること」「一人ひとりのかけがえのない生命を大切にすること」など、子どもの情操・道徳面での教育を行います。多くの場合、信者であるか否かは入園の条件とされていません。また、入園後に入信を求められることもありません。ただし、その宗教に対する一定の理解は必要です。

——保護者の方の教育方針と一致する園をお選びいただくのが第一です。本園の場合、それはキリスト教に基づいた全人教育を目指すものとなります。子どもを育み育てることは、園だけではできません。保護者の皆さまと手を携えて幼子の成長を見守っていく以上、志を一にしなければ十分な教育はできません。

（晃華学園マリアの園幼稚園元園長 小田伴子先生）

🌸 教育内容・カリキュラム

幼稚園では、それぞれの「教育理念」にしたがってカリキュラムを組んでいます。知育を重視する園の中には、文字や数字の読み書き、計算などを学習するところがあります。一方、自由な遊びを大切と考える園では、子どもたちは友だちと自分たちで好きな遊びに熱中することで、ルールを守ることや友だちに配慮することを学び、社

会性を身に付けていきます。

たとえ、保護者が望ましいと考える教育内容であっても、子どもの性格やそれまでの育ち方によっては、楽しく過ごせないことにもなりかねません。教育内容と子どもの「相性」も大切です。

——はじめて集団生活を体験する場となるお子さまが多いなか、お子さまが「楽しくまた行きたい」という幼稚園に出会うことが順調なスタートにつながると思います。教育方針に賛同でき、健やかな成長を支援する幼稚園が望ましいと考えています。

（川村幼稚園園長 村田町子先生）

——幼児期の３年間は人としての土台を作る大切な時期です。結果を出すところではありません。知力・体力・精神力をバランスよく、体験・経験していく中で、次の小学校生活を友だちとともに学ぶ、過ごす楽しさを身に付けるところです。

（洗足学園大学附属幼稚園元園長 富樫恭子先生）

🌸 一斉保育重視／自由保育重視

一斉保育とは、みんなで一斉に同じ活動を行う保育のことです。お互いに協力し合って１つのものごとに取り組む姿勢を育みます。

自由保育とは、子どもに自分のやりたいように遊ばせる保育のことです。自分でどんな遊びをするのかを考えて、さまざまな工夫をすることで創造力を育みます。また、お友だちを誘ったり、遊びに参加させてもらったり、コミュニケーションをとる機会にもなります。ほとんどの園では一斉保育／自由保育の両方の時間が設けられていま

す。家庭の考えに近いバランスで保育を行う園を選んでください。

🌸 預かり時間（延長保育・預かり保育）

通常の保育時間（一般的に午前９時頃～午後２時頃）のほか、早朝・夕方の預かり保育や、土曜日、夏・冬・春の長期休暇中の預かり保育を行う園も増えています。

仕事や幼い弟妹を抱える保護者にとって大いに助けとなるのはもちろん、保護者の急な用事や体調不良などの際にも安心です。子どもにとっては、違う年齢の子どもと過ごす貴重な機会となります。本書掲載園の預かり保育時間の目安を右ページにまとめました。この表を参考に、有料か否かを含めて検討するとよいでしょう。

🌸 通いやすさ・送迎バス

保護者の送迎負担の軽減や、お子さまの安全な通園のために、送迎バスを用意している園もあります。一方、徒歩や公共交通機関による通園を、よい運動の機会と捉えたり、公共の場でのマナーやルールを学ぶ場と捉える考え方もあります。幼稚園までの通園時間は15分から30分程度が多いので、それを目安とするとよいでしょう。ご家庭の事情と照らし合わせて、無理のない通園方法を選んでください。

🌸 お昼ごはん

幼稚園での昼食についても、園によって、また保護者によって、考え方はさまざまです。「食事を通じて保護者の愛情を感じさせる」ことをはじめ、教育的配慮からお弁当を原則とする園、栄養のバランスや保護

者の負担の軽減などの観点から給食制をとる園、さらには「お弁当と給食を週に2回ずつ」「希望者のみ給食」などとする園もあります。家庭の方針と照らし合わせて、検討してください。なお、給食の場合、アレルギー対応を行う園も多くあります。気になる場合は、必ず事前に確認しましょう。コロナ禍では、黙食やパーテーション設置を実施している園もあります。

安全対策

　安心して子どもを預けるために、防災・防犯への取り組みも気になるところです。近年、悪質な事件が多いことから、子どもたちの安全に気を配る園が増えています。警備員の常駐や門の施錠、緊急通報装置、防犯カメラといった設備を整えるだけでなく、避難訓練や防災訓練、地元警察との連携による交通安全教室などを行う園もあります。災害時に備えて水や食料、防寒具などが確保されている園もあります。

課外授業

　園によっては、通常の保育後の時間や休園日に、さまざまな特別プログラムが用意されています。サッカー、体操、水泳などの体育系、絵画、ピアノなどの表現系、英語、学研教室などの知育系のほか、小学校受験の指導を行う園もあります。園外の各種教室から招いた専門の講師によるものもあります。園外の各種教室に比べ割安な場合が多く、送迎の負担や子どもへのストレスも少ないことから、利用する家庭も増えています。

年齢別保育 と 縦割り保育

　預かり保育の時間は、それぞれの園で異なっています。また、園によっては夏休みなどの長期休暇中も預かってくれます。本書掲載園のうち、預かり保育を行っている74園を対象に、預かり保育の時間についておうかがいしました。

　早朝保育を行っている園は38園あり、その多くは7時30分または8時から預かりを開始しています。夕方の延長保育は園によって終了時刻にバラつきがありますが、17時〜18時30分まで預かってくれる園が全体の8割を占めました。長期休暇中の預かりに関しては、約6割にあたる47園で行われています。

①早朝は何時から預けられるか

7時から	1園（3％）
7時30分から	19園（50％）
8時から	16園（42％）
8時30分から	2園（3％）

③長期休暇中の預かり

長期休暇中あり	42園（56％）

②夕方は何時まで預けられるか

16時まで	5園（7％）
16時30分まで	4園（5％）
17時まで	11園（15％）
17時30分まで	5園（7％）
18時まで	22園（31％）
18時30分まで	21園（30％）
19時まで	4園（5％）

＊未回答の園は含まず　　　（2022年データ）

特集

英語教育

通常の保育の一部や課外プログラムの1つとして、英語の時間に取り組んでいる園もあります。ほとんどの場合、専門教師やネイティブ・スピーカーによる指導です。子どもたちが楽しんで取り組めるよう、歌や遊びを取り入れて行われます。

小学校への進学

正課活動や課外活動で小学校受験指導を行い、国立・私立小学校への進学に力を入れる園や、あるいは指導は行わないまでも進学の相談を受ける園もあります。小学校受験を意識する家庭の子どもが多い園であれば、情報が得やすいというメリットもあるでしょう。

また、幼稚園から小学校、中学・高校、さらには大学まで「一貫教育」を行う、同じ法人が設置する上級の学校と併設関係にある園もあります。そういった園では、原則として希望者を全員進学させたり、内部試験に合格した子どもの進学を認めるなど、なんらかの形で連絡進学の道が用意されています。ただし、連絡進学を行わず、外部の入学志願者と同じ試験を受けなければならないところもありますので、附属小学校への進学を考えるのであれば、確認しておく必要があります。

──幼稚園は子どもたちがはじめて出会う学校です。日常の教育活動の中に、当然、義務教育へと続く道筋があります。一貫校では、そのミッションにもカリキュラムにも，実際の子どもたちの交流、教師間の交流にもその道筋が表れ

ています。そのことは、在園の子どもたちに大きなメリットがあるはずです。進学していく子どもたちにとって大きなアドバンテージになるはずです。幼稚園の3年間は1つの節目ですが、次の義務教育に続く1つの文脈としてみていただきたいと思います。

（玉川学園長 小原芳明先生）

行事などでの保護者の負担

幼稚園では、年間を通して、さまざまな行事やイベントが行われます。運動会や宿泊保育、七夕、いも掘りなどだけでなく、独自のイベントや宗教行事を行う園もあります。これらの行事やイベントは、子どもたちにとっては大きな楽しみですが、一方で、それらの行事の際には保護者の手伝いも必要となります。また、父母会活動が盛んで、会合などで頻繁に集まる園もあります。特に仕事をしている保護者にとって、そのような機会が多すぎるのは考えものです。ご家庭のスタイルと、園の方針を照らし合わせてみるとよいでしょう。ただし、2020年以降は新型コロナ感染拡大の影響により、父母会の活動を控えた幼稚園もありました。

必ず自分の目で見る

見学会・幼稚園説明会のほか、「体験保育」を行っているところや、運動会などの行事を公開しているところもあります。参加することで、園児の様子や園の雰囲気だけでなく、先生方の動きや保護者のサポートもうかがうことができます。また、10月の説明会は、園の紹介とともに募集要項が配布される機会でもあります。気になる園が

あったら、実際に足を運んでみましょう（募集要項は WEB で配布する園もあります）。

園の様子・在園児や先生の雰囲気

　説明会に参加するにあたって見ておく点は、子どもたちや先生方が生き生きしているか、身だしなみやマナーで気になるところはないか、整理整頓は行き届いているか、のんびりと自由な雰囲気か、それとも礼儀正しくきびきびした印象か、といったことです。在園児の保護者と話をできる機会があれば、聞いてみるのもよいでしょう。

——ご自身でいくつかの幼稚園を見学し、直接子どもたちや先生たちの姿をご覧になり、表情、雰囲気を感じとり、ご家庭の教育方針と合っている園を見つけていただきたいと思います。

（共立大日坂幼稚園園長　上野純子先生）

——入園から卒園までの長い期間通うことを考え、無理のない通園方法や経済面を考慮したうえで、気になる幼稚園は複数回見に行かれることをおすすめします。見学会や幼稚園説明会のほかに、学園祭や運動会などは参加できる行事ですので、在園児や先生の雰囲気など、園の様子を実際に感じることができると思います。親子ともに笑顔で、毎日楽しみに通える大好きな幼稚園を見つけてください。

（品川翔英幼稚園園長　小野時英先生）

——1．保育者の笑顔や言葉遣いは適正か。
　　2．園庭や遊ぶスペースは十分にあるか。
　　3．自然や動植物は多いか。
　　4．保護者の参加できる行事やイベン

トがあるか。
　　5．保育料は納得できるか。
　　6．園長の保育の考え方に一貫性はあるか。

　以上6項目を、子どもたちがいるときに現場、現物で現実を見る園見学をして、ご自身の目で判断しましょう。また、見学に行ったときの対応は、親切であったかどうかも大切なことです。

（高松幼稚園園長　高橋系治先生）

新型コロナウイルス感染症防止対策

　マスク着用や手洗い・うがいの励行、消毒・換気、パーテーション設置など基本的な対策のほか、登・降園、昼食や自由遊びを時間差や分散にして密を防ぐなど、幼稚園では、園児との関わりを維持しながら、感染を防止する取り組みが行われています。

　以上に挙げてきたような点を見て、お子さまが楽しく通えそうか、通わせることが保護者にとって大きな負担になったりはしないかなど、しっかりと見きわめた上で、お子さまにもご家庭にも合った園を選んでください。

　幼稚園はお子さまが学ぶ場所であると同時に、保護者の方が学ぶ場であるとも言えます。その点で意外に重要なのが、保護者の方自身がその園を好きになることです。

特集

入園準備

入りたい幼稚園が見つかったら、
いよいよ入園準備も本格化——。
説明会などのスケジュールや用意すべきものを確認し、
余裕をもって準備を進めましょう。

「入園準備のスケジュール」
「願書の書き方」
提出書類／願書取得後、はじめに行うこと／
願書を記入する前に／願書記入上の注意／
願書記入例／願書見本

入園準備のスケジュール

	4月	5月
見学会・行事		
説明会		
願書配布		
願書受付		
考 査		

色の濃い部分は、日程が集中している期間を表します。

情報収集

はじめに、通園可能な範囲内にどのような園があるか調べます。

実際にご自身の目で見る前に、本書のような書籍や WEB サイト、または、知人を通じて、情報を入手しておきましょう。

🏷 ポイント

◆見学会や体験保育には、事前予約が必要な幼稚園もあります。

見 学 会*

見学会には、園舎・園庭の見学、保育を見学する公開保育などがあります。

4・5月は、入園したての子どもたちがまだ落ち着いていないため、6月に入ってから実施する園がほとんどです。休園日などを利用して体験保育を行っている園もあります。

🏷 ポイント

◆お子さまの同伴可否、持ち物（スリッパなど）などを事前に問い合わせる。

行事（運動会・バザーなど）*

幼稚園では、年間を通して多くの行事が行われます。園の特徴がよくわかる、工夫を凝らした行事がたくさんあります。園によっては、未就園児が参加できるイベントを用意している場合もあり、お子さまが園やたくさんのお友だちがいる状況に慣れるよい機会となっています。

🏷 ポイント

◆気になっている園の行事にはできるだけ参加する。
◆先生方の子どもへの接し方、活動の様子を見る。

説 明 会*

早い園では6月くらいから行われていますが、9・10月に行う園がほとんどです。

説明会では、教育方針、保育内容、年間の行事予定、費用のほかに、入園選考に関する説明や願書記入時の注意事項など、入園に向けての重要な説明を行う園もあります。予約が必要な場合もあります。事前に確認しておきましょう。

また、説明会後に園内や保育の様子を見

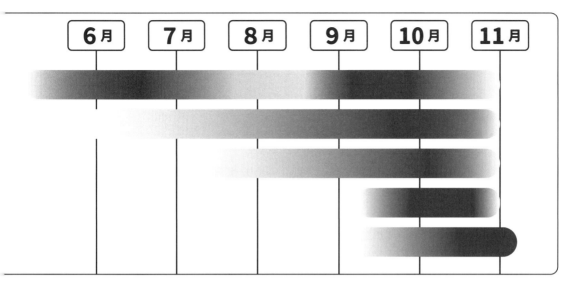

6月	7月	8月	9月	10月	11月

学する機会が設けられていることもあります。

 ポイント

> ◆お子さまの同伴可否、持ち物（スリッパ等）などを事前に問い合わせる。

願書配布

　東京都では、多くの幼稚園が、東京都私立幼稚園連合会に加盟しています。申し合わせによって、例年10月15日から願書配布を行っています。加盟していない幼稚園では、各幼稚園ごとに配布日が異なります。幼稚園によっては7月から配布しはじ

めますのでよく調べておきましょう。神奈川県でも多くの幼稚園で10月15日から配布しています。また、インターネット出願サイトからダウンロードする幼稚園も増えています。

ポイント

> ◆配布の期間を設けている幼稚園もあります。開始日だけでなく、いつまで配布しているのか確認しましょう。
>
> ◆願書は、下書き用や書き損じた時のために、コピーをとる、2部入手するなどしておくと安心です。

幼稚園へ行ったらここを見よう！

○**掃除、整理整頓**

　掃除や整理整頓の様子を見ると、子どもたちへの対応の細やかさをうかがうことができます。

○**先生の様子**

　先生の動きや、声など、実際に保育に携わる先生の様子を見ておきましょう。先生によって、幼稚園の雰囲気が大きく違います。

○**通園路**

　実際にお子さまが通うことを考えて、幼稚園までの道のりをたどってみましょう。

願書の書き方

1．提出書類

候補の幼稚園をいくつか選び、情報を集めて説明会や見学会に参加し、志望園を決めたら、次に行うのは、入園手続きに必要な提出書類の取得です。配布日や時間、配布方法は、幼稚園によって異なります。また、願書の配布は、1日だけの園から数ヵ月間設ける園まで、さまざまです。取得方法も、直接幼稚園に出向いての取得、郵送やWEBでの取得など、園によって違います。日程は、本書の幼稚園紹介（79ページ〜）を参考にして、各幼稚園に直接お問い合わせください。主な提出書類としては、以下のものがあります。

特集

入園願書・入園願・入園志願票

幼稚園によって形式や名称は異なります。本人（志願者）の氏名・生年月日・現住所・電話番号・保護者の氏名などはいずれの願書でも記入する項目です。このほかに、家族についての項目や、幼稚園までの通園経路、志望理由などの記入を求める幼稚園もあります。

調査書・面接資料・アンケート

願書に最低限の項目しかない場合に、補足資料として提出を求められることがあります。面接では、この調査書と入園願書の記入事項を参考に質問されることがあります。

写真票

添付する写真は、「本人のみの写真」や、「家族全員が写った写真」等の指定があります。

幼稚園によっては撮影日等の指定（例：3ヵ月以内）もありますのでご注意ください。

健康診断書

幼稚園指定の用紙に記入する形式が多いようです。記入の際には保護者がすべて記入するものや、医師の診断が必要なものなどがあります。

入園検定料・入園考査料

願書の提出時に直接現金を渡す場合や、金融機関（郵便局・銀行等）に振り込んでから振込証明書などを貼付する場合があります。

最近では、オンライン決済も増えてきました。

受験票・考査票

提出後に受験番号や集合時間等が記入されます。試験当日には必要なものですし、入園検定料の領収書を兼ねている場合もありますので、大切に保管しておきましょう。

２．願書取得後、はじめに行うこと

入園試験は、「願書（その他の提出資料を含む。以下まとめて願書）を記入するところから始まる」といわれるほど、大切なものです。提出間際になってあわてることのないよう、取得後すぐに確認してください。

① 入手した資料の確認をする

幼稚園に出向いて入手する場合は、その場で内容物を確認してください。足りないものがあれば申し出ましょう。郵送の場合には、まず幼稚園に問い合わせて、指示をあおいでください。

② 募集要項や願書、提出書類を最後までよく読み、内容を確認する

願書提出の際に必要なもの（写真、住民票、健康診断票等）を確認し、早目に準備しておくとよいでしょう。また、願書を記入する際の注意点についても確認しましょう。

③ 下書き用として願書のコピーをとる

記入の際、文字が大きすぎて記入欄をはみ出してしまったり、漢字を間違えてしまったりすることもあります。そのような失敗をしないためにも、下書き用に願書のコピーをとることをお薦めします。下書き用紙に一度書いてみて、文字数や行数の調整、文章の手直しをしてから清書するとよいでしょう。

幼稚園によっては、願書を２部以上取得することができる園や、下書き用として既に願書のコピーが同封されている園もあります。

３．願書を記入する前に

願書を記入する前に、あらかじめ考えをまとめておきましょう。記載する内容に矛盾のない、わかりやすい文章を書くことができます。

「志望理由」「家庭の教育方針」などを記入する際には、いかに保護者が幼稚園の教育方針を理解しているか、家庭と幼稚園の教育方針があっているかを幼稚園側に伝えることが大切です。

例えば、「どろんこ遊び」を売りにしている幼稚園に「我が家では、日頃、衛生面を特に配慮しています」というのでは困ります。また、「躾が厳しい」ことで有名な幼稚園に「子どもの頃は多少のわがままを許してもたくさん遊ばせたいです」と記入するのも同様です。

願書を書く前にはまず幼稚園のことをしっかりと調べる必要があります。例えば、幼稚園の説明会、見学会や運動会などの公開行事に出かけたり、幼稚園案内をしっかり読んで理解しておきましょう。

次に、ご家庭で教育理念や教育方針をよく話し合ってください。そうすれば、願書記入の時だけでなく、その後の面接での答え方もおのずと見えてくるはずです。

４．願書記入上の注意

　「２．願書取得後、はじめに行うこと」でも触れましたが、願書はいきなり記入するのではなく、まず下書きをします。書く前にマス目などを入れてバランスを整えたり、誤字や脱字がないかを確認しておきます。下書きを終えて、実際に願書を記入する際には、幼稚園の指定する注意点を守りましょう。
　一般的な記入上の注意点として、以下のことに気を付けてください。

① 筆記用具は
　幼稚園指定のものを使う

　黒インクまたは黒ボールペンと指定してある幼稚園が多いようです。特に指定がなければ青インクの万年筆で記入するのもよいでしょう。それ以外のもの、特に消せるペンやシャーペンなどはＮＧです。

② 字はていねいに読みやすく書く

　字の巧拙より、読みやすく書くことを心がけてください。文字を略したり、崩したりせず「楷書」でていねいに記入しましょう。

③ 正しい内容を書く

　願書には正しい内容を記入しましょう。通園時間が定められている幼稚園で、実際より短い通園時間を書くことなどはよくありません。書いた後は何度も読み返して、誤字や脱字がないか気を付けましょう。
　以下によく見られるミスについて、項目ごとに取り上げますので、清書する前に再度チェックしましょう。

・氏名

　本人、保護者とも住民票に記載されている字で記入しましょう。通常、略字を使用されている方はご注意ください。
　振り仮名の部分に「ふりがな」とある場合には平仮名で、「フリガナ」とある場合には片仮名で記入しましょう。

・保育年数

　2024 年 4 月入園は、以下の誕生日のお子さまが対象です。
　3 年保育…2020 年 4 月 2 日〜 2021 年
　　　　　　4 月 1 日生まれのお子さま
　2 年保育…2019 年 4 月 2 日〜 2020 年
　　　　　　4 月 1 日生まれのお子さま
　1 年保育…2018 年 4 月 2 日〜 2019 年
　　　　　　4 月 1 日生まれのお子さま

・住所

　都道府県名から番地、部屋番号まで正確に記入します。また、マンション名やアパート名が長い場合も、省略してはいけません。はみ出さないように、下書きでチェックをお忘れなく。
　記入箇所が複数ある場合は記入漏れがないように、また、記入場所を間違えないように注意をしましょう。
　○：東京都新宿区津久戸町
　　　○丁目○番地○号
　　　○○マンション○○○号室
　×：新宿区津久戸町○－○－○－○○○

・通園時間

　実際にお子さまを連れて幼稚園まで行き、子どもの足でどれくらいかかるのか、時間を計ってみるとよいでしょう。公共の交通機関を利用する場合は、乗り継ぎ時間も計算に入れてください。

また、利用交通機関を記入する場合は、路線名や駅名、バス停名を正確に書きましょう。

○：ＪＲ山手線、東急東横線、
　　京王井の頭線

×：ＪＲ、東横線、井の頭線

・家庭の状況

志願者を含めて記入する場合と、含めずに記入する場合とがありますので、よく確認してください。

家族の氏名と志願者との続柄、年齢だけを記入する幼稚園が多いようですが、中には保護者の勤務先や最終学歴の記入や、写真の添付を要する幼稚園もあります。

・押印

最後に、押印のし忘れがないか確認しましょう。

5．願書記入例

願書によくある項目の書き方の例をいくつかご紹介します。あくまで一例ですので、実際にお書きになるときは志望されている幼稚園やご家庭の教育方針などを踏まえた上で、ご記入ください。

「志望理由」

〈 志望理由：例１ 〉

我が家では娘を、他者を思いやり、自らを律することのできる健やかな女性に育てようと努めてまいりました。

説明会で貴園のキリスト教に基づく教育理念をうかがい、まさに我が家の理想とする教育だと思い志望しました。

〈 志望理由：例２ 〉

私どもは息子に、伸び伸びと育ってほしいと願っております。だからといって、自分勝手にさせるのではなく、挨拶や日常生活の躾面には気を配っております。

貴園の少人数制クラスでの自由保育は、私どもの教育方針に一番合ったものと考え、志望するに至りました。

漠然と「説明会に参加してよいと思った」ではなく、具体的にどこがよいと思ったのかを書くとよいでしょう。また、その内容が左の例文の「我が家の理想とする教育だ」のように、志望する理由として成立するものであると、より明確に伝わります。

「○○（名前が入る）には、伸び伸びと育って……」と書くよりも、例のように「息子（娘）」と書く方がよいです。使用する言葉は、「です・ます」体で統一することが望ましく、文中に漢字をあまり使わず、堅い文になりすぎないようにするとよいでしょう。

〈 志望理由：例3 〉

　我が家の教育方針は、躾を厳しくし、なおかつ自主性を持たせるということです。息子には物事を選択する機会を多く与えていますが、自己中心的にならないよう注意しております。貴園が長年かけて培われてきた幼児教育の実績と、少人数制により目の行き届いた躾を行われている点から、是非、貴園での教育を受けさせたく入園を志望しております。

〈 志望理由：例4 〉

　兄の○○が今年の３月まで貴園に在園しておりました。貴園の教育を受け、元気で思いやりのある子に育っております。

　是非、弟の○○にも同じ教育を受けさせたく貴園を志望いたしました。

家庭の教育方針と幼稚園の教育方針とで一致している点や、教育内容に賛同する点について書くとよいでしょう。その際には、コースや制度の名称を挙げるのではなく、「少人数制により目の行き届いた躾」のような具体的なものを選びましょう。また、パンフレットやホームページなどで、園の指導内容は再度確認しておきましょう。

志願者の兄姉や、親戚等が幼稚園に在園している（していた）ということは、教育方針や教育内容を理解していることをアピールすることになります。

「家庭の教育方針（躾）」

〈 教育方針：例1 〉

　自分のことはできる限り自分でさせるようにしています。そして、できたときには、心からほめています。失敗したときにも、よかったところをほめてから、悪かったところを指摘するよう心がけています。

〈 教育方針：例2 〉

　息子には多くの体験をさせ、できる限り本物に触れさせるよう心がけています。それは、実体験で感じたことをきっかけに、深く学んでほしいからです。何事にも好奇心を持たせられるように、家族で山や海へよく出かけ、はじめて見た生物について調べたりしています。

「志望理由」の項でも触れましたが、家庭の教育方針と幼稚園の教育方針がかけ離れているようでは困ります。幼稚園の教育方針をしっかり把握してから、家庭の教育方針を書きましょう。

例えば、教育方針を「本物に触れさせる」とした場合、「なぜ、そうするのか」という理由も添えておきましょう。さらに、今していることの具体例を加えると、より説得力のある文になります。

〈 躾：例1 〉

　家庭では、挨拶することを教えています。それだけではなく、日頃から何かをしていただいた時にはお礼を言えるよう教えています。

〈 躾：例2 〉

　食事のマナーに気を付けています。また、食べ物の大切さを話して聞かせ、好き嫌いなく、なんでも食べられるように指導しています。食前、食後の挨拶は決して欠かしません。

このほかに躾としては、
・規則正しい生活
・人の話を聞く
・後片付け
・トイレのトレーニング
・公衆道徳
などを挙げることができます。

「本人の性向（よいところ、直したいところ）」

〈 本人の性向：例1 （よいところ）〉

　いつも笑顔を絶やさず、感受性が豊かです。また、一度始めたことは、途中で投げ出すことなく最後まで取り組むことのできる、根気強さを持っています。

〈 本人の性向：例2 （直したいところ）〉

　人見知りが激しい性格です。慣れてしまえば、お友だちとも仲良くできるのですが、お友だちの輪に自分から入っていくことができません。

「明るい」「社交的」「根気強い」などと、さまざまなことを箇条書きで書くよりは、特徴的なことを2つか3つ、具体的に書くほうが、読む人の印象に残ります。

ネガティブな表現は避けたほうが無難です。例2の場合、「何ごとにも慎重で、はじめての環境やお友だちに慣れるのに少し時間がかかります」などと言いかえた方が、印象が柔らかくなります。

「家庭の教育方針（躾）」

〈 園への要望：例1 〉

　後片付けをいやがること、しばしばお友だちに命令口調で話すことなどを、直してほしいと考えています。

アレルギーや弱視、難聴など、配慮が必要なことを書いてください。また、園に、子どもへの指導を"丸投げ"していると誤解させる表現は避けましょう。

69

願書 見本

東京学芸大学附属幼稚園小金井園舎（表面）

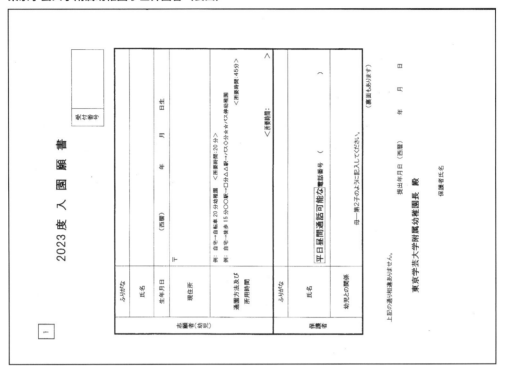

東京学芸大学附属幼稚園小金井園舎（裏面）

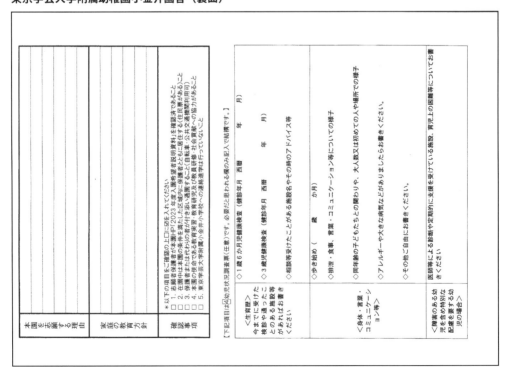

入園面接とテスト

多くの志願者が集まる幼稚園では、
選考のために面接やテストが行われる場合もあります。
面接や行動観察の流れ、
よく出されるジャンルの問題をご紹介します。

入園面接とテスト

入園願書等の書類を提出すると、次に入園選考を受けることとなります。

幼稚園のなかには、願書提出順に入園を決定するところもありますが、考査や面接を行う幼稚園ももちろんあります。そのような幼稚園への入園を希望される方に、入試準備の目安として、入園面接とテストの例題をご紹介します。

①面接　　②行動観察・運動・指示行動　　③個別テスト

弊社では、入園試験対策として **「有名幼稚園入園問題集　ステップアップ１〜３（全３巻）」** を、入園面接対策として **「幼稚園入園面接Q＆A」** を発行しています。ぜひご活用ください。

なお、コロナ禍の入園選考では、密や接触回避のため、「集団あそび」による行動観察を中止した幼稚園もありました。2024年度（2023年秋実施）の選考内容はP.79〜の「幼稚園データ」をご参照ください。

特集

テストの前にチェック！

☆**テストに持っていくもの**

まず、募集要項を読み、必要なものを確認しましょう。一般的なものとして、受験票（考査票）、上履き、着替えなどです。そのほかに、絵本や折り紙（待ち時間が長い場合）、緊急時の薬などを用意しておきましょう。当日着用する服は、テスト内容にもよりますが、動きやすく、体温の調節ができるものがよいでしょう。

☆**テストの前日までに！**

①願書やアンケートのコピーを読み返し、記入した内容を再確認しておきましょう。
②募集要項や書類を読み返し、集合時間や準備するものを確認しておきましょう。
③当日の持ち物を用意しておきましょう。
④当日の幼稚園までの交通機関や乗り継ぎを確認しておきましょう。
⑤生活のリズムをテスト当日に合わせて調整しておきましょう。

☆**テストの当日に！**

①出かける前に持ち物を再確認しましょう。
②幼稚園に着いたら受付などは早目に済ませましょう。
③お手洗いはテスト前に済ませておきましょう。
④お子さまの性格に合わせて、元気が出るような声かけをしてあげてください。

面　接

志願者への質問例

◇あなたの名前を教えてください。

◇トイレにはいつも１人で行けますか。

◇朝起きてお家の人と顔を合わせた時に、あなたはなんと言いますか。

◇あなたの好きな食べ物はなんですか。

◇嫌いな食べ物はありますか。もしあれば、嫌いな理由も教えてください。

◇あなたが一番大切にしている宝物はどんなものですか。例えば、おもちゃでも、お家で飼っている動物でも、なんでもいいですよ。１つ答えてください。

◇どんな本が好きですか。それは、どんなお話ですか。

◇何人家族ですか。

◇お父さんとお母さんをいつもなんと呼んでいますか。

◇どんな時に、お父さんやお母さんにほめられますか。また、叱られるのはどんな時ですか。

◇お母さんの作るお料理で、一番好きなものはなんですか。

◇お兄さん（お姉さん）は優しいですか。それはどんな時ですか。

◇もしも、赤ちゃんがいて、お母さんが側にいない時に泣いたらどうしますか。

◇ここの幼稚園の名前を知っていますか。

◇今日は誰といっしょに来ましたか。

◇今日はどうやって幼稚園へ来ましたか。

◇今日の朝は何を食べてきましたか。

◇ここの幼稚園のほかに、どこか別の幼稚園の試験を受けましたか。

父親への質問例

◇仕事が家庭生活に何か影響を与えているとお考えになったことはありますか。もし、与えているとお考えでしたら、それはどのようなことですか。

◇お父さまの育った時代と現代の社会生活に違いを感じられることはどんなことでしょうか。

◇お父さまのご趣味はどのようなことですか。

◇お休みの日はどのようにお過ごしですか。

◇最近、お子さまのことで感動されたことはありますか。

◇お子さまに本を読んであげることはありますか。

◇お子さまは、お父さまをどのように思っているとお思いでしょうか。

母親への質問例

◇お子さまとの日常の過ごし方についてお聞かせください。

◇子育てで気を付けていらっしゃることはどのようなことでしょうか。

◇お母さまがお作りになる料理でお子さまが一番好きなものはなんですか。

◇お子さまといっしょに観たいテレビ番組はありますか。それはどうしてですか。

◇お子さまから何か学ばれたことがおありでしょうか。

◇お子さまの名前の由来についてお話しください。

◇お子さまは家でどのようなお手伝いをされていますか。

◇学生時代に学ばれたことで子育てに役立っていることはありますか。

◇社会における女性の役割はなんだと思われますか。

特集

行動観察・運動・指示行動

行動観察：自由遊び

◇さまざまな遊具がある場所で、決められた
時間、自由に遊ぶ。

◇保護者と志願者がいっしょに遊ぶ。

◇遊んでいる最中に、先生から「お名前を教
えてください」、「何をして遊んでいますか」
などの簡単な質問を受ける。…… ①

＊遊び終わった後に、使った道具の後片付け
をすることをふだんから心がけましょう。

行動観察：その他

◇おもちゃの電話を使って、志願者２人で遊
ぶ。…… ②

◇先生のピアノに合わせて歌を歌う。

◇粘土遊び、工作、お絵描き。

◇先生が本を読むのを聞く。

◇おやつを食べる。

運　　動

◇片足立ちをして、そのままの姿勢でバラン
スをとる。…… ③

◇平均台の上にあがり、反対側まで渡り、最
後は平均台から飛び降りる。

◇先生のお手本通りに体を動かす。

◇ボール遊び。

◇線（直線、曲線）に沿って、歩く。

◇マットの上で前回りをする。

指示行動

◇絵の中から先生が指でさした動物の名前を
志願者が答え、保護者と志願者でその動物
の真似をする。

◇クマのぬいぐるみを先生のところへ持って
いき、先生に渡されたぬいぐるみを指定さ
れた場所へ置く。…… ④

◇音楽に合わせて手を叩く。うたを歌う。

◇床に色々な色のフープが置いてあり、指示
された色のフープの中に入る。

個別テスト

個別テストでは、お子さまが年齢相応の知識を身に付けているかどうかを観ています。問題は、言語・図形・記憶・常識・数量・推理・巧緻性と幅広い分野から出題されます。出題される内容は基本的なものが多いので、指示や説明をよく聞いて、しっかりと答えられるように準備をするとよいでしょう。

問題1　ものの名前

【問題】　（1つずつ指さし）これはなんですか。

【時間】　各10秒

【解答】　①ウサギ　②ブタ　③キリン
　　　　　④チューリップ　⑤ヒマワリ
　　　　　⑥アサガオ

問題2　日常生活

【問題】　（1つずつ指でさし）これは何をしているところですか。

【時間】　各30秒

【解答】　①お母さん（女性）が洗濯物を干しているところ
　　　　　②子どもがお母さん（女性）にごはんを食べさせてもらっているところ

問題3　同図形・異図形探し

【問題】　①（上の段を指でさして）この4匹のネコの中に、同じネコが2匹います。その2匹を指でさしてください。
　　　　　②（下の段を指でさして）この4匹のイヌの中に、1匹だけ違うイヌがいます。その1匹を指でさしてください。

【時間】　各30秒

【解答】　①左端と右から2番目　②左端

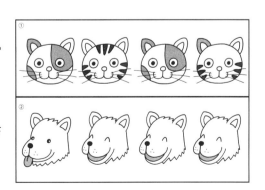

特
集

問題4　海の中の生き物

【問題】　海の中に棲んでいる生き物はどれです
　　　　　か。指でさして教えてください。

【時間】　1分

【解答】　①イカ
　　　　　③タイ
　　　　　⑤クジラ

問題5　数の比較

【問題】　リンゴとミカンではどちらが多いです
　　　　　か。

【時間】　20秒

【解答】　ミカン

問題6　絵の記憶

【問題】　（右側の絵を隠し、左側の絵を見せて）
　　　　　この絵をよく見て覚えてください。（30
　　　　　秒後、左側の絵を隠し、右側の絵を見
　　　　　せて）今見た絵と違うところはどこで
　　　　　すか。教えてください。

【時間】　1分

【解答】　帽子をかぶっている
　　　　　髪にリボンをつけていない
　　　　　左手に花を持っている
　　　　　右手にカバンを持っていない
　　　　　スカートに模様がない

問題7　左右弁別

【問題】　ここに描いてある絵は右手と左手のど
　　　　　ちらでしょうか。お口で言ってくださ
　　　　　い。

【時間】　2分

【解答】　①右手　②右手　③左手　④左手

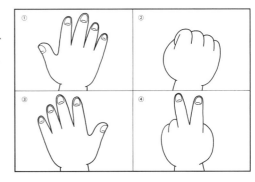

問題8　なぞる

【準備】　クレヨン（12色）

【問題】　赤のクレヨンで、3本の点線の上をな
　　　　　ぞってください。

【時間】　3分

【解答】　省略

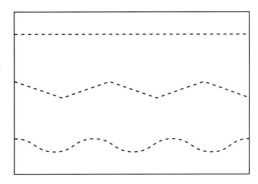

問題9　道具

【出題方法】それぞれの絵を1つずつ指でさしな
　　　　　がら、次の質問をしてください。

【問題】　これは何ですか。何に使うものですか。

【時間】　各30秒

【解答例】ヤカン：お湯を沸かす時に使うもの
　　　　　ハンガー：洋服をかける時に使うもの
　　　　　　　　　　洗濯物を干す時に使うもの
　　　　　ハサミ：（紙や布等を）切る時に使う
　　　　　　　　　　もの
　　　　　フライパン：料理を作る時に使うもの

特
集

国立幼稚園

お茶の水女子大学附属幼稚園
東京学芸大学附属幼稚園竹早園舎
東京学芸大学附属幼稚園小金井園舎

自分でやりたいことを見つけ、
　　　　自分から人やものや環境にかかわって遊びに取り組んでいく

お茶の水女子大学附属幼稚園

〒 112-8610 文京区大塚 2-1-1
TEL：03-5978-5881
www.fz.ocha.ac.jp/fy/

◇東京メトロ「茗荷谷」駅より徒歩 7 分
◇東京メトロ「護国寺」駅より徒歩 8 分
◇バス「大塚二丁目」下車 1 分

入園までの流れ

2024 年度入試（2023 年秋実施）より～

募集人数	3 年保育　男女 約 20 名 2 年保育　男女 約 10 名
応募資格	出願時に保護者とともに指定の地域（園から半径約 3 km 以内→ P.82・83 参照）に居住し、徒歩または公共の乗り物で通園できる者
説 明 会	9 月 26 日（中止）
願書配布	10 月 18 日～25 日（WEB）
願書受付	10 月 18 日～25 日（WEB）
選 考 料	第 1 次検定：700 円（＋手数料） 第 2 次検定：900 円（＋手数料）
選 考	◇第 1 次検定　11 月 1 日 　抽選（年齢別・男女別に実施） ◇第 2 次検定 　3 歳女児　11 月 13 日 　3 歳男児　11 月 14 日 　4 歳女児　11 月 15 日 　4 歳男児　11 月 16 日 　考査（遊びの中での行動観察） ◇第 3 次検定　11 月 18 日 　抽選
合 格 発 表	11 月 17 日 （第 3 次検定通過者発表）
入 園 手 続	11 月 18 日

ここをチェック！

創　　立	1876 年（明治 9 年）
園 児 数	年長 58 名（2 クラス） 年中 60 名（2 クラス） 年少 40 名（2 クラス）
教職員数	18 名（非常勤含む）
送迎バス	なし
保育時間	月火木金：9 時～13 時 30 分 水：9 時～11 時 30 分 ＊学期・学年により異なる ＊土曜日休園
預かり保育	なし
未就園児クラス	なし
昼　　食	弁当　年長：週 3～4 回 　　　年中：週 2～3 回 　　　年少：週 1～3 回
服　　装	制服なし

諸費用

〈入園手続時〉
　入園料　　　　　　　　　　　　　　　　31,300 円
〈その後〉
　保育料（年額）　　　　　　　　　　　　73,200 円
　教材費・PTA 会費など　　　　　　　約 30,000 円

🗓 2025年度募集日程 （予定）

＊未定（2024 年 2 月現在）

国
立

このページの内容は、2024 年度園児募集の際に配布された資料に基づいています。
来春入園を希望される方は 2025 年度園児募集要項（幼稚園配布）をご確認ください。

保育について

【教育目標】
お茶の水女子大学附属幼稚園・小学校・中学校・高等学校が共通にめざしているもの

お茶の水女子大学附属幼稚園・小学校・中学校・高等学校（附属学校園）には、次の「教育の柱」「研究の柱」があり、それにしたがって入学選考、入学検定が行われる。

「自主的にものごとに取り組み、自分の考えを持ち、他者との協力関係を築くことのできる幼児・児童・生徒の育成」を「教育の柱」とし、「乳幼児期から青年期までの教育を人間発達の視点からとらえてカリキュラム開発を行い、各校園の連携のもとに実践・研究をすすめ、その教育効果を評価すること」を「研究の柱」とする。

附属学校園は、このような考えのもとに、新しい研究的な教育実践に柔軟に対応する姿勢を有する幼児・児童・生徒を受け入れている。

【教育方針及び特色】
入園した幼児を保育して心身の発達を助けることを目的とし、特に次のような子どもに育てる。

・からだがじょうぶで、元気がよい。
・自分のことは自分でする。
・友だちと仲よく遊ぶ。
・ものごとにいきいきした興味をもつ。
・思ったことははっきり話し、人の話をよく聞く。
・創意工夫したことを楽しんで表現する。

お茶の水女子大学の附属として、幼児教育の理論と実際に関する研究をする。お茶の水女子大学学生にとっての保育、教育の実習と研究の場でもあり、研究や保育の実際を公開して、幼児教育の進歩向上に貢献する。

【教育の姿勢】
幼児期の特性をふまえ、それぞれの子どもが自分でやりたいことを見つけ、自分から人やものや環境にかかわって遊びに取り組んでいくことを重視する。従って一日の過ごし方は、その子どもの興味や関心によってそれぞれ異なる。1人ひとりの思いに沿った生活の自然な流れを大切に考え、同じことを同じ時にどの子どもにも教え込むようなことはしていない。その時々に、1人ひとりに合わせた指導を行い、個々の子どもの興味や意欲、自ら考え行動する姿勢を育てている。また、教師との信頼関係を基盤に友だちとかかわり、気持ちを伝えあいながら、仲間と共に生活する楽しさや、充実感を十分に味わえるようにと考えている。様々なものや人とかかわりながら自分を表現し、自我を形成するとともに、自分を取り巻く社会の一員としての感覚を養っていく。

【保護者にお願いしたいこと】
家庭生活と幼稚園生活が連続性をもってスムーズに展開できるように、次のことをお願いしている。

◆通園時間も大事な生活の時間となるように、原則として保護者が送り迎えをすること。
◆昼食は、各自家庭からそれぞれのお弁当を持ってくること。

 ## 主な行事

親子で遊ぶ日、子どもの日の集まり、親子遠足、じゃがいもほり、園外保育、七夕、クラス懇談会、運動会、さつまいもほり、創立記念の集まり、もちつき、豆まき、ひなまつりの集まり、お楽しみ会、各月誕生会、避難訓練（毎月）など

 ## 進学と関連校

【お茶の水女子大学附属小学校への進学】
連絡進学の制度あり

【関連校】
お茶の水女子大学・同大学院・同附属高等学校・同附属中学校・同附属小学校

国立

お茶の水女子大学附属幼稚園
出願可能地域
（2024 年度募集要項より）

	荒川区	北　区	新宿区	新宿区	千代田区	台東区	豊島区	文京区
	A	B	C	D	E	F	G	H
01	西日暮里4	滝野川1・3・5~7	赤城下町	津久戸町	飯田橋1~4	池之端2	池袋1~4	大塚1~6
02		田端1~5	赤城元町	筑土八幡町	神田猿楽町2	谷中1~5	池袋本町1・4	音羽1~2
03		中里1~3	揚場町	天神町	神田神保町2・3		上池袋1~4	春日1~2
04		西ヶ原1・3・4	市谷加賀町1~2	戸塚町1	神田駿河台2		北大塚1~3	小石川1~5
05			市谷甲良町	戸山1~3	神田三崎町1~3		駒込1~7	後楽1~2
06			市谷砂土原町1~3	中里町	北の丸公園		巣鴨1~5	小日向1~4
07			市谷左内町	中町	九段北1~4		雑司が谷1~3	水道1~2
08			市谷台町	納戸町	九段南1~4		高田1~3	関口1~3
09			市谷鷹匠町	西五軒町	五番町		西池袋1~5	千石1~4
10			市谷田町1~3	二十騎町	西神田1~3		西巣鴨1~4	千駄木1~5
11			市谷長延寺町	西早稲田1~3	富士見1~2		東池袋1~5	西片1~2
12			市谷仲之町	馬場下町			南池袋1~4	根津1~2
13			市谷八幡町	払方町			南大塚1~3	白山1~5
14			市谷船河原町	原町1~3			目白1~4	本駒込1~6
15			市谷本村町	東榎町				本郷1~7
16			市谷薬王寺町	東五軒町				向丘1~2
17			市谷柳町	百人町4				目白台1~3
18			市谷山伏町	袋町				弥生1~2
19			岩戸町	弁天町				湯島4
20			榎町	南町				
21			大久保2・3	南榎町				
22			改代町	南山伏町				
23			神楽坂1~6	山吹町				
24			神楽河岸	矢来町				
25			片町	横寺町				
26			河田町	余丁町				
27			喜久井町	四谷坂町				
28			北町	若松町				
29			北山伏町	若宮町				
30			細工町	早稲田町				
31			下落合1~3	早稲田鶴巻町				
32			下宮比町	早稲田南町				
33			白銀町					
34			新小川町					
35			新宿6・7					
36			水道町					
37			住吉町					
38			高田馬場1~4					
39			箪笥町					
40			築地町					

国立

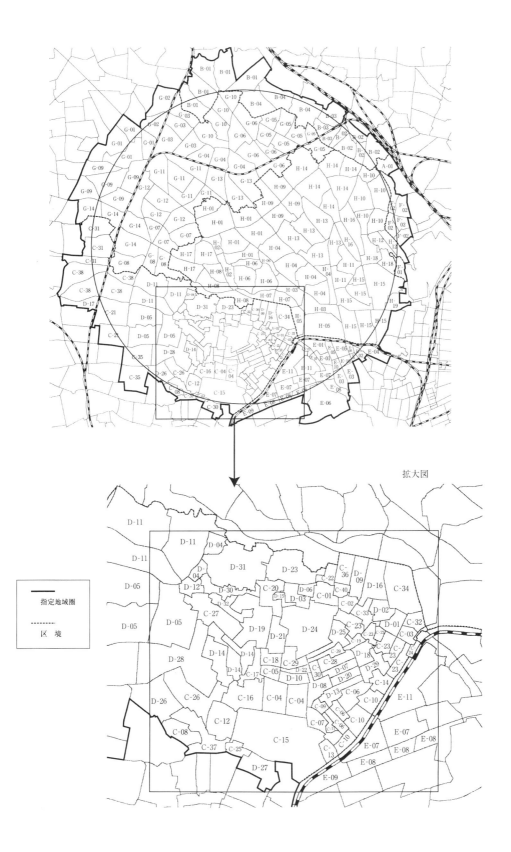

拡大図

指定地域圏

区 境

自分のしたいことに取り組む中で、
友だちの気持ちも考えながら行動できる子

東京学芸大学附属幼稚園竹早園舎

〒112-0002 文京区小石川 4-2-1
TEL：03-3816-8951
www.u-gakugei.ac.jp/~takesyo/you.html

◇東京メトロ「茗荷谷」駅より徒歩 12 分
　「後楽園」「春日」駅より徒歩 15 分
◇大塚駅よりバス「春日二丁目」下車 1 分

 入園までの流れ

2024 年度入試 (2023 年秋実施) より～

募集人数	2 年保育　男女 15 名
応募資格	出願時、保護者とともに東京都 23 区内に居住し、園まで子どもが徒歩または公共の交通機関を使って 35 分程度で通園できる者で、入園後も地域内に保護者とともに居住する者。受験のための一時的な住所の変更（寄留など）は一切認められない。
願書配布	11 月 4 日～ 16 日（WEB）
願書受付	11 月 11 日～ 16 日（WEB） 11 月 14 日～ 17 日（郵送） ＊WEB と郵送、どちらも必須
検定料	1,600 円
選考	◇第 1 次選抜（発育総合調査） 　男児：12 月 20 日 　女児：12 月 21 日 ◇第 1 次選抜合格者発表 　12 月 22 日 ◇第 2 次選抜（抽選） 　12 月 23 日

 2025年度募集日程 (予定)

＊未定（2024 年 2 月現在）

国立

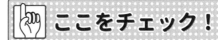 **ここをチェック！**

創　立	1904 年（明治 37 年）
園児数	年長 30 名（1 クラス） 年少 30 名（1 クラス）
教職員数	11 名（非常勤含む）
送迎バス	なし
園　庭	土
保育時間	月火木金： 　9 時 10 分～ 13 時 40 分（年少） 　　　9 時～ 13 時 30 分（年長） 　＊3 学期から 14 時まで（年長） 水： 　9 時 10 分～ 11 時 40 分（年少） 　　　9 時～ 13 時 30 分（年長） 　＊学年・学期により異なる 　＊土曜日休園（年数回行事あり）
預かり保育	なし
未就園児クラス	なし
昼　食	弁当（月火木金）
服　装	制服・制帽なし、スモックあり

 諸費用

〈入園手続時〉
　入園料　　　　　　　　　　　　　　31,300 円
〈その後〉
　保育料（年額）　　　　　　　　　　73,200 円

保育について

【特　色】

　教員養成を目的とする東京学芸大学の附属幼稚園である当幼稚園は、先導的、開発的な教育研究と学生の教育実地研究を担う場としての使命をもつ。これを達成するために、①大学との共同または自主的な幼稚園教育研究を行う、②隣接する附属竹早小学校・中学校と教育目標および内容についての密接な連絡を図り、幼・小・中連携教育について研究を行う等の特色がある。

　多様な個性をもつ子どもたちが協同で生活する中で社会性を育むことを目指し、幼児が主体的に行動できる環境を通して自発性・自律性を育み、創造性に富んだ豊かな学びを展開することで、健康・明朗で豊かな人格の芽生えを培う。

【教育目標】

◆自分なりのやり方で一生懸命取り組む

◆友だちと共感しあう

◆自分の役割を最後まで果たそうとする

　いろいろな個性をもつ子どもたちの交流を通して、豊かな人間理解を根底とする社会性の芽生えを培うことを基本とし、子どもが主体的に行動できる環境を通して、自主性・創造性を育て、健康・明朗で個性豊かな民主的人格の芽生えを培うことを目標とする。

【保護者の協力】

　保護者と園が共に手を取り合い、一緒になって子どもたちの豊かな園生活を支える。そのために以下の点について協力を求めている。

・保護者またはそれに準ずる者による送り迎え

・幼・小合同のＰＴＡ（竹園会）活動への参加

・年間を通しての園庭清掃・図書当番

・保育活動への参加・保護者活動の推進

（健康教室・調理活動・音楽ボランティア・裁縫・読み聞かせ など）

 # 安全対策

・インターホン設置

・監視ビデオカメラ設置

・警備員の配置

・保育時間内は門を施錠

・保育中の部外者の入園は極力断る

・園内では全員名札を着用

・避難訓練の実施

・災害時訓練の実施

 # 主な行事

　４・５歳児親子遠足（小石川植物園）、キッズフェスティバル（小学校低学年と合同）、５歳児遠足（水族館）、七夕、夏祭り、４・５歳児遠足（新宿御苑）、開園記念の日、５歳児子ども会、もちつき、お楽しみ会、豆まき、４歳児子ども会、お別れ会、卒園を祝う会、毎月誕生会 など

 # 進学と関連校

【東京学芸大学附属竹早小学校への進学】

　連絡進学の制度あり

【関連校】

　東京学芸大学・同大学院

　東京学芸大学附属高等学校

　東京学芸大学附属竹早中学校

　東京学芸大学附属竹早小学校

1人ひとりの個性を生かす保育

東京学芸大学附属幼稚園小金井園舎

〒184-8501 小金井市貫井北町 4-1-1
TEL：042-329-7812
www.u-gakugei.ac.jp/~kinder/

◇ JR「武蔵小金井」駅より徒歩 15 分
　またはバス「学芸大東門」下車 3 分

入園までの流れ

2024 年度入試（2023 年秋実施）**より〜**

募集人数	3 年保育　男女 約 50 名 ＊うち若干名は障がいのある幼児
応募資格	出願時、指定の通園区域内（P.88 参照）に保護者とともに居住している者
説明会	8 月 31 日、9 月 7・14・21・28 日
公開行事	8 月 31 日、9 月 7・14・21・28 日、10 月 5・12 日
願書配布	8 月 31 日〜 10 月 12 日 ＊障がいのある幼児は要電話予約
願書受付	10 月 12・13 日（現地受付）
選考料	1,600 円
選考	◇第 1 次検定（抽選） 　10 月 24 日 ◇第 2 次検定（面接・観察） 　10 月 25 日
合格発表	10 月 26 日
入園手続	指定日

2025年度募集日程 （予定）

＊未定（2024 年 2 月現在）

ここをチェック！

創　立	1957 年（昭和 32 年）
園児数 （定員）	年長 50 名（2 クラス） 年中 50 名（2 クラス） 年少 50 名（2 クラス）
教職員数	17 名
送迎バス	なし
園庭	土
保育時間	月火木金：9 時〜 13 時 30 分 水：9 時〜 11 時 30 分 ＊土曜日休園（年数回行事あり）
預かり保育	なし
未就園児クラス	なし
昼食	弁当（月火木金）
服装	制服なし・制帽あり

諸費用

〈入園手続時〉
　入園料　　　　　　　　　　　　　　31,200 円
〈その後〉
　保育料（月額）　　　　　　　　　　 6,100 円
　教材費（月額）　　　　　　　　　　 2,000 円
　＊ほかに、入園準備金、ＰＴＡ会費、後援会（寄付金）
　　などあり

このページの内容は、2024 年度園児募集の際に配布された資料に基づいています。
来春入園を希望される方は 2025 年度園児募集要項（幼稚園配布）をご確認ください。

保育について

【使　命】

　一般の幼稚園と同様に幼稚園教育を行うほか、教員養成大学の附属幼稚園として、大学との連携のもと、教員養成を担うとともに、幼稚園教育の内容・方法について実証的・実験的研究を行う使命をもつ。

①幼稚園教育

　幼児の心身の発達を助長する幼稚園教育を推進する。

→幼児の発達の特性に応じた幼稚園教育を推進

→小学校以降の生活や学習の基盤となる力を育成

②教員養成

　教員養成大学の附属幼稚園として、学生の教育実習等を行う。

→大学との密接な連携のもと、多様な教育実習のあり方について検討し、実習プログラムの研究開発を実施

③教育研究・教員研修

　大学と連携した先進的な教育実践研究および教員研修を推進する。

→教育の現代課題を踏まえ、カリキュラムの研究開発を実施

→大学と共同し、教員の資質向上を目指した教員研修を推進

④社会貢献

　家庭・地域社会と連携し、社会貢献に努める。

→家庭・地域と連携した教育支援・子育て支援活動を推進し、社会全体の教育力向上に貢献

【教育目標】

◆感動する子ども

◆考える子ども

◆行動する子ども

　人や身近な環境にかかわる中で、主体性と協同性をもち、明るく伸び伸びと自己発揮する子どもを育てる。

 # 安全対策

・インターホン設置　・監視ビデオカメラ設置
・警備員の配置　　・保育時間内は門を施錠
・避難訓練・安全指導の実施（月１回）
・一斉配信システム利用

 # 園の特色

１人ひとりの個性を生かし、互いに育ちあう教育を、家庭・地域社会と共に推進する。

◆個性を生かす教育

◆家庭・地域社会との連携

◆障がいのある子どもの受け入れと育ちあう教育

　１人ひとりの子どもの良さを伸ばし、社会性の芽生えを培うことを目標とする。そのために、幼児期の発達の特性を踏まえ、環境を通して行う教育を基本とし、幼児が主体的に活動する遊びを中心とした総合的な指導を行う。家庭・地域社会との連携を重視し、障がいのあるなしにかかわらず共に生活する教育を進める。

 # 主な行事

◇田植え　◇夏期保育（年長）　◇運動会　◇子ども会　◇もちつき

ほかに、じゃがいも掘り、さつまいも掘り、稲刈り、水遊び・プール、園外保育（遠足）など

 # 進学と関連校

【東京学芸大学附属小金井小学校への進学】

　連絡進学制度なし

【関連校】

　東京学芸大学・同大学院・同附属高等学校・同附属小金井中学校・同附属小金井小学校

東京学芸大学附属幼稚園小金井園舎
出願可能地域

市	町名	市	町名
小金井市	貫井北町1～5丁目	国分寺市	本町1～4丁目
	本町1～6丁目		南町1～3丁目
	桜町1・2丁目		本多1～5丁目
	緑町1～5丁目		東元町1～4丁目
	貫井南町1～5丁目		東恋ヶ窪1～3丁目
	前原町1～5丁目		泉町1丁目
	中町1～4丁目		
	関野町1・2丁目		
	梶野町1～5丁目		
	東町1～5丁目		
小平市	上水南町1～4丁目		
	喜平町1～3丁目		
	回田町		
	御幸町		
	鈴木町1・2丁目		
	学園東町1～3丁目		
	学園西町1～3丁目		
	上水本町4～6丁目		
	花小金井南町1～3丁目		

私立幼稚園

東京 23 区・市部

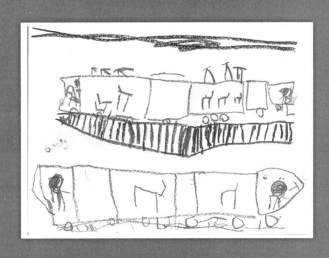

笑顔が生まれ　仲間の輪が広がる

暁星幼稚園

〒 102-8133 千代田区富士見 1-2-5
TEL：03-3264-5875
www.gyosei-k.ed.jp/

◇メトロ「九段下」駅より徒歩 10 分
◇JR・メトロ「飯田橋」駅より徒歩 10 分

 ## 入園までの流れ

2024 年度入試（2023 年秋実施）より～

募集人数	2年保育　男児 40 名 女児 10 名
説 明 会	6月7日（幼稚園説明会） 9月7日（入試説明会）
公開行事	園舎見学会：中止
願書配布	9月7日（入試説明会で購入）
願書受付	9月11日～15日（WEB） 9月25日～9月28日（郵送） ＊WEBと郵送、どちらも必須
選考日程等通知	10月3日（発送）
選 考 料	25,000 円
選 考	◇親子面接 10月14・16・21・22・28・29日、 11月1日のうち1日 ◇個別テスト 11月3日～5日のうち1日
合格発表	11月6日（WEB）
入園手続	11月6・7日

 ## 2025年度募集日程 （予定）

【説 明 会】幼稚園説明会：2024 年 6 月 5 日
　　　　　　入試説明会：2024 年 9 月 9 日
【願書配布】2024 年 9 月 9 日～ 13 日
【入園試験】2024 年 11 月 3・4・5 日のうち 1 日
【そ の 他】園児見学会：7 月 17 日

 ## ここをチェック！

創　　立	1969 年（昭和 44 年）
園 児 数	年長 5 歳児 50 名（2 クラス） 年中 4 歳児 50 名（2 クラス）
教職員数	9 名
送迎バス	なし
園　　庭	土
保育時間	月火木金： 　　　9 時 15 分～13 時 30 分 水：9 時 15 分～12 時 30 分 ＊年齢により降園時間は異なる ＊土曜日休園
預かり保育	なし
未就園児クラス	なし
英語教育	なし
課外授業	なし
宿泊行事	なし
昼　　食	弁当（月火水木金）
服　　装	制服・制帽・スモックあり

諸費用

〈入園手続時〉
　入園料　　　　　　　　　　　300,000 円
〈その後〉
　保育料（月額）　　　　　　　 36,000 円
　施設費（年額）　　　　　　　125,000 円
　教材費（月額）　　　　　　　　3,000 円
　維持費（月額）　　　　　　　 12,000 円
　後援会費（年額・分納可）　　 60,000 円
　＊寄付金（任意）　　1 口 100,000 円、3 口以上

このページの内容は、2024 年度園児募集の際に配布された資料に基づいています。
来春入園を希望される方は 2025 年度園児募集要項（幼稚園配布）をご確認ください。

保育について

【建学の精神】

キリスト教の理念に基づく教育によって、人格の完成と社会の福祉に貢献する人間を育成する。イエス・キリストの、神と人を愛する生き方が人間にふさわしい自己実現の道であるという教えが、学園の創立者アルフォンス・ヘンリック神父によって学園教育の土台とされた。

【教育の方針】

キリスト教的「愛」の教育の中で教師や友だちとの触れ合いを通し、子ども自身が生命の尊さを学び、子どもらしい感性を育み、物事を深くとらえ、主体的に行動できる力を育てる。

【教育目標】

◆幼児が主体的に環境に関わりあいながら、自立心、責任感を育てる。

◆友だちを受け入れ、相手の気持ちに気づき、人を大切にする心を育てる。

◆自然や美しいものに感動する柔らかな感性を育む。

◆自分で考え、物事を深くとらえる力を育む。

◆神様を信じ、神に守られていることに気づき、祈る心を育む。

園の特長

◆少人数クラス編成により、1人ひとりがその個性に応じて育つよう配慮する。

◆幼稚園生活のさまざまな場面を通して、キリスト教の教えに基づき感謝の心、思いやりの心を育て、宗教的情操の基礎を養う。

◆遊びを通して創造力、思考力及び主体的に行動する力を育て、小学校生活への移行を図る。

安全対策

・インターホン設置　・保育時間内は門を施錠
・監視ビデオカメラ設置　・学校110番設置
・避難訓練の実施（月1回）

ここが自慢！

暁星高校のお兄さんたちとのプール遊び

主な行事

◇マリア祭　◇プラネタリウム
◇ファミリーデー　◇七五三
◇星の子コンサート　◇親子劇遊びの日（年少）
◇星の子なかよしの日
ほかに、復活祭の集い、親子遠足、運動会、芋掘り遠足、クリスマスの集い、星の子お楽しみの日（年長）、各月誕生会、卒園を祝う会 など

進学と関連校

【暁星小学校への進学】

本園を修了した男児は、原則として内部進学を認められる

【女児生進学実績】

慶應義塾横浜、早稲田実業学校、学習院、雙葉、白百合学園、横浜雙葉、日本女子大豊明、筑波大学附属 など

【関連校】

暁星高等学校・同中学校・同小学校

園長からのメッセージ

幼児期の教育は、生涯にわたる人格形成の基礎を培う重要なものです。神様と人を大切にする心と、元気に明るく生きていく力を育むため、1人ひとりの幼児が幼児期にふさわしい生活を展開し、様々な体験ができる教育活動を進めます。

自分で選び　自分で関わり　自分を創る

白百合学園幼稚園

〒 102-8185 千代田区九段北 2-4-1
TEL：03-3234-6663
www.shirayurigakuen-yochien.ed.jp/

◇メトロ「九段下」駅より徒歩 10 分
◇ JR・メトロ「飯田橋」駅より徒歩 10 分

 ## 入園までの流れ

2024 年度入試（2023 年秋実施）より～

募集人数	3 年保育　女児約 45 名 2 年保育　女児約 15 名
公開行事	見学会：実施
説明会	実施
願書配布	9 月 15 日～9 月 26 日（WEB）
願書受付	9 月 7 日～28 日 （郵送／期間内必着）
考査料	25,000 円
考査	◇第 1 次考査 10 月 10 日～23 日のうち 1 日 面接：保護者（両親）と本人 考査：行動観察・生活常識 ◇第 2 次考査 10 月 26 日～28 日のうち 1 日 考査：保護者と本人
合格発表	1 次：10 月 24 日（発送） 2 次：11 月 1 日（手渡し）
入園手続	11 月 2 日

2025年度募集日程 （予定）

【説　明　会】2024 年 7 月・9 月頃
【願 書 配 布】2024 年 9 月 3 日～ 17 日（予定）
【入 園 試 験】10 月中旬
【公 開 行 事】見学会：2024 年 7 月・9 月頃

 ## ここをチェック！

創　　立	1904 年（明治 37 年）
園 児 数	年長 62 名・年中 57 名・年少 41 名
教 員 数	13 名
送 迎 バ ス	なし
園　　庭	ラバー
保 育 時 間	月火木金：8 時 40 ～13 時 30 分 水：8 時 40 分～11 時 ＊土曜日休園（行事の際は保育あり）
預かり保育	なし
未就園児クラス	なし
英 語 教 育	次年度からの導入を検討中
課 外 授 業	なし
宿 泊 行 事	なし
昼　　食	弁当（月火木金）
服　　装	制服・制帽・スモックあり

 ## 諸費用

〈入園手続時〉
　入園料　　　　　　　　　　　　　300,000 円
〈その後〉
　保育料（年額・3 回分納）　　　　444,000 円
　施設設備費（年額・3 回分納）　　336,000 円
　＊寄付金（1 口 50,000 円、2 口以上、任意）

このページの内容は、2024 年度園児募集の際に配布された資料に基づいています。
来春入園を希望される方は 2025 年度園児募集要項（幼稚園配布）をご確認ください。

保育について

【設立母体】
　シャルトル聖パウロ修道女会

【建学の精神】
　キリスト教の愛の教えに基づく全人教育を通して社会に貢献できる子女の育成。

【教育目的】
　キリスト教精神に基づき、宗教的・道徳的教育を与え、幼稚園より大学までの一貫した方針をもって、真の人間教育を行うことを目的とする。園児1人ひとりの健全な人格形成のために努力し、開かれた心で手を取り合い、尽くし合える平和社会の建設者を育てる。

【保育内容】
◆**日常生活の練習**
　より人間らしい洗練された行動、生活のために、生活上の基礎的技術を養う。
◆**感覚教育（五感を養う）**
　幾何図形、赤い棒、色板などを使用して感覚的体験を重ね、感覚で得た印象を知性によって分類・比較・整理・関連付け（抽象化）する練習を行う。
◆**数教育**
　ピタゴラスのカードやたし算の計算板などを使って数学的頭脳を育成し、問題を解決するための道筋を付けたり統合的考察や処理をする能力を養う。
◆**言語教育**
　言葉を通して人とのコミュニケーションを可能にし、社会によりよく適応できる調和ある人格を形成する。
◆**文化教育**
　日本と世界の文化を知り生命の歴史を知り、地球を大切にする心を育む。

 ## 安全対策

・インターホン設置　・監視ビデオカメラ設置
・赤外線センサー設置　・正門に警備員の配置
・保育時間内は門を施錠　・学校110番設置
・避難訓練の実施　・非常食完備
・防犯訓練の実施（防犯用具完備）
・AEDの設置および訓練　・緊急地震速報設置

 ## 園の特長

◆父親との保育の場をもうけている
◆1人ひとりの能力と興味に応じた徹底的な個人指導と集団保育のバランス
◆クラスは5クラスあり、すべてのクラスが3〜6歳の混合クラスとなっている。

 ## 主な行事

◇春の遠足（父子遠足）　◇父子とする運動会
◇クリスマス会　◇テーブルマナー　ほかに、父子園芸、七五三祝福式、感謝のミサ、誕生会　など

進学と関連校

【白百合学園小学校】
　内部選考があるが、考慮あり
　卒園児のほぼ全員が進学

【関連校】
　白百合女子大学・同大学院、仙台白百合女子大学、白百合学園（小・中・高）、函館白百合学園（幼・中・高）、盛岡白百合学園（幼・小・中・高）、仙台白百合学園（幼・小・中・高）、湘南白百合学園（幼・小・中・高）、函嶺白百合学園（小・中・高）、八代白百合学園（幼・高）、関町白百合幼稚園

園長からのメッセージ

日常生活を自分でできるように、
日々、お母様がよく見て、お子さまと関わってあげてください。
また、お母様がなさっている家事をお子さまも一緒に手伝えるように
多くのことを経験させてあげてください。

いつの日も愛いっぱいの子どもたち

雙葉小学校附属幼稚園

〒 102-0085 千代田区六番町 11-1
TEL：03-3261-2982
www.futabagakuen-jh.ed.jp/kindergarten/

◇ JR・メトロ「四ツ谷」駅より徒歩 2 分

入園までの流れ

2024 年度入試 (2023 年秋実施) より〜

募集人数	2 年保育　男女 約 50 名
応募資格	通園時間が 60 分以内であること（徒歩も含める）
公開行事	園庭開放：中止
説明会	7 月 30 日
願書配布	9 月 6 日〜15 日
願書受付	10 月 1 日 ※出願登録：9 月 6 日〜28 日（WEB）
選考料	25,000 円
考査票交付	10 月 12・13 日
選考	◇ 11 月 4 日〜8 日のうち 1 日 　考査：集団遊び（2023 年度は行わない） 　面接：保護者と本人
合格発表	11 月 9 日（WEB）
入園手続説明会	11 月 13 日
入園手続	11 月 16・17 日

📅 2025年度募集日程 （予定）

＊未定（2024 年 2 月現在）

＊詳細は 2024 年 4 月以降、HP でご確認ください。

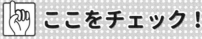 ここをチェック！

創　立	1910 年（明治 43 年）
園児数	年長 約 50 名（2 クラス） 年少 約 50 名（2 クラス）
教職員数	10 名
送迎バス	なし
園　庭	ラバー
保育時間	月〜金：9 時〜13 時 30 分 ＊土曜日休園（年数回行事あり）
預かり保育	なし
未就園児クラス	なし
英語教育	なし
課外授業	なし
宿泊行事	お泊まり保育（年長）
昼　食	弁当（月〜金）
服　装	制服・制帽・スモックあり

諸費用

〈入園手続時〉
入園料	女児 220,000 円
	男児 140,000 円

〈その後〉
保育料（年額・学期ごと納入）	490,800 円
施設維持費（年額）	156,000 円
後援会費（年額・学期ごと納入）	72,000 円

東京23区

このページの内容は、2024 年度園児募集の際に配布された資料に基づいています。
来春入園を希望される方は 2025 年度園児募集要項（幼稚園配布）をご確認ください。

保育について

【校　訓】

徳においては純真に　義務においては堅実に

【校　章】

校章の十字架はキリスト教精神に基づく学校であることを示す。開かれた聖書は真理の光をここに求めることを、ロザリオは祈りながら学ぶことを示す。女性の仕事のシンボルとして描かれている糸巻きは労働を愛することを、白いマーガレットの花は清純な喜びを表す。中央の盾は校章に示されている教えを盾として困難を乗り越え、綬はこの精神を誇りとして生きることを表す。上下のフランス語は「徳においては純真に　義務においては堅実に」の校訓で、この校章は全世界の幼きイエス会の学校で用いられる。

 園の特長

創立者の信奉するカトリックのキリスト教精神に基づき、教育法規に従って女子教育を行う。

【教育方針】

学園の教訓に基づいて、伸び伸びとした子どもらしさのなかにも、誠実でけじめのある子どもに育てる。特に、幼稚園生活の中でカトリックの教えを聞き、神様に守られていることを知り、神様とお話できるように育てる。

【宗教教育】

カトリック精神を礎に健全な人格の形成を図り、日常生活のよき習慣を身に付けることをねらいとして、教育課程内に宗教を置く。

 安全対策

・警備員常駐
・学校用緊急通報システム設置
・防犯カメラ設置
・防犯訓練の実施

【高原学校】

日光霧降高原に学園の山荘があり、年長から小学校6年まで、日光の四季折々に合わせて、宿泊行事を行っている。

 主な行事

新入園児歓迎会、園外保育、春季遠足、父の日参観、年長お泊り保育、運動会、秋季遠足、七五三、学園感謝の日、クリスマス会、豆まき、お別れ観劇、ひな祭り、お別れ遠足 など

 進学と関連校

【雙葉小学校への進学】

原則として女児は幼稚園から小学校への上級進学の資格が与えられている

【関 連 校】

雙葉高等学校・同中学校・同小学校

【姉 妹 校】

田園調布雙葉学園（幼・小・中・高）
横浜雙葉学園（小・中・高）
静岡雙葉学園（中・高）
福岡雙葉学園（幼・小・中・高）

いつもにこにこ元気なこども

聖徳大学三田幼稚園

〒 108-0073 港区三田 3-4-28
TEL：03-5476-8819
www.seitoku.jp/mita_yo/

◇ JR「田町」駅より徒歩 7 分
◇ メトロ「三田」駅より徒歩 7 分

入園までの流れ

2024 年度入試 (2023 年秋実施) より～

募集人数	3 年保育　男女 105 名 2 年・1 年保育　男女 若干名
公開行事	見学会：6 月 22・23 日 　　　　7 月 4・5 日 説明会：9 月 8 日、10 月 10 日
説 明 会	9 月 8 日、10 月 10 日
願書配布	10 月 11 日～13 日
願書受付	10 月 13 日～16 日 （郵送／期間内必着）
選 考 料	6,000 円
選 考	10 月 27・28 日のうち 1 日 面接：保護者と本人
合格発表	11 月 1 日（発送）
入園手続	11 月 7 日

2025年度募集日程 (予定)

【説 明 会】2024 年 6 月下旬、7 月上旬、9 月上旬、
　　　　　　10 月上旬・中旬
【願書配布】2024 年 10 月中旬
【入園試験】2024 年 10 月下旬
＊ HP をご確認ください。

ここをチェック！

創　　立	1933 年（昭和 8 年）
送迎バス	あり（2 台・4 コース）
園　　庭	土・ラバー
保育時間	月～金：9 時～14 時 45 分
預かり保育	8 時より／17 時 30 分まで
未就園児クラス	2 歳児保育あり
英語教育	あり
課外授業	スポーツクラブ、ダンス教室、ピアノ教室、英語教室、英語プログラム教室
宿泊行事	なし
昼　　食	給食（月～金）
服　　装	制服・制帽・スモックあり

諸費用

〈入園手続時〉
　入園料　　　　　　　　　　　　110,000 円
　施設費　　　　　　　　　　　　 50,000 円
　傷害保険料（年額）　　　　　　　1,500 円
〈その後〉
　保育料（月額）　　　3 年保育：33,600 円
　　　　　　　　　　　2 年保育：33,100 円
　　　　　　　　　　　1 年保育：32,600 円
　空調費（年額）　　　　　　　　 10,000 円
　＊ほかに、制服・制帽代、規定用品代などあり
　＊送迎バスの利用を希望する場合は安全会入会金
　　（6,700 円）・会費（月額 4,200 円）が必要

このページの内容は、2024 年度園児募集の際に配布された資料に基づいています。
来春入園を希望される方は 2025 年度園児募集要項（幼稚園配布）をご確認ください。

保育について

【教育目的】

　知的教育優先ではなく、遊びを通して様々な経験をし、正しい人間関係が保て、きちんとした社会生活を送れるよう、①健康でたくましく ②だれとでも仲よくでき ③しっかりと約束が守れ ④あいさつができ ⑤自分で考えて行動がとれる子どもに、をねらいとしての保育を行う。

 ## 園の特長

◆園内に調理室を備え、栄養バランスのよい給食を毎日提供するなど、食育に力を入れている。

◆園舎は幼稚園や保育所の先生を養成する専門学校と同じ建物にあり、園児たちはつねに温かい目に見守られて過ごす。

◆通園バスがあり、園児たちは安全に通うことができる。自転車での送り迎えも可。

◆子どもたちが環境に対する意識を自然と持つことができるよう、節水やゴミ分別、清掃活動など環境教育に取り組む。

◆2023年度より月曜日から金曜日まで給食を提供。17時30分まで預かり保育を実施しており、子育てを応援します（幼稚園として可能な限り）。

 ## 主な行事

　親子親睦会、遠足、保育参観試食会、運動会、聖徳にこにこまつり（バザー）、勤労感謝の集い、もちつき会、クリスマス会、アート展、表現あそび（お遊戯会）、ひなまつり会、お別れ遠足、お別れ会 など

 ## 安全対策

・インターホン設置
・保育時間内は門を施錠
・学校110番設置
・防災訓練の実施
・安全教育の実施
・2023年4月より新園舎、耐震、セキュリティ強化安全教育の実施

 ## 進学と関連校

【小学校受験への対応】

　受験希望者にはアドバイスを実施

【聖徳大学附属小学校への進学】

　内部試験あり

【国・私立小学校への進学先例（過去5年間）】

　東京学芸大学附属竹早、筑波大学附属、学習院、雙葉、昭和女子大学附属昭和、目黒星美学園、森村学園、小野学園（品川翔英）、立教、文教大学付属、聖ヨゼフ学園、東京女学館、川村、聖心女子学院、星美学園、東洋英和女学院、立教女学院、追手門学院、玉川学園、暁星、慶應義塾、早稲田実業学校 など

【関連校】

　聖徳大学・同大学院・同短期大学部・光英VERITAS高等学校・同中学校・聖徳大学附属小学校・同附属取手聖徳女子高等学校・同附属幼稚園・同附属第二幼稚園・同附属成田幼稚園・同附属浦安幼稚園、聖徳大学八王子幼稚園・同多摩幼稚園、聖徳大学幼児教育専門学校

園長からのメッセージ

子どものうちに良い生活習慣を集団の中で身につけられること、そして元気にすくすくと育ってくれること。

当幼稚園では、知的教育優先ではなく、遊びを通して様々な経験をして、正しい人間関係が保て、きちんとした社会生活が送れるよう、大切なお子さまをお預かりしています。

自由な遊びと子どもらしい生活の中で
　　　　　　　創造性を養い感性を高め、神さまを思う心を育てます。

東洋英和幼稚園

〒 106-0032 港区六本木 5-6-14
TEL：03-3401-3014
www.toyoeiwa.ac.jp/yochien/

◇メトロ「六本木」駅より徒歩 7 分
◇メトロ「麻布十番」駅より徒歩 10 分
◇メトロ「乃木坂」駅より徒歩 15 分
◇渋谷駅、新橋駅よりバス「六本木五丁目」下車 2 分

 入園までの流れ

2024 年度入試（2023 年秋実施）より～

募集人数	2 年保育　男児 若干名 3 年保育　女児 30 名 　　　　　男児 若干名 計約 50 名
公開行事	園舎見学：7 月 15・17 日
説明会	7 月 15・17 日
願書配布	7 月 15 日～8 月 30 日
願書受付	8 月 1 日～24 日（WEB） 8 月 25 日～9 月 1 日（書類） （郵送／当日消印有効） ＊WEB と郵送、どちらも必須
選考料	25,000 円
選考	◇保護者（受験者同伴）面接 　9 月 12 日～10 月 16 日のうち 1 日 ◇自由な遊び 　10 月 24 日～26 日のうち 1 日 ＊面接の際に通知
合格発表	10 月 27 日（WEB）
入園手続	11 月 7 日

 2025年度募集日程 (予定)

＊未定（2024 年 2 月現在）

 ここをチェック！

創立	1914 年（大正 3 年）
園児数	年長 43 名・年中 37 名・年少 40 名
教職員数	10 名
送迎バス	なし
園庭	土
保育時間	火木金：8 時 30 分～13 時 30 分 月水：8 時 30 分～11 時 30 分 ＊年齢により降園時間は異なる ＊土曜日休園
預かり保育	なし
未就園児クラス	なし
英語教育	なし
課外授業	ピアノ、日本舞踊
宿泊行事	2 泊 3 日キャンプ（年長） ＊軽井沢追分寮にて
昼食	弁当
服装	制服・スモックあり、制帽なし

諸費用

〈入園手続時〉
　入園料　　　　　　　　　　　（女児）430,000 円
　　　　　　　　　　　　　　　（男児）130,000 円
〈その後〉
　保育料（年額）　　　　　　　　　　490,000 円
　教育充実費（年額）　　　　　　　　130,000 円
　施設設備資金（年額）　　　　（女児）230,000 円
　　　　　　　　　　　　　　　（男児）70,000 円
＊ほかに教材費、母の会入会金（※入園時のみ）、母の会費、
　後援会費、寄付金（300,000 円以上・任意）などあり

このページの内容は、2024 年度園児募集の際に配布された資料に基づいています。
来春入園を希望される方は 2025 年度園児募集要項（幼稚園配布）をご確認ください。

保育について

東洋英和女学院について

【建学の精神】敬神奉仕

【東洋英和女学院のキリスト教教育】

キリスト教（プロテスタント）の信仰と、聖書の言葉を土台にして、園児から学生までの人間形成・人格形成を重んじる一貫教育を行う。1人ひとりが神から委ねられた使命（ミッション）を自覚し、喜んで神と人のために自己を役立てる精神を育成する。礼拝、授業、行事、奉仕活動等を通して、神から愛されているかけがえのない自分に気づき、神を愛し敬うこと＝敬神、また同じく神から愛されている隣人（他者）を愛し、隣人に仕えること＝奉仕へと導く教育を行う。

 # 園の特長

◆**キリスト教による人間形成を重んじる。**

日々のお祈りや賛美を通じて真実なものを感じることで、神さまを信頼し、また自分自身を信頼できるように導く。さらに、自分を取り巻く社会に目を向け、他者を受け入れ、他者のために行動できるように育ててゆく。

◆**自主性と個性を尊重する。**

子どもの個性を尊重して、その子のペースでその子らしく幼稚園生活が送れるよう見守る。教師が計画した活動を一斉に与えるよりも、自由な遊びの中で自らが選び工夫することを重んじる。

◆**家庭との連携を大切にする。**

登降園の際に、教師が保護者と子ども1人ひとりと挨拶を交わし、家庭との連絡を密にする。

 # 安全対策

・監視ビデオカメラ設置　・赤外線センサー設置
・正門に警備員の配置　　・学校110番設置
・各家庭に入校証配布、来園の際は必携
・災害時などの緊急メール
・警察・地域とのパトロール連絡
・避難訓練の実施　　・防犯訓練の実施

◆**自然との出会いを大切にする。**

子どもたちは園庭で多くの動植物と関わり、生き物にはそれぞれに適した生活の場があり、それを守ってやることが望ましいことを、繰り返しの体験を通して学ぶ。

 # 主な行事

◇入園式　◇春の遠足　◇父母の会
◇追分キャンプ（年長）　◇祖父母の会
◇父と遊ぶ日（年少・年中）
◇アドヴェント礼拝　◇卒業式
ほかに、学院創立記念日礼拝、りんご園遠足（年長）、父と子の遠足(年長)、日本舞踊を観る会、課外日舞おさらい会、お別れ会、課外ピアノ科おさらい会 など

 # 進学と関連校

【東洋英和女学院小学部への進学】

女児は原則として全員進学できる

【関連校】

東洋英和女学院大学・同大学院・同高等部・同中学部・同小学部・同大学付属かえで幼稚園

じぶんがすき！　あなたがすき！　みんながすき！
いつもげんきなあいいくのこ

愛育幼稚園

〒 106-8580 港区南麻布 5-6-8
TEL：03-3473-8318
www.boshiaiikukai.jp/aiiku-y.html

◇メトロ「広尾」駅より徒歩 8 分
◇目黒駅よりバス「愛育クリニック前」下車 1 分

入園までの流れ

2024 年度入試（2023 年秋実施）**より～**

募集人数	3 年保育　男女 54 名 2 年・1 年保育　若干名
公開行事	見学：9 月 15・21・26・28 日
説明会	8 月 24・25 日
願書配布	8 月 24 日～10 月 12 日
願書受付	10 月 11・12 日（現地受付）
選考料	10,000 円
選考	◇保護者面接 　10 月 16・20・24・31 日、 　11 月 1 日のうち 1 日 　＊願書受付の際に通知 ◇行動観察 　11 月 2・3 日のうち 1 日 　＊願書受付の際に通知
合格発表	郵送で通知
入園手続	11 月 13 日

ここをチェック！

創立	1947 年（昭和 22 年）
園児数	年長 54 名・年中 54 名・年少 54 名
教員数	15 名（非常勤 3 名）
送迎バス	なし
園庭	土
保育時間	月火木：8 時 50 分～14 時 水金：8 時 50 分～11 時 30 分 ＊土曜日休園
預かり保育	なし
未就園児クラス	なし
英語教育	なし
課外授業	なし
宿泊行事	夏季合宿（年長）
昼食	弁当（月火木）
服装	園児服あり、制帽なし

2025年度募集日程（予定）

【説明会】2024 年 8 月 23・26 日
【願書配布】2024 年 8 月 23 日～10 月 9 日
【入園試験】保護者面接：10 月 15・18・23・30 日、
　　　　　　11 月 1 日のうち 1 日
　　　　　　行動観察：2024 年 11 月 2・3 日
【入園手続】2024 年 11 月 12 日
【公開行事】見学会：2024 年 9 月 12・18・20・26
　　　　　　日

諸費用

〈入園手続時〉

入園料	120,000 円
施設整備費	220,000 円
保育料（年額・2 回分納可）	468,000 円
教材費（年額）	16,000 円
冷暖房費（年額）	10,000 円

＊進級時に施設整備費 70,000 円
＊ほかに、新年度用品代、遠足代などあり

東京23区

このページの内容は、2024 年度園児募集の際に配布された資料に基づいています。
来春入園を希望される方は 2025 年度園児募集要項（幼稚園配布）をご確認ください。

保育について

【目 的】

就学前の幼児を保育し、適切な環境を構成し、その心身の健全な発達を助長することを目的とする。そのために、教師は研究・研修を深め、実践・検証する。

家庭との連携を密にし、保護者と共に子育てへの意識の向上を図り、子どもひとりひとりの良さや可能性を伸ばす。

【教育方針】

なごやかな雰囲気の中で、のびのびと活動させ、社会性を円満にのばし、情緒面の調和的な発達を図る。

 ## 園の特長

◆子どもたちが心身ともに健やかに発育するために「親も育ち、子も育ち」を実践する。

◆子どもが十分に子ども時代を楽しめるように"あそび"を中心に保育を行う。

◆土の園庭に築山もあり、樹齢100年を越える大桜の木々、みかん、柿、やまもも、ざくろ、びわなど実のなる樹木が四季を彩る。自然豊かな中で子どもはのびのびと遊びや生活を楽しんでいる。

◆園に文庫を持ち、貸し出しを行う。

◆母の会・父の会（＝「だんごむしの会」）の活動が盛ん。

◆保護者を対象として子育てに役立つ講座を開く。

◆園と保護者、保護者同士みんなで子どもの育ちを支えている。

 # 安全対策

・インターホン設置
・監視ビデオカメラ設置
・学校110番設置
・緊急時メール配信
・緊急地震速報導入
・保護者への引き渡し訓練の実施（年1回）
・防災・防犯訓練の実施（園児／月1回）
・安全指導、交通ルールの指導
　（警察官による講習 など）

 # 主な行事

◇親子遠足　◇創立記念祭　◇参観・懇談会
◇夕涼み会　◇合宿（年長）　◇高校生との交流
ほかに、運動会、遠足、焼き芋、もちつき、豆まき、子ども会、お別れ遠足、各月誕生日会、プール遊びなど

園長からのメッセージ

子どもたちが自分の好きな遊びを見つけ、繰り返し、夢中になる経験を幼稚園の生活の中で重ねていってほしいと願っています。幼稚園が居心地のよい場所になるよう教職員は子ども一人ひとりと細やかに向き合い、子ども理解を深めていきます。そして保護者との対話や連携を大切に、子育ての楽しさを共に味わっていかれたらと考えています。

明るく素直な思いやりのある子に

麻布みこころ幼稚園

〒 106-0031 港区西麻布 3-21-6
TEL：03-3408-8848
www.tokyo.catholic.jp/archdiocese/kindergarten/k1/

◇メトロ「六本木」駅より徒歩 10 分
◇渋谷駅よりバス「西麻布」下車 4 分

 入園までの流れ

2024 年度入試 (2023 年秋実施) より～

募集人数	3 年保育　男女 約 35 名 2 年保育　若干名
公開行事	園庭見学会： 5 月／ 6 月（要電話予約）
説明会	なし（見学会にて質疑応答受付）
願書配布	10 月 16 日～23 日
願書受付	10 月 24 日（現地受付）
選考料	10,000 円
選考	◇面接（保護者・志願者） 11 月 1 日 ◇考査 11 月 2 日
合格発表	郵送にて通知

諸費用

〈入園手続時〉
入園料　　　　　　　　　 100,000 円
施設管理費　　　　　　　　50,000 円
〈その後〉
保育料（月額）　　　　　　33,000 円
保護者会費（月額）　　　　 1,500 円
教材費（年額）　　　　　　10,000 円
施設維持費（年額）　　　　10,000 円
冷暖房費（年額）　　　　　10,000 円
＊ほかに制服代等あり

ここをチェック！

創　立	1949 年（昭和 24 年）
園児数	年長 44 名・年中 49 名・年少 39 名
教員数	11 名
送迎バス	なし
園庭	人工芝
保育時間	◇年少 　月火木：9 時～13 時 　水金：9 時～11 時 20 分 ◇年中 　月水木：9 時～13 時 20 分 　火金：9 時～11 時 35 分 ◇年長 　月火木：9 時～13 時 40 分 　水金：9 時～11 時 50 分 ＊土曜日休園 ＊コロナ禍におけるお弁当の曜日 　に変更の可能性あり
預かり保育	なし
未就園児クラス	なし
宿泊行事	あり（年長）
昼食	弁当（1 日保育日）
服装	制服・制帽あり

2025年度募集日程 (予定)

【願書配布】2024 年 10 月 15 日～
【入園試験】2024 年 10 月 31 日、11 月 1 日
【公開行事】園庭見学：5 月 9 日～15 日（要予約）
　　　　　　＊質疑応答受付
　　　　　　運動会：5 月 23 日

このページの内容は、2024 年度園児募集の際に配布された資料に基づいています。
来春入園を希望される方は 2025 年度園児募集要項（幼稚園配布）をご確認ください。

保育について

【メッセージ】

　麻布みこころ幼稚園は、カトリック東京大司教区立幼稚園として、教区の方々のお力をいただきながら、子どもたちの教育を行っています。

　開放感のある人工芝の園庭での遊び、種々の行事を中心とした製作、季節を楽しむ歌などの日々の生活を通してイエス様、マリア様の"みこころ"にならってきれいな心、やさしい心、強い心の持ち主になるようにと心がけて保育しています。

　現在、卒業生が先生として、また父兄として再び門をくぐっています。

　ちょっと過保護かもしれないママと先生たちは、元気で甘えん坊の子どもたちと、心の通い合った温かさを大切に、毎日をより良いものにと願っています。

【目　的】

　カトリック精神に基づき、共に祈る心を養う。

　神さまの愛に信頼し、他の人をも愛することができるよう、あたたかい雰囲気とよい環境を整える。常に家庭、特に母親との連絡を密にして、時代に適した保育を心がけ、自立心や、正しい躾を身に付けるよう導く。また、自然とふれあう機会を持つことによって、すべてのものが持つ命の大切さを教えるとともに、情操教育に重点を置き、遊びを通して明るく素直な、思いやりのある幼児に育てることを目的とする。

【保育内容】

　健康、人間関係、環境、言語、表現、宗教教育

【休園日】

　土曜日、日曜日、祝祭日、開園記念日（11月4日）

　夏期休業：7月20日〜9月10日

　冬期休業：12月20日〜1月10日

　春期休業：3月20日〜4月10日

 # 安全対策

・避難訓練の実施（園児のみ／年5回）
・消防士指導による防災訓練（地震・火事想定）
・防犯訓練の実施
・園児同士で縦割りのペアになり外を歩く練習
・教職員のAED研修　・不審者対応研修

 # 主な行事

【保護者参加の行事】

・入園式　・春の遠足　・参観日　・秋の遠足
・イエズス様のみこころのお祝日
・運動会　・聖劇　・クリスマスパーティ
・お別れ学芸会　・一年間感謝のミサ
など

【その他の行事】

・マリア様のお祝日　・ロザリオのお祝日
・お店屋さんごっこ　・開園記念日
・敬老会（おじいさま、おばあさまをご招待）
・おもちつき　・ルルドの祝日
・年長お泊まり保育　など

【お母様方のお手伝い】

　運動会、敬老会、クリスマスパーティ
　学芸会の行事のときのお手伝い

園長からのメッセージ

「みこころ」とはイエス・キリストの心です。その心に倣って、愛し合うこと、赦し合うことを学びます。何よりも一人一人の心の中にみこころがあり愛されている事を心の根っこに刻み、その愛が、困っている人に手を差しのべる勇気となることを願い、保護者の皆様と共に、大切な子ども達の「みこころ」を育んで参りたいと思っています。

神様を愛し、他人を愛する心を養い、自立心や正しい躾を身に付ける

枝光会附属幼稚園

〒108-0073 港区三田 4-19-36
TEL：03-3441-8147
www.shikoukai.ed.jp/isarago/

◇メトロ「泉岳寺」駅より徒歩 8 分
◇メトロ「白金高輪」駅より徒歩 15 分
◇ JR「東京ゲートウェイ」駅より徒歩 20 分

入園までの流れ

2024 年度入試（2023 年秋実施）より～

募集人数	3 年保育　男女 約 35 名 2 年保育　男女 若干名
公開行事	保育見学： 　7 月 4 日、9 月 14 日 水遊び保育： 　7 月 11・12・13 日 運動会：10 月 4 日 ＊運動会見学は来年度入園希望者のみ
願書配布	10 月 14 日～（平日のみ）
願書受付	11 月 2 日（現地受付）
選考料	10,000 円
選考	◇自由遊び ◇保護者・志願者面接 　11 月 4・5 日のうち 1 日
合格発表	郵送にて通知

2025年度募集日程（予定）

【説 明 会】2024 年 7 月及び 9 月
【願書配布】2024 年 10 月 15 日～（予定）
【入園試験】2024 年 11 月（予定）
【公開行事】水遊び（見学可）
　　　　　　運動会（見学可）：10 月上旬

ここをチェック！

創　　立	1948 年（昭和 23 年）
園 児 数	年長　約 35 名（1 クラス） 年中　約 35 名（1 クラス） 年少　約 35 名（1 クラス）
教 員 数	11 名
送迎バス	なし
園　　庭	土
保育時間	月火木：9 時～13 時 40 分 水金：9 時～11 時 40 分 ＊時間は学年によって異なる。 ＊土曜日休園
預かり保育	なし
未就園児クラス	なし
英語教育	なし
課外授業	なし
宿泊行事	お泊まり保育（年長）
昼　　食	弁当（月火木）
服　　装	制服・制帽・スモックあり

諸費用

〈入園手続時〉
　入園料　　　　　　　　　　　　　　100,000 円
〈その後〉
　保育料（月額）　　　　　　　　　　 32,000 円
　設備費（年額）　　　　　　　　　　 40,000 円
　母の会費（年額）　　　　　　　　　 24,000 円
　＊寄付金（100,000 円以上・任意）あり

このページの内容は、2024 年度園児募集の際に配布された資料に基づいています。
来春入園を希望される方は 2025 年度園児募集要項（幼稚園配布）をご確認ください。

保育について

【目　的】

　カトリックの精神に基づきながら、子どもたちに暖かい雰囲気とよい環境を整え、時代に適した保育を行う。常に家庭、特に母親との連絡を密にし、神様を愛し他人をも愛することのできる心を養い、自立心や正しい躾を身につけるよう導く。また、自然とふれあう機会を持つことによって、すべてのものが持つ命の大切さを教えるとともに、情操教育に重点を置き、遊びの中から明るく素直な、思いやりのある幼児に育てることを目的とする。

【保育内容】

　健康、人間関係、環境、言語、表現、宗教教育

　年長組はお泊まり保育を行う。

　一斉保育ではゲームやゆうぎ、歌など。また、毎日お祈りの時間があり、必ず皆で一緒にお祈りをする。縦割り保育も行い、年長、年中、年少が混ざって園庭で遊び、一緒に向き合ってお弁当をいただく。付近に広い公園が三つあり、気候の良い時はお散歩をしながら公園まで遊びに行く。その際に公道を歩くときのマナーや、他人と交わって遊ぶ時のしつけなども行う。複数担当制をとっており、どの場面にも必ず先生がついて、子どもは危険から守られる。

【休園日】

　土曜日、日曜日、祝祭日

　開園記念日（6月9日）

　夏期休業：7月20日～9月10日

　冬期休業：12月20日～1月10日

　春期休業：3月20日～4月10日

 ## 安全対策

・インターホン設置
・監視ビデオカメラ設置
・学校110番設置
・保育時間内は門を施錠
・避難訓練の実施
・防犯訓練の実施

 ## 主な行事

◇マリア様のお祝日　◇みこころのお祝日
◇ロザリオのお祝日　◇クリスマスの聖劇
◇ルルドのお祝日

ほかに、春の遠足、水遊び、秋の遠足（お芋堀り）、運動会、カテドラル教会見学（年長）、七五三、アグネスのお祝日、お店やさんごっこ、凧揚げ大会、おもちつき、参観日、焼き芋大会、お別れ会、各月お誕生日会 など

＊年1回、クラスに分かれて敬老参観日を実施。
＊7月の水遊びと9月に通常保育の様子、10月の運動会は、園外の方も見学可（運動会は、次年度入園希望者のみ）
＊見学会は7月と9月に開催予定（但し1回のみ参加可）

 ## 進学と関連校

【小学校受験への対応】

　受験希望者にはアドバイスを行っている

園長からのメッセージ	親子の時間を充実させ、一緒にたくさん遊んでください。家庭が円満で雰囲気があたたかいことを望みます。

計画性のある自由保育

若葉会幼稚園

〒106-0031 港区西麻布 4-13-25
TEL：03-3409-0039
wakabakai.net/

◇メトロ「広尾」駅より徒歩 10 分
◇メトロ「六本木」駅より徒歩 15 分
◇新橋、品川駅よりバス「西麻布」下車 5 分

 入園までの流れ

2024 年度入試（2023 年秋実施）より～

募集人数	3 年保育　男女 約 54 名
公開行事	運動会：10 月
願書配布	9 月 5 日～10 月 3 日
願書受付	10 月 2・3 日（郵送／消印有効）
選 考 料	13,000 円
選 考	◇考査 （行動観察・指示行動・生活常識・運動） ◇親子面接 10 月 31 日～11 月 2 日のうち 1 日
合格発表	11 月 3 日（郵送）
入園手続	11 月 7 日

 諸費用

〈入園手続時〉
入園料　　　　　　　　　　　　　200,000 円
施設充実費　　　　　　　　　　　300,000 円
〈その後〉
保育料（月額）　　　　　　　　　 35,000 円
教材費（月額）　　　　　　　　　　7,300 円
冷暖房費（年額）　　　　　　　　　7,200 円
親和会費（父母の会・年額）　　　　3,000 円
給食代（希望者のみ・年額）　　約 118,000 円
＊寄付金（任意）　　1 口 200,000 円、1 口以上

 ここをチェック！

創 立	1929 年（昭和 4 年）
クラス数	年長・年中：各 2 クラス 年少：3 クラス
教 員 数	15 名
送 迎 バ ス	なし
園 庭	土
保育時間	月火木金： 　9 時 00 分～13 時 30 分 水：9 時 00 分～11 時 30 分 ＊土曜日休園
預かり保育	なし
未就園児クラス	なし
英語教育	なし
課外授業	体操
宿泊行事	なし
昼 食	給食（月火木金） アレルギー対応あり
服 装	制服・制帽あり

 2025年度募集日程（予定）

【願書配布】2024 年 9 月 5 日～10 月 3 日
【入園試験】2024 年 10 月 31 日～11 月 2 日
　　　　　　（上記期間内いずれか 1 日）
【公開行事】運動会（日程未定）

東京23区

保育について

【教育方針】

　各自の個性を尊重し、心身の円満な発達と共に正直、勤勉、質素、快活の美風を養成し、かつ、共同生活に慣れさしめ、自立自助の人となる素地をつくる。

【目　標】

　信頼感と安心感を基盤として、視野を広げ、現実を直視し、最善の選択と行動をする勇気を育てる。普段の生活を真面目に暮らし、生活習慣、知識、技術の獲得は勿論、責任、公共心の自覚、労を厭わぬ献身、努力を身に付け、誇り高く、善く生きることを自然な形で身に付けることを目標とする。

【休園日】

　土曜日、日曜日、祝祭日
　夏季・冬季・春季休暇

 ## 園の特長

当園では、園児を、その年齢なりの一人前扱いし、それぞれの年齢でできることを求める。毎日の先生との会話、友だちとの人間関係、上級生・下級生との人間関係、絵を描くこと、工作を仕上げること、体を動かすこと、人前で発表すること、給食を完食すること。困難に出会って《考える機会》を、成長するための千載一遇のチャンスととらえ、それをどう生かすかの助言を行いながら保育を行う。

 ## 安全対策

・インターホン設置
・保育時間内は門を施錠
・監視ビデオカメラ設置
・学校 110 番設置
・防災訓練の実施（園児／月 1 回）
・避難訓練の実施
・ＡＥＤ設置

 ## 主な行事

◇運動会　　◇親子給食　　◇お遊戯会
ほかに、各月お誕生会、園外保育（年長）、七夕笹焼き、納涼大会、保育参観、1 日動物村、クリスマス会、どんど焼き、豆まき など

園長からのメッセージ

幼稚園は、教員に大切に見守られて楽しく遊べるところです。しかし厳しい社会への第一歩、つらい現実の「はじまりの場所」でもあるのです。私共は子ども達を愛していますが、何でも言う事を聞くわけではありません。子どもの資質をありのままに受け止め、一人立ちできるよう、考え方の方向付けをしていきたいと思っています。

元気いっぱい、明るい笑顔

麻布山幼稚園

〒 106-0046 港区元麻布 1-6-21
TEL：03-3453-6710
link.netcommons.net/azabusan/htdocs/

◇メトロ「麻布十番」駅より徒歩 6 分
◇都営大江戸線「麻布十番」駅より徒歩 10 分

東京23区

 ## 入園までの流れ

2024 年度入試 (2023 年秋実施) より〜

募集人数	3 年保育　男女 約 40 名 2 年保育　男女 若干名
公開行事	見学会
説 明 会	9 月上旬
願書配布	10 月 2 日〜21 日
願書受付	10 月 21 日・22 日 (郵送／消印有効)
選 考 料	6,000 円
選 考	◇3 年保育 10 月 31 日〜11 月 2 日のうち 1 日 ◇2 年保育 10 月 31 日 面接：保護者と志願者
合格発表	郵送にて通知
入園手続	11 月 6 日

 ## 諸費用

〈入園手続時〉
入園金　　　　　　　　　　　　100,000 円
施設維持費　　　　　　　　　　 70,000 円
〈その後〉
保育料（月額）　　　　3 年保育：34,000 円
　　　　　　　　　2 年・1 年保育：33,000 円
教材費（学期ごと）　　　　　　　6,000 円
母の会費（月額）　　　　　　　　1,300 円
冷暖房費（年額）　　　　　　　　7,000 円
施設安全管理費（年額）　　　　　6,000 円
通園バス安全維持費（月額・利用者のみ）
　　　　　　　　　　　　　　　　4,500 円

 ## ここをチェック！

創　　立	1928 年（昭和 3 年）
園 児 数	年長 49 名（2 クラス／各 1 名担任） 年中 50 名（2 クラス／各 1 名担任） 年少 49 名（2 クラス／各 2 名担任）
教 員 数	10 名
送迎バス	あり
園　　庭	土
保育時間	月火木金：9 時〜14 時 水：9 時〜11 時 30 分 ＊土曜日は休園
預かり保育	14 時〜16 時まで
未就園児クラス	なし
英 語 教 育	なし
課 外 授 業	リズム体操、お習字
宿 泊 行 事	お泊まり保育（年長）
昼　　食	弁当（月火木金）
服　　装	制服・制帽・スモックあり

2025年度募集日程 (予定)

【説 明 会】2024 年 9 月上旬
【願 書 配 布】2024 年 10 月 2 日〜21 日
【入 園 試 験】2024 年 10 月 31 日〜11 月 2 日
【公 開 行 事】見学会：6 月上旬〜7 月上旬（曜日未定）

このページの内容は、2024 年度園児募集の際に配布された資料に基づいています。
来春入園を希望される方は 2025 年度園児募集要項（幼稚園配布）をご確認ください。

保育について

【保育目標】

学校教育法の趣旨に基づき、幼児に適当な環境と指導を与えて心身の調和的発達を助長するという目的に向かって努力を傾けている。健康、人間関係、環境、言葉、表現の5つの領域により、より広く豊富な経験を与え、人格形成の基礎づくりをする。特に仏教保育を行い、親切（おもいやり）・和合（なかよく）・感謝（ありがとう）の宗教的情操を育てる。

【教育方針】

1人ひとりの子どもを大切に

子どもたちの「○○がしたい！こんなことをして遊びたい！」という意欲を逃すことなく捉え、自信と活気に満ちた生活が送れるように努める。1人ひとりの子どもたちとその家族の安心を第一に考え、さらに子どもたちが「自分で考えて判断・行動をし、他者と関わる力を得ていく」ことが期待されるような援助と指導を心がける。

 # 園の特長

明るい園舎、広い園庭は樹木に囲まれ春は小鳥がさえずり、夏は蝉の声に包まれ、秋には樹々が紅葉し、どんぐり拾いや芋掘り等、豊かな自然に触れる機会に恵まれる。保育の中で、絵画制作は専門の教師によって指導を受ける。

◆造形活動（専任教師が担任の先生と一緒に活動）

家庭でできない大きなものを「創る・描く」。子どもの個性を大切にしながら、自発的な創作意欲と、最後まで諦めず創り上げる粘り強さを育てる。

 # 安全対策

・インターホン設置（カメラつき）
・園門自動施錠　・学校110番設置
・避難訓練の実施（月1回）
・保護者への引き渡し訓練の実施（9月）
・防犯訓練の実施　・備品チェックシート
・地震対応マニュアル　・不審者対応マニュアル
・ガードマン常駐（開園日のみ）

 # スクールバス安全対策

・添乗教員2名　・バスに無線設置
・置き去り防止装置設置
・降園時、バス乗車前に点呼・検温

 # 主な行事

◇七夕祭り　◇バザー　◇運動会　◇発表会
◇誕生会　◇報恩講
ほかに、遠足（親子）、宿泊保育（年長）、おたのしみ会、おもちつき、園外保育、お店屋さんごっこ、郵便屋さんごっこ、お芋パーティー など
仏教行事：花祭り、み魂祭り、報恩講

進学と関連校

【小学校受験への対応】

特に受験指導は行っていないが、卒園児の20%程度が国・私立小学校に進学

【国・私立小学校への進学先例】

学習院、青山学院、慶應義塾 など

園長からのメッセージ

1人ひとりの子どもたちと、その家族の皆様に安心を得ていただくことを第一に努め、更に子どもたちが「自分で考え、判断・行動をし、他者と関わる力を得ていく」ことが期待されるような援助と指導を心がけています。
入園をご希望の方は見学にいらしていただくことをお勧め致します。

自然を子どもに

白金幼稚園

〒 108-0071 港区白金台 5-23-11
TEL：03-3441-8497
shirokaneyochien.org/

◇ JR・メトロ・東急目黒線「目黒」駅より
　徒歩 3 分

東京23区

入園までの流れ

2024 年度入試（2023 年秋実施）より〜

募集人数	3 年保育　男女 50 名 2 年保育　男女 若干名
見 学 会	9 月 5・7・8・14・19・20・21・22・25 日のいずれか 1 日 （要予約）
説 明 会	9 月 9・16 日
願書配布	9 月 9 日〜
願書受付	10 月 2 日（現地受付）
選 考 料	10,000 円
選 考	◇遊びの観察（月齢別グループ） 　10 月 19 〜 21 日のうち 1 日 ◇面接（保護者のみ） 　10 月 23 〜 26 日のうち 1 日
合格発表	郵送にて通知

2025年度募集日程（予定）

【説 明 会】2024 年 8 月 31 日、9 月 7 日
　　　　　　（① 9:00 〜　② 11:00 〜）
【願書配布】説明会にて配布
【入園試験】2024 年 10 月下旬
【公開行事】見学会：9 月を予定
　　　　　　2024 年 6 月以降 HP に掲載します

ここをチェック！

創　　立	1947 年（昭和 22 年）
園 児 数	年長・年中・年少　各 50 名 （各 2 クラス）
教 員 数	14 名
送迎バス	なし
園　　庭	土
保育時間	月火：8 時 30 分〜 11 時 30 分 水木金：8 時 30 分〜 13 時 30 分 ＊土曜日休園
延長保育	16 時 30 分まで（月〜金）
未就園児クラス	休会中
英語教育	なし
課外授業	なし
宿泊行事	夏の幼児合宿（年長） ＊ 2 泊 3 日・八王子にて
昼　　食	弁当（水木金）
服　　装	制服あり、制帽・スモックなし

諸費用

〈入園手続時〉
　入園金　　　　　　　　　　　　　　　　90,000 円
　施設費　　　　　　　　　3 歳児：100,000 円
　　　　　　　　　　　　　4 歳児：　80,000 円

〈その後〉
　保育料（月額）　　　　　　　　　　　36,000 円
　暖房費（年額）　　　　　　　　　　　 5,000 円
　ＰＴＡ会費（年額）　　　　　　　　　10,000 円
　教育環境保全費（年額）　　　　　　　12,000 円

このページの内容は、2024 年度園児募集の際に配布された資料に基づいています。
来春入園を希望される方は 2025 年度園児募集要項（幼稚園配布）をご確認ください。

保育について

【園の目標】

開園以来掲げてきた「自然を子どもに」のもとで、子どもの体と心の健やかな発達を育む。

まず自分の身辺のことを自分でできるよう「自立心」を育てることから始める。また知識を教え込むのではなく、子どもの「生活」や「遊び」の中から直接的・間接的な体験を通して子どもたちが感じ学んでいけるように導き、社会の一員として生きていく力の基礎を育てていく。

 ## 園の特長

【教育内容】

◆「遊ぶこと」「働くこと」を通して社会性の芽生えを育てる

人と関わって遊んでいく中で、相手の気持ち・自分をコントロールする力を身に付ける。失敗やけんかをきっかけにどうすればよいかを自分たちで考え、人との関わり方を学んでいく。また係や当番などの「仕事」を通して、皆のために協力して働く喜びや、責任感・連帯感・自律心を育てていく。

◆「物をよく見る」「気づき・考える力」を育てる

「自然」を通して体験するさまざまな発見や驚きを、1つひとつのできごとと深く関わらせていくことで、探究心や考える力を深める。その感動を自分なりの捉え方で、絵画制作・音楽リズムなどに工夫して表現することを大切にする。劇づくりや描画活動、リズムなどの表現活動を通して、自由に想像力を働かせること、友だちと協力して1

 ## 安全対策

・インターホン設置　・赤外線センサー設置
・監視ビデオカメラ設置　・学校110番設置
・保育時間内は門を施錠　・避難訓練の実施
・防犯訓練の実施

つのものを作り上げること、ものをよく観察すること、工夫して表現することを体験し、「表現したい」という意欲をもった子どもに育てていく。

 ## 主な行事

◇幼児合宿　◇運動会　◇親子お別れ会
ほかに、春の遠足、保育参観、土曜参観、秋の遠足、お別れ遠足、親子クリスマス会、子どもクリスマス会、焼き芋大会、子どもお別れ会 など

 ## 進学と関連校

【小学校受験への対応】

受験にかかわらず、年齢に即した能力を身に付けることを大切に考え指導を行う

| 園長からのメッセージ | 先を見通すことが難しい時代といわれています。この時代を生き抜くために子どもにはたくましさとやさしさが必要です。たくましさとやさしさは没頭して遊び込むことで身に付きます。子どもは遊んで大きくなります。遊びは子どもの探究心・思考力・表現力を高めます。そして遊びをさらに豊かにするのが「自然」です。本園は都心にありながら奇跡的に残された貴重な自然環境があります。「子どもに自然を」の教育理念のもと、一人ひとりの「その子らしさ」が光り輝く幼稚園です。 |

子どもたちの輝く笑顔に出会うために

サンタ・セシリア幼稚園

〒108-0072 港区白金 4-7-23
TEL：03-3446-9884
www.santacecilia-youchien.com/

◇メトロ「白金台」「白金高輪」駅より徒歩 10 分
◇品川駅・目黒駅よりバス「白金台」下車 10 分
◇恵比寿駅・田町駅よりバス「三光坂下」下車 10 分

入園までの流れ

2024 年度入試（2023 年秋実施）より～

募集人員	3 年保育　男女 40 名 2 年・1 年保育　男女 若干名
公開行事	見学会：6 月 1 日、10 月 19 日
説明会	9 月 15 日
願書配布	9 月 15 日～10 月 27 日
願書受付	10 月 12 日～23 日 （郵送／消印有効） 10 月 24 日～27 日 （幼稚園受付に限り受付可能）
選考料	10,000 円
選考	◇3 年保育 11 月 1 日～3 日のうち 1 日 ◇1・2 年保育 10 月 31 日 考査：遊びの観察と発育テスト 面接：保護者と志願者
合格発表	11 月 5 日（郵送）
入園手続	11 月 7 日
新入園児 1 日入園	2023 年 1 月 19 日

2025年度募集日程 （予定）

【説　明　会】2024 年 9 月 11 日
【見　学　会】2024 年 6 月 4 日、10 月 16 日
　　　　　　　※変更の可能性あり
【願 書 配 布】2024 年 9 月 11 日～10 月 28 日
【入 園 試 験】2024 年 10 月 31 日、11 月 1 日
　　　　　　　（上記期間内いずれか 1 日）

ここをチェック！

創　　立	1963 年（昭和 38 年）
園児数	年長 43 名・年中 41 名・年少 39 名
教員数	14 名
送迎バス	なし
園　　庭	人工芝・土
保育時間	月火木金：9 時～14 時 水：9 時～11 時 30 分 ＊土曜日休園
預かり保育	8 時より／17 時まで ＊長期休暇中：9 時～16 時
未就園児クラス	あり
英語教育	あり
課外授業	体操教室、英語教室、 知育教室、絵画教室
宿泊行事	なし
昼　　食	弁当（月火木金） ＊年中より希望制による給食（週 2 回）
服　　装	制服・制帽・スモックあり

諸費用

〈入園手続時〉
　入園料　　　　　　　　　　　　120,000 円
　設備費　　　　　　　　　　　　120,000 円
〈その後〉
　保育料（月額）　　　　　　　　 35,000 円
　冷暖房費（年額）　　　　　　　 10,000 円
　教材費（年額）　　　　　　　　 25,000 円
　＊ほかに、給食代・遠足代などあり

このページの内容は、2024 年度園児募集の際に配布された資料に基づいています。
来春入園を希望される方は 2025 年度園児募集要項（幼稚園配布）をご確認ください。

保育について

【教育理念】

カトリック教育に基づいて豊かな心を育て、喜びの中で祈ること感謝することを知り、謙虚な心を培いながら集団の中でも1人ひとりの個性を生かす幼児教育を行う。

豊かな自然の中でのびのびと遊び、四季を感じながら子どもたちの健全な精神の育成に努める。

【教育の方針】

キリスト教精神に基づく喜びある教育

知徳体のバランスのとれた教育

①カトリシズム教育の中で広い愛と豊かな心を育てることを最も大切なねらいとする。

②集団の中で友だち同士が互いに仲良く協力し、遊び交わることによって望ましい情緒、社会性など、健全な精神的発達を促進する。

③健康、人間関係、環境、言葉、表現の5領域を中心に豊かな情操を養い道徳性の芽ばえを培い、基本的な生活習慣を育成する。

 ## 園の特長

◆心の教育…毎日のお祈りを通して、喜びを感じながら思いやりの心、感謝することの大切さを知り、豊かな心を育む。

◆外あそび…自然に囲まれた園庭で、毎日楽しく遊ぶ。裏の畑につながる探検道路は、子どもたちのお気に入り。

◆音楽・絵画・あそび…健康、人間関係、環境、言葉、表現の5領域の中で、あそびの時間を大切にする。

 ## 安全対策

・インターホン設置　・監視ビデオカメラ設置
・門を自動施錠　・学校110番設置
・避難訓練の実施（月1回）　・防犯訓練の実施
・保護者への引き渡し訓練の実施（年2回）
・保護者はIDカードを使用　・警備員配置

 ## 主な行事

◇マリア祭　◇セシリア音楽会　◇クリスマス会
◇クリスマスお祈り会　◇セリシア祭

ほかに、親子遠足、創立記念日、七夕集会、年長お楽しみ会、夕涼み会、敬老参観、運動会、芋掘り秋の遠足、ハロウィン、七五三集会、もちつき、豆まき、各月誕生日会 など

 ## 進学と関連校

【小学校受験への対応】

課外の知育教室にて受験指導を行っており、希望者に対して、アドバイスをしている。

卒園児の50%程度が国・私立小学校に進学

【国・私立小学校への主な進学先（過去5年）】

東京学芸大学附属竹早、筑波大学附属、お茶の水女子大附属、聖心女子学院、慶應義塾、雙葉、早稲田実業学校、青山学院、東京女学館、目黒星美学園、星美学園、立教女学院、立教、学習院、東洋英和女学院、桐蔭学園、洗足学園、桐朋学園、白百合学園、国立音楽大学附属、セントメリーインターナショナル、カナディアンインターナショナル など

園長からのメッセージ

子どもたちは、遊びの中からたくさんのことを学んでいきますので、幼稚園では楽しい遊び時間を大切にしながら、自立を促します。また、集団生活の中で生活習慣やお友だちとの関わり方を身につけていきます。知・徳・体のバランスの取れた保育カリキュラムと共に、人生の基礎となる精神面を大切に育てています。ご家庭との連携を取りながら、日々喜びのうちに過ごしたいと思います。

子どもたちの笑顔いっぱい！

牛込成城幼稚園

〒 162-8670 新宿区原町 3-87
TEL：03-3341-5058
www.seijogakko.ed.jp/youchien/wp/

◇メトロ「牛込柳町」駅より徒歩 3 分
◇メトロ「早稲田」駅より徒歩 20 分
◇市ヶ谷駅、飯田橋駅、千駄ヶ谷駅よりバス「若松町」
　「東京女子医大前」下車 5 分

入園までの流れ

2024 年度入試 （2023 年秋実施） より～

募集人数	3 年保育　男女 35 名 2 年・1 年保育　男女若干名
公開行事	見学（要予約）
説明会	9 月下旬
願書配布	9 月下旬 （14 時 30 分～15 時 30 分） ＊要事前電話連絡
願書受付	未定
選考料	5,000 円
選考	11 月 1 日 考査：遊びの観察 面接：保護者と志願者
合格発表	11 月 1 日
入園手続	未定

諸費用

〈入園手続時〉
入園料　　　　　　　　100,000 円
施設費　　　　　　　　 30,000 円
〈その後〉
保育料（月額）　　　　 30,000 円
教材費（月額）　　　　　3,000 円
母の会費（月額）　　　　1,000 円
維持費（月額）　　　　　2,000 円

ここをチェック！

創　立	1955 年（昭和 30 年）
園児数	年長（5 歳児）29 名 年中（4 歳児）19 名 年少（3 歳児）25 名
教員数	11 名
園庭	土
保育時間	月火木金：9 時～14 時 水：9 時～12 時 ＊土曜日休園
預かり保育	月火木金：14 時～18 時 水：12 時～17 時 ＊長期休暇中は 9 時～14 時
未就園児クラス	なし
英語教育	あり（週 1 回程度）
課外授業	なし
宿泊行事	お泊まり保育（年長）
昼食	給食（月木）アレルギー対応あり 弁当（火金）
服装	制服・制帽・スモックなし

2025年度募集日程 （予定）

【説明会】2024 年 9 月下旬
【願書配布】2024 年 9 月下旬
【入園試験】2024 年 11 月 1 日
【公開行事】見学会：未定　＊要予約
　　　　　　みんなであそぼう（2 歳児対象）：
　　　　　　年 6 回

東京23区

このページの内容は、2024 年度園児募集の際に配布された資料に基づいています。
来春入園を希望される方は 2025 年度園児募集要項（幼稚園配布）をご確認ください。

保育について

【保育方針】

生まれて初めて経験する社会が、幼稚園。子どもたちのつくる社会の中で、しっかりとした行動ができ、対応できるよう保護者と協力しながら育ててゆく。子ども同士の遊びの中から個性を引き出すとともに、ルールを守ること、人を思いやること、がまんすることなどが身につくよう保育する。

【保育の目標】

　◆成城学校の伝統を継承

知（かしこく）

　遊びを通してさまざまなことに興味と関心を持ち、学ぶ力を生活に取り入れ楽しむ子ども

仁（やさしく）

　心豊かで思いやりがあり、友だちと仲良く協力して遊ぶ子ども

勇（たくましく）

　健康で明るく元気で、新しいことや苦手なことも勇気をもって挑戦する子ども

 ## 園の特長

◆都心の園庭でどろんこ遊び

　土の感触を味わい、また季節を感じながら、子どもたちはさまざまな遊びにチャレンジする。

◆学年の枠を越えてともに楽しく

　他学年の子どもたちと遊ぶことで、ルールを守ることや、ひとを思いやることを学ぶ。

◆専門講師による体操の時間

　学年ごとに、子どもたちの成長発達にあった運動を楽しみながら取り組む。

 ## 安全対策

- ・インターホン設置　・学校110番設置
- ・赤外線センサー設置　・監視ビデオカメラ設置
- ・避難訓練の実施（2〜3回／年）
- ・防犯訓練の実施
- ・保育時間内は門を施錠　・AED設置

 ## 主な行事

◇運動会　◇発表会　◇おもちつき
◇豆まき　◇おみせやさんごっこ

ほかに、春の遠足、プール遊び、お泊まり保育（年長）、秋の遠足、お別れ遠足（年長）、ひなまつり、各月誕生会 など

 ## 進学と関連校

【国・私立小学校への進学先例】

　筑波大学附属、お茶の水女子大学附属、東京学芸大学附属竹早、慶應義塾、青山学院、学習院、東京女学館、成城学園 など

【関連校】

　成城中学校・同高等学校

園長からのメッセージ	当園は土の園庭で、砂場・泥場の2種類の土の感触を楽しめます。また、自分の好きな遊びを十分に楽しめる時間も大切にしています。遊びを基本とし、遊びの中からたくさんのことを学べるようにしているので、どんな遊びをしようか自ら考え、つくり出すことで遊びを深めています。そして、行事や毎月各クラスので制作活動を行い、バランスよく保育しています。

子どもが夢を描く幼稚園

伸びる会幼稚園

〒161-0034 新宿区上落合 2-25-19
TEL：03-3361-5020
www.nobirukai.ac.jp/

◇メトロ「落合」駅より徒歩 1 分
◇都営地下鉄・西武新宿線「中井」駅より徒歩
8 分

入園までの流れ

2024 年度入試（2023 年秋実施）より～

募集人員	3 年保育　男女 80 名 2 年保育　男女 20 名
公開行事	9 月 5・7・12・14 日（要予約）
説明会	9 月 27 日
願書配布と 受験票交付	10 月 16 日
願書受付	11 月 1・2 日（選考当日）
選考料	5,000 円
選考	11 月 1・2 日のうち 1 日 考査：行動観察・指示行動・ 口頭試問 面接：保護者と志願者
合格発表	11 月 3 日（郵送）
入園手続	11 月 6 日

諸費用

〈入園手続時〉
入園料	150,000 円
施設費	100,000 円

〈その後〉
保育費（月額）	40,000 円
教材費（月額）	5,000 円
教育充実費（月額）	5,000 円
賛助費（月額）	1,000 円
冷暖房費（月額）	1,000 円
母の会費（月額）	500 円
バス費（月額）＊利用者のみ	10,000 円

＊ほかに、制服代・備品代・絵本代などあり

ここをチェック！

創立	1949 年（昭和 24 年）
園児数	年長 104 名・年中 87 名・年少 65 名
教員数	常勤 17 名・非常勤 4 名 専門科目 5 名
送迎バス	あり（範囲：半径 5 km 以内）
園庭	ラバー
保育時間	月火木金：10 時～ 14 時 水：10 時～ 11 時 ＊土曜日・日曜日休園
預かり保育	8 時より／ 19 時 00 分まで ＊長期休暇中は 8 時～ 19 時 00 分
未就園児クラス	入園予定者対象のクラスのみ
英語教育	あり
課外授業	お残り勉強（年長）、体育クラブ、 英語教室（年長・年中）
宿泊行事	24 時間保育（年中・年 1 回） 24 時間保育（年長・年 3 回）
昼食	弁当（月火木金）
服装	制服・制帽・スモックあり

2025年度募集日程（予定）

【説 明 会】2024 年 9 月～ 10 月頃
　※ HP からの問い合わせで、メールをいただきま
　　したら、夏頃に案内状を郵送いたします。
【願書配布】2024 年 10 月中旬
【入園試験】2024 年 11 月初旬

このページの内容は、2024 年度園児募集の際に配布された資料に基づいています。
来春入園を希望される方は 2025 年度園児募集要項（幼稚園配布）をご確認ください。

保育について

【教育理念】

子どもが夢のある、幸せな未来を実現するため、人間の心を育てることを伸びる会教育の原点とし、「共感」を育て、相手を思いやれる「思いやり」、困難に負けず、目標達成を実現できる「忍耐力」を持つ、自律した逞しい人間を育てる。

【教育方針】

挨拶や基本的な生活習慣・態度を身に付けさせ、1人ひとりの長所を尊重して豊かな感性を養い、遊びや活動の経験から、自らの考える力・何でもできる自信と挑戦心を育て、人間形成の土台となる底辺を伸ばす教育を行う。

【教育三本柱】

◆自律主義の教育：忍耐力のある子どもの育成

他者を思いやり、優しくできる心を養う中で、子どもの"生きる力"を育てる。

◆底辺を伸ばす教育：子どもの自己発展の助成

豊富な教育活動により、器を大きくする。何でもできるという自信を持たせ、意欲的な子どもに育てる。

◆遊びながらの教育：知的好奇心が学びへと発展

・遊びは表現であり、体験の自己実現力を培う。
・いろいろな活動を通して、想像力や感情を豊かにしていく。
・活動を広げる中で、言葉をしっかりと身に付け、物事を見つめる力や考える力を養う。
・友だちと協力することを体験し、社会的行動を広げていく。
・自主的に何かに取り組む態度を養う。

安全対策

・園児証　・来園者認証システム
・防犯カメラ　・学校110番設置
・耐震補強工事完了　・AED2台完備
・避難訓練の実施（園児のみ／各学期に1回）
・保護者への引き渡し訓練の実施（11月）
・非構造部材の耐震補強工事完了
・空調・空気清浄システム設置
・水道浄活水装置設置

スクールバス安全対策

・GPSと無線によるバスの運行管理

 # 主な行事

◇大運動会　◇音楽会　◇展覧会　◇学芸会
◇おもちつき　◇1日幼稚園教諭体験
ほかに、小運動会、ジャガイモ掘り、七夕会、緑の箱根（24時間保育）、夏休み作品展、紅葉の箱根（24時間保育）、全園遠足、大根引き、鏡開き、百人一首大会、雪の箱根（24時間保育）、保護者会 など

園長からのメッセージ

大切にしたいのは、遊びの経験をきっかけとする幼児の主体的な学びです。指示された通りにできることではありません。遊びや活動を通して、失敗や挫折も繰り返しながら自分なりに考え、発展させようとする経験が子どもの生きる力となります。答えを与えて教え込むのではなく、問いかけながら資質を引き出していくのが、伸びる会幼稚園の教育です。

豊かに、のびやかに　心をはぐくむ

日本女子大学附属豊明幼稚園

〒 112-8681 文京区目白台 1-18-14
TEL：03-5981-3852
www.jwu.ac.jp/knd/

◇ JR「目白」駅より徒歩 15 分またはバス 5 分
◇メトロ「雑司が谷」駅より徒歩 8 分
◇メトロ「護国寺」駅より徒歩 10 分

入園までの流れ

2024 年度入試（2023 年秋実施）より〜

募 集 人 数	3 年保育　女児 60 名　男児 24 名
公 開 行 事	はじめての幼稚園：4 月 20 日、6 月 23 日 施設見学会：4 月 22 日、7 月 15 日 Web わくわくデー：5 月 9 日 豊明幼稚園で遊ぼう： 5 月 20 日、6 月 17 日 英語で遊ぼう WEB：6 月 2 日〜8 日 運動会：10 月 7 日
説 明 会	個別相談会：7 月 22 日 入園説明会：9 月 9 日
願 書 配 布	9 月 9 日〜10 月 4 日（WEB）
願 書 受 付	10 月 2 日〜5 日（郵送のみ）
選 考 料	25,000 円
選 考	◇考査：知的発達・行動観察 　11 月 2 日 ◇面接（保護者と志願者）： 　11 月 3 日〜5 日のうち 1 日
合 格 発 表	11 月 7 日（WEB）
入 園 手 続	11 月 8 日

ここをチェック！

創　　立	1906 年（明治 39 年）
園 児 数	年長 84 名・年中 84 名・年少 84 名 （各 3 クラス）
教 員 数	14 名
送 迎 バ ス	なし
園　　庭	土
保 育 時 間	月火木金：9 時〜13 時 30 分 水：9 時〜11 時 30 分 ＊時間は年齢、季節により異なる ＊土曜日休園
預かり保育	あり ＊2025 年度より開始予定
未就園児クラス	なし
英 語 教 育	あり
課 外 授 業	なし
宿 泊 行 事	なし
昼　　食	弁当（月火木金）
服　　装	制服・制帽・スモックなし

2025年度募集日程（予定）

【説　明　会】2024 年 5 月 11 日、7 月 20 日
【WEB 説明会】2024 年 8 月 19 日〜9 月 13 日
【願 書 配 布】2024 年 9 月上旬〜10 月上旬
【入 園 試 験】2024 年 11 月 2 日〜5 日
　　　　　　　＊面接：11 月 3 日〜5 日のうち 1 日
【公 開 行 事】体験保育：2024 年 6 月 8 日
　　　　　　　＊公開行事等、全て WEB にて要予約。
　　　　　　　随時 HP をご覧ください。
　　　［URL］https://www.jwu.ac.jp/knd/exam/

諸費用

〈入園手続時〉
入園料　　　　　　　　　　　　　　　　250,000 円
施設設備費（1 期分）　　　　男児：44,000 円
　　　　　　　　　　　　　　　女児：88,000 円
〈その後〉
保育料（年額）　　　　　　　　　　　　440,000 円
施設設備費（2・3 期分）　　　男児：　86,000 円
　　　　　　　　　　　　　　　女児：172,000 円
保護者会入会金 3,000 円　同会費（月額）1,400 円

東京23区

このページの内容は、2024 年度園児募集の際に配布された資料に基づいています。
来春入園を希望される方は 2025 年度園児募集要項（幼稚園配布）をご確認ください。

保育について

【教育方針】

遊びを中心とした保育

◆自分で遊びを見つける

自分で遊びを見つけ、楽しむことを通じて、たくさんのことを感じ、身につけていく。

◆心と身体を使って遊ぶ

心で感じながら手や足などの全身を使って遊ぶことにより、素直に感じることや身体のバランスのとれた発達を育む。

◆ものとふれあう

道具を使って遊んだり、木々や草花、動物など自然にふれながら、考える力や集中力を養う。

◆仲間といっしょに

集団での遊びを通じ、自分を主張したり抑えたりする基本的なコミュニケーション力を養う。

感性を育む保育

◆本物にふれる

楽器や道具も本物を使い、音楽会や人形劇など文化的な活動も取り入れ、日常の中で英語や造形活動などに親しむ。

◆自然とかかわる

園内だけでなく、園外の散歩や遠足などを通じて積極的に自然とのかかわりを楽しむ。

◆身体であらわす

歌や劇、運動やリズムなど身体を使った表現力を身につけ、それぞれの個性の違いや表現する楽しさを知る。

◆受け継がれてきた活動

遊戯や季節の製作など、伝統的な活動を通じて豊かな感性や製作の喜びを味わい、心のゆとりある成長を促す。

 # 安全対策

・玄関出入り口をオートシステムで施錠
・正門・幼稚園門に警備員の設置と園周辺の警備
・学校110番設置　・防犯カメラの設置
・メールによる一斉配信システム
・緊急構内放送、緊急地震速報システム
・避難訓練の実施（園児のみ／年7回）
・保護者への引き渡し訓練の実施（年1回）
・防災用品、非常食を常備　・交通安全指導
・警察署指導による防犯訓練（教職員・園児対象）
・消防署指導による応急救護（教職員対象）
・AED実施訓練（教職員対象）

 # 進学と関連校

【日本女子大学附属豊明小学校への進学】

進学を申請した女児は、原則として推薦される

【男児の進学先例】

成蹊、立教、暁星、学習院、慶應義塾、慶應義塾横浜、早稲田実業学校、桐朋学園、星美学園、淑徳、宝仙学園、成城学園、お茶の水女子大学附属、東京学芸大学附属竹早、筑波大学附属、浦和ルーテル学院、区立小学校 など

【関連校】

日本女子大学・同大学院・同附属高等学校・同附属中学校・同附属豊明小学校

園長からのメッセージ

本園には附属ならではの伝統と今の時代に即した工夫があります。日本女子大学創立者の理念のもと、子どもたちの幼少期を大切に考え、時間をかけてゆっくりと、そしてしっかりと自立していくことを念頭に保育を行っています。そのために、子どもたちの遊びの主体性がより引き出されるような環境づくりに力を入れています。集団生活の中において、自ら考え行動することや、遊びを友だちと作り上げていくことなど様々な経験が、学びやこれから生きていく上での大事な基礎となります。

未来に繋がる根っこの力を育てます

共立大日坂幼稚園

〒112-0006 文京区小日向 2-17-7　　◇メトロ「江戸川橋」駅より徒歩 3 分
TEL：03-3941-5570　　　　　　　　◇高田馬場駅、目白駅、飯田橋駅よりバス「江戸川橋」「石切橋」下車 3 分
www.kyoritsu-wu.ac.jp/yochien/　　◇Ｂ−ぐるバス「文京総合福祉センター」下車すぐ

入園までの流れ

2024 年度入試（2023 年秋実施）より〜

募集人数	3 年保育　男女 35 名 2 年保育　男女 10 名 1 年保育　男女 若干名
公開行事	園庭開放：4 月 6・13・19・26 日、5 月 10・26 日、6 月 13・21 日、7 月 5 日、9 月 6・20 日、10 月 11・20 日、11 月 25 日、2024 年 2 月 21 日
説明見学会	見学会：7 月 6・12 日、9 月 14 日 説明会：6 月 28 日、8 月 30 日、9 月 6・20 日
願書配布	10 月 13 日〜27 日
願書受付	11 月 1 日
選考料	6,000 円
選考	11 月 2 日 考査：遊びによる行動観察、生活常識など 面接：保護者と志願者 アンケート：志望理由 など ＊考査当日に記入・提出
合格発表	速達郵便発送
入園手続	11 月 4 日

2025年度募集日程（予定）

【説 明 会】2024 年 6 月末〜7 月、9 月
　　　　　　＊2024 年 3 月以降 HP 掲載予定
【願書配布】2024 年 10 月 15 日〜25 日
【入園試験】2024 年 11 月 2 日

ここをチェック！

創立	1954 年（昭和 29 年）
園児数	年長 27 名・年中 27 名・年少 34 名（各 1 クラス）
教職員数	9 名
送迎バス	なし
園庭	土
保育時間 （季節・社会状況により異なる）	月火木金：9 時〜14 時 水：9 時〜11 時 40 分 ＊土曜日は行事開催日を除き休園
預かり保育	月火木金：14 時〜16 時（年長）
未就園児クラス	なし（園庭開放・体験入園あり）
英語教育	なし
課外授業	なし
宿泊行事	夏の幼稚園（年長の希望者） ＊親子参加
昼食	弁当（月火木金）
服装	制服・制帽なし、エプロン着用

諸費用

〈入園手続時〉
　入園料　　　　　　　　　　　　　110,000 円
　＊ごきょうだいが同時に在園及び入園する場合、
　　2 人目以降について入園料の半額を免除
〈その後〉
　保育料（3 か月ごと）　　　　　　 86,000 円
　施設・設備維持費（3 か月ごと）　　 5,000 円
　＊ほかに、新学期用品代・絵本代などあり

このページの内容は、2024 年度園児募集の際に配布された資料に基づいています。
来春入園を希望される方は 2025 年度園児募集要項（幼稚園配布）をご確認ください。

保育について

【教育目標】
◆伸びる力・育つ力・求める心を大切にする、明るく健やかで楽しい保育
◆集団生活の中で互いの心にふれあい、自分を確かめ協力の喜びを培う

 ## 園の特長

◆**遊びながら、生活しながら学んでいく**
・夢中になってのびのびと
　遊びを中心とした保育を実践。子どもたちは、自分で見つけた好きな遊びを通してさまざまな場面に出会い、試行錯誤しながら、学びを深めていく。先生は、子どもたち一人ひとりに寄り添いながら経験を集団への学びに結びつけられるように働きかけている。
・お友だちといっしょに
　大好きなお友だちや先生と過ごす中で、みんなが気持ちよく楽しい園生活を送れるよう、ルールを守ったり、お互いを思いやる気持ちを培っていく。

◆**自然とのふれあいを大切に**
・四季を感じられる園庭で
　都会にありながら自然に恵まれた土の園庭で、子どもたちは好きなだけ自然を楽しむことができる。

◆**ご家庭と共に子育てを**
　保護者会や個人面談を通し、家庭と協力しながら、共に子どもたちの育ちを支えていく。保育時間後の預かり保育も実施。教諭の資格を持ったスタッフが、家庭的な雰囲気の中で子どもを預かる。

◆**共立女子学園の併設園として**
　広い施設での行事、大学の児童学科との連携、高校生との交流など、併設園特有の長所がある。

 # 安全対策

・インターホン設置　・監視ビデオカメラ設置
・学校110番設置　・保育時間内は門を施錠
・避難訓練の実施（園児のみ／月1回）
・地域の公立幼小と合同避難訓練（保護者参加／年1回）
・教員の防犯訓練実施
・緊急地震速報導入　・ラバーを貼った柱

 ## 主な行事

◇軽井沢夏の幼稚園　◇運動会　◇共立祭
◇お別れ会　◇各月誕生会
ほかに、春の遠足、人形劇を見る会、園外保育、七夕、お芋の収穫、秋の遠足、同窓会（隔年）、クリスマス会、ゆうぎ会、クッキー作り、ひな祭り、お楽しみ会　など
※感染対策のため2022年度は以下のように変更
　夏の幼稚園：水を使用した遊びのイベント
　お楽しみ会：ゲーム大会

 # 進学と関連校

【小学校受験への対応】
　相談があれば応じ、子どもの育ちについてアドバイスする。卒園児の3〜4割が国・私立小学校へ進学
【国・私立小学校への進学先例】
　筑波大学附属、お茶の水女子大学附属、東京学芸大学附属竹早、慶應義塾、慶應義塾横浜、早稲田実業学校、立教女学院、立教、学習院、東洋英和女学院、日本女子大学附属豊明、白百合学園 など
【関連校】
　共立女子大学・同大学院・同短期大学・同中学高等学校・同第二高等学校・同第二中学校

| 園長からのメッセージ | 本園は、遊んで人とふれあい、生活し学んでいく場です。子どもたち1人ひとりの創造する・工夫する・考える・集中する・やり遂げるなどの力、協調してお友だちを受け入れる力を育てていきたいと考えています。保護者の方は、お子さんと向き合い、幼稚園と共に大切な幼児期の子育てをしてまいりましょう。 |

「生きる力」を持った子どもたちを育てます

文京学院大学文京幼稚園

〒 113-0023 文京区向丘 2-4-1
TEL：03-3813-3771
www.bkg.u-bunkyo.ac.jp/

◇メトロ「東大前」駅より徒歩 3 分
◇メトロ「根津」駅より徒歩 10 分
◇御茶ノ水駅、駒込駅、田端駅よりバス「本郷追分」
　下車 1 分

 ## 入園までの流れ

2024 年度入試（2023 年秋実施）より～

募集人数	3 年保育　男女 60 名 2 年保育　男女 若干名
公開行事	遊びの広場：4 月 23 日、5 月 14・28 日、6 月 4・25 日、7 月 2 日、11 月 12・26 日、2024 年 1 月 14 日、2 月 4 日
説明会	9 月 1・16 日、10 月 14 日（要予約）
願書配布	10 月 13 日・14 日
願書受付	11 月 1 日
選考料	7,000 円
選考	11 月 2・3 日のうち 1 日 考査：行動観察、指示行動 面接：保護者と志願者 アンケート： 　教育方針、健康面 など ＊考査前日に記入・提出
合格発表	11 月 6 日（郵送）
入園手続	11 月 7 日

2025年度募集日程 （予定）

【説　明　会】2024 年 9 月 7・14 日、10 月 19 日
【願 書 配 布】2024 年 10 月 15 日～ 19 日
【入 園 試 験】2024 年 11 月 2 日
【公 開 行 事】2、3 歳児プレ幼稚園 "にこにこタイム"
　　　　　　　あそびの広場
　　　　　　　＊ 2024 年 4 月以降 HP 掲載予定

 ## ここをチェック！

創　立	1954 年（昭和 29 年）
園 児 数	年長 62 名（2 クラス） 年中 59 名（2 クラス） 年少 60 名（3 クラス）
教 員 数	15 名
送迎バス	なし
園　庭	土
保育時間	月火木金：9 時 05 分～ 14 時 　　（年少 13 時 50 分） 水：9 時 05 分～ 11 時 40 分 　　（年少 11 時 30 分） ＊土曜日休園（自由登園日あり）
預かり保育	月火木金：13 時 50 分～ 17 時 30 分 水：11 時 20 分～ 17 時 30 分 ＊長期休暇中は 8 時 15 分～ 17 時 30 分
未就園児クラス	「あそびの広場」月 1 ～ 2 回
英語教育	あり
課外授業	英語教室、体操教室、学研教室、絵画教室
宿泊行事	7 月に年長児が幼稚園に宿泊
昼　食	給食（月金）・弁当（火木）
服　装	制服　※ 2024 年度入園児から制帽廃止

 ## 諸費用

〈入園手続時〉
入園料　　　　　　　　　　　　　　　130,000 円
施設費　　　　　　30,000 円（毎年 4 月に納入）
〈その後〉
保育料（月額）　　　　　　　　　　　 29,000 円
教材費・維持管理費（月額）　　　　　　5,000 円
冷暖房費（月額）　　　　　　　　　　　　900 円
給食費（月額）　　　　　　　　　　　　1,800 円
後援会費（年額・2 回分納）　　　　　 12,000 円

このページの内容は、2024 年度園児募集の際に配布された資料に基づいています。
来春入園を希望される方は 2025 年度園児募集要項（幼稚園配布）をご確認ください。

保育について

【教育方針】
◆誠実：生き生きと元気に遊ぶ子
◆勤勉：一生懸命頑張る子
◆仁愛：やさしく助け合う子
　子どもの主体性・自主性を尊重し、自由な遊びを中心とした保育形態。子どもたちは、土の園庭で体を動かして遊んだり、ごっこ遊び、製作など、活動の中で友だちとの関わりを通してさまざまなことを学ぶ。また、絵画製作やゲーム、表現遊びなど、クラスや学年の中で行う一斉活動は、学年が進むごとに少しずつ増えていく。子ども同士がお互いの良さを認め合い協力すること・ルールを守ることなどを大切に考える。

 ## 園の特長

東大キャンパスに隣接した文教地区に広がる1,618㎡の敷地、土の園庭や広く明るい園舎の中で、子どもたちはのびのびと遊ぶ。豊かな経験を通し、心身の調和のとれた発達を促し、生きる力の基礎を身につけていく。

【英語教育】
「Good morning」「How are you?」で1日が始まる月曜日。ネイティブの英語の先生や担任の先生と一緒に歌を歌ったり楽しい時間を過ごしながら、英語の正しい発音に慣れ、国際感覚を身につけていく。
【体操】
年長・年中組は保育の中で幼児体育の専門教師に週1回の指導を受ける。いろいろな種目を通して運動の楽しさを知る良い機会になっている。

 ## 安全対策

・防犯カメラ設置　・インターホン設置
・保育時間内は門を施錠　・学校110番設置
・避難訓練の実施（月1回）・防犯訓練の実施
・保護者への引き渡し訓練の実施（年1回）
・幼稚園正門に警備員の配置・保護者来園の際「保護者証」を提示

 ## 主な行事

◇運動会　◇年長組スペシャルデー（宿泊行事）
◇ぶんきょう祭り　◇親子ふれあいデー
◇もちつき
ほかに、各月誕生会、親子遠足、七夕、卒園生デー、いも掘り遠足、園外保育、一日動物村、クリスマス会、後援会主催鑑賞会、子ども劇場、お楽しみ会（年長）、さよならパーティー　など

 ## 進学と関連校

【小学校受験への対応】
　サポートはしていない。
　卒園児の約10名が国・私立小学校へ進学

【国・私立小学校への進学先例】
お茶の水女子大学附属、東京学芸大附属竹早、筑波大学附属、学習院、暁星、慶應義塾、日本女子大学附属豊明、白百合学園、立教、東洋英和女学院、早稲田実業学校　など

【関連校】
文京学院大学・同大学院・同短期大学、文京学院大学女子高等学校・同中学校・同ふじみ野幼稚園

園長からのメッセージ

文京幼稚園は、陽が差し込む明るい園舎と広い土の園庭が魅力の幼稚園です。子どもたちは自分で選んだ好きな遊びを、友だちと関わりながらいきいきと楽しんでいます。クラスや学年で一緒に取り組む「一斉活動」もバランスよく行っています。思いやり、命の大切さを考えるなど「生きる力」をもった子ども、意欲のある子に育つことを願って教職員一同心を合わせて保育に取り組んでいます。

すこやかに、おおらかに、たくましく

品川翔英幼稚園

〒140-0015 品川区西大井 1-6-13
TEL：03-3774-1158
shinagawa-shouei.ac.jp/kindergarten/

◇ JR「西大井」駅より徒歩 6 分
◇ JR・東急大井町線・りんかい線「大井町」駅
より徒歩 13 分

 ## 入園までの流れ

2024 年度入試（2023 年秋実施）より〜

募集人数	3 年保育　男女 140 名 2 年保育　男女 若干名 1 年保育　男女 若干名
公開行事	見学会（要 WEB 予約）： 6 月 5 日〜6 月 28 日、 9 月 11 日〜9 月 27 日 志ら梅祭：10 月 7・8 日 ＊志ら梅祭見学は希望者のみ
説 明 会	6 月 17 日、9 月 9 日
出願方法	10 月 30 日〜11 月 1 日（WEB）
出願日時	10 月 30 日〜11 月 1 日
選 考 料	10,000 円
選 考	11 月 1・2 日 （日時は面接票に記載） 考査：行動観察、運動、生活常識 面接：保護者
合格発表	11 月 2 日（WEB）
入園手続	指定された日時

 ## 2025年度募集日程 (予定)

【説　明　会】2024 年 6 月 22 日、9 月 21 日
【公 開 行 事】見学会：2024 年 6 月より
　　　　　　　　（月水金／要 WEB 予約）
　　　　　　　　志ら梅祭：10 月 5・6 日
【願書配布】WEB 出願
【入園試験】2024 年 11 月 1・2 日

 ## ここをチェック！

創　　立	1948 年（昭和 23 年）
園 児 数	年長 105 名・年中 108 名・年少 90 名
教 員 数	常勤 25 名・非常勤 10 名
送迎バス	あり
園　　庭	芝生・ラバー
保育時間	月〜金：9 時〜13 時 半日保育：9 時〜11 時 ＊土曜日休園
預かり保育	13 時〜18 時 ＊長期休暇中は 8 時〜18 時
未就園児クラス	なし
英語教育	あり
課外授業	はなまる学習会、水泳教室、英会話教室、体操教室、美術教室、キッズバレエ教室、プレイルーム
宿泊行事	山中湖林間保育（年長）
昼　　食	弁当（月〜金） ＊希望者のみ給食あり
服　　装	制服・制帽・スモックあり

諸費用

〈入園手続時〉
　入園料　　　　　　　　3 年保育：186,000 円
　　　　　　　　　　　　2 年保育：156,000 円
　　　　　　　　　　　　1 年保育：126,000 円
　教材費　　　　　　　　　　　　　20,000 円
　防災用品費　　　　　　　　　　　 6,000 円
〈その後〉
　保育料（月額）　　　　　　　　　28,000 円
　教育維持費（月額）　　　　　　　 6,000 円
　父母会費・積立金（月額）　　　各 1,500 円
　後援会（月額）　　　　　　　　　 1,000 円
　バス維持費（月額）利用者のみ　　 6,000 円

このページの内容は、2024 年度園児募集の際に配布された資料に基づいています。
来春入園を希望される方は 2025 年度園児募集要項（幼稚園配布）をご確認ください。

東京23区

保育について

【教育方針】

すこやかに

心もからだも健康な明るいこども

おおらかに

思いやりがあり、友だちと仲よく協力して遊ぶ
こども

たくましく

正しい判断力を持ち、自分から行動する意欲を
もつこども

【教育内容】

健康・人間関係・環境・言葉・表現の５つの領域
を考慮した計画をもとに、園児が主体となって活
動を行えるよう配慮。また園独自のカリキュラム
を毎週家庭に配り、広く保育内容の充実に努める。
その他、行事や特別活動、校外施設の利用等も保
育内容に取り入れ、子どもの能力の開発につなげ
ている。

 # 園の特長

◆専任教師による預かり保育

月～金曜日の週５日、保育終了後から18時まで
（長期休暇中も預かり保育あり）

◆給食サービス

希望者は給食を申し込むことが可能。

◆外国人教師による子ども英会話

◆ICTを活用した保育

 # 安全対策

・正門に守衛が常駐　・監視ビデオカメラ設置
・学校110番設置　・保育時間内は入り口を施錠
・避難訓練の実施（園児のみ／年１回）
・保護者への引き渡し訓練の実施（年１回）
・防犯訓練の実施　・保護者証配布
・人感センサー、ＡＥＤ設置
・防災グッズを全園児分備蓄
・プールの水を飲料水にできる装置の完備

 # 主な行事

◇盆踊りの夕べ　◇山中湖林間保育（年長）
◇志ら梅祭◇運動会　◇ひなまつり発表会
ほかに、歓迎会、春の遠足、保育参観、七夕会、
秋の遠足、園外保育、お店屋さんごっこ、クリス
マス会、豆まき、お楽しみ会、お別れ会　など

 # 進学と関連校

【小学校受験への対応】

相談者にはアドバイスを行う

【品川翔英小学校への進学】

専願受験あり。併願者の試験は一般受験者と一緒に行う

【関連校】

品川翔英高等学校・同中学校・同小学校

**園長からの
メッセージ**

幼稚園は、ご両親や身近な人たちと離れて、同年代の子どもたちや先生方と交
わりながら、初めて経験する社会生活の第一歩です。品川翔英幼稚園では、こ
の大切な時期に、良い環境と広い施設で「基本的な社会性」をきちんと身に付け、
心身の総合的発達を促す保育をしています。是非ご見学にご来園ください。

認める・見守る・ともに楽しむ

文教大学付属幼稚園

〒142-0064 品川区旗の台 3-2-17
TEL：03-3781-2798
www.bunkyo.ac.jp/faculty/youchien/

◇東急大井町線「荏原町」駅より徒歩 3 分
◇東急大井町線・池上線「旗の台」駅より徒歩 5 分

入園までの流れ

2024 年度入試（2023 年秋実施）より〜

募集人数	3 年保育　男女 60 名 2 年保育　男女 10 名
公開行事	保育見学会： 6 月 2・9・16・23・30 日、7 月 10・14 日、9 月 8・15・20・29 日、10 月 6 日 プレスクール： 5 月 13 日、6 月 10 日、7 月 8 日、9 月 9 日、10 月 7 日、11 月 11 日、2024 年 1 月 13 日、2 月 3 日
説 明 会	5 月 27 日、7 月 15 日、9 月 2 日
Web 登録	10 月 15 日〜 31 日
出 願 日	11 月 1 日
選 考 料	10,000 円
入園考査	11 月 1 日 　考査：行動観察 　面接：保護者と志願者
合格発表	11 月 1 日
入園手続	11 月 2 日

2025年度募集日程 （予定）

【説 明 会】2024 年 5 月 25 日、7 月 23 日、9 月 7 日
【願書配布】2024 年 10 月 15 日〜 31 日
【入園試験】2024 年 11 月 1 日
　　　　　　＊ 2 年保育も募集します。（10 名程度）
【公開行事】プレスクール：年 8 回
　　　　　　保育見学会（全 11 回）：5 月 31 日、6 月 2・14・21・28 日、7 月 4・12 日、9 月 6・13・27 日、10 月 4 日

ここをチェック！

創 　 立	1927 年（昭和 2 年）
園 児 数	年長 60 名・年中 38 名・年少 38 名 （年長 3 クラス、年中・年少各 2 クラス）
教 員 数	17 名
送迎バス	なし
園 　 庭	人工芝
保育時間	月火木金：9 時〜 14 時 水：9 時〜 12 時 ＊学年により異なる ＊土曜日休園（年数回行事あり）
預かり保育	平日：14 時〜 18 時 水曜：12 時〜 18 時 ＊長期休暇中の預かり保育あり（除外日あり） ＊朝預かりあり　8 時〜 9 時
未就園児クラス	2・3 歳児プレスクール（月 1 回） 0 〜 3 歳児園開放（月 2 回）
英語教育	あり（専任講師、年長のみ、週 1 回）
課外授業	スポーツクラブ、モダンバレエ、水泳クラブ、文教幼児教室
宿泊行事	お泊まり保育（年長）
昼 　 食	給食 （年中・年長　火金 ＊月木：選択制） （年少　月火木金 選択制） ＊水：給食導入予定
服 　 装	制服・制帽・スモックあり

諸費用

〈入園手続時〉
　入園料　　　　　　　　　　3 年保育　150,000 円
〈その後〉
　保育料（月額）　　　　　　3 年保育　 32,500 円
　　　　　　　　　　　　　　2 年保育　 32,000 円
　維持費（年額・冷暖房費含む）　　　　 60,000 円
　教材費（年額）　　　　　　　　　　　 20,000 円
　制服代（園帽・遊び着等含む）　　　約 55,000 円
　＊ほかに、父母の会費などあり

このページの内容は、2024 年度園児募集の際に配布された資料に基づいています。
来春入園を希望される方は 2025 年度園児募集要項（幼稚園配布）をご確認ください。

保育について

【目指す幼稚園の姿】体つくり・心つくり

◆個性を尊重しつつ、日常的に必要な生活習慣を自然に実践できる子どもを育てる幼稚園

◆「遊び」「運動」「行事」「生活」を通して、元気な体をつくり、意欲や協調・協働の心を育み、生きる力（学力・人間力）の土台を広げる幼稚園

【育てたい園児の姿】素直で明るい元気な子ども

◆元気に挨拶ができ、正しい生活習慣を身につけた子ども

◆慈愛・感謝の気持ちや思いやりの心を持ち、感じたことを素直に表現できる子ども

◆自分の役割を果たすとともに、自分のことは自分でやろうと努力する子ども

◆好奇心が旺盛で、自ら積極的に行動できる子ども

幼児教育を後の人間形成の基礎作りととらえ、決まった「カリキュラム」を与えるだけの教育でなく、個々の幼児に応じた指導を工夫し、それぞれの個性の伸長に力を注ぎ、のびのびとした教育を実践している。

 # 園の特長

①1人ひとりを大切にする丁寧な指導
②安心できる組織的な保育
③基本的な生活習慣の重視
④生きる力の土台を広げるプロジェクト
⑤保育内の特別活動の充実
⑥保護者との "Face to Face" の関係
⑦恵まれた保育環境
⑧安全で明るく機能的な園舎
⑨付属小学校への進学
⑩幼・小・中・高との連携

 # 安全対策

・インターホン設置　・監視ビデオカメラ8台設置
・保育時間内は門を施錠　・学校110番設置
・AED設置　・安否確認メールシステム　・入校証
・避難訓練の実施（園児のみ、保護者参加／各年2回）
・防犯訓練の実施（園児のみ、保護者参加／各年1回）
・非常食　・防災ずきん

 # 主な行事

◇運動会　◇お店屋さんごっこ　◇豆まき会
◇遠足（親子遠足、上野動物園 ほか）
◇生活発表会
ほかに、花まつり、子どもの日の集い、遠足、七夕星まつり、みたままつり、プール活動、夕涼み会、お泊まり保育（年長）、敬老お招き会、文教こどもまつり、芋掘り、餅つき、おたのしみ会、たこあげ、お別れ会、卒園遠足（年長）など

 # 進学と関連校

【小学校受験への対応】
受験希望者にはアドバイスをしており、卒園児の約30%が国・私立小学校へ進学

【文教大学付属小学校への進学】
進学希望者には推薦あり

【国・私立小学校への進学先例】
筑波大学附属、東京学芸大学附属世田谷、暁星、雙葉、昭和女子大学附属昭和、トキワ松学園、桐蔭学園、東京都市大学付属、田園調布雙葉、目黒星美学園、成蹊、川村、精華、洗足学園、早稲田実業学校、東京農業大学稲花 など

【関連校】
文教大学・同付属高等学校・同付属中学校・同付属小学校

園長からのメッセージ

本園は、文教大学の付属校として一貫教育を念頭に、付属小学校との連携を密にしています。園の雰囲気は穏やかで、ほのぼのとした温かさが感じられます。学園の建学の精神である「人間愛」をベースに、子どもたちの可能性がより大きく膨らむよう、1人ひとりの個性を大事にしつつ、のびのびとした教育を実践しています。そして、「認める・見守る・ともに楽しむ」という "文教スタイル" を教職員と保護者で共有し、意欲的に活動できる子どもたちを育てています。

みんなちがって　みんないい

育英幼稚園

〒 152-0004 目黒区鷹番 3-15-3
TEL：03-3715-5116
www.ikuei-meguro.com/

◇東急東横線「学芸大学」駅より徒歩 1 分

 ## 入園までの流れ

2024 年度入試 (2023 年秋実施) より〜

募集人数	3 年保育　男女 約 40 名
公開行事	見学（要予約） 運動会：10 月 2 日 育英まつり：6 月 3 日
説 明 会	9 月 23・30 日
願書配布	10 月 16 日〜27 日
願書受付	11 月 1 日
選 考 料	10,000 円
選 　 考	11 月 1 日 面接および発育調査
合格発表	11 月 1 日（郵送）
入園手続	11 月 2 日

2025年度募集日程 （予定）

【説 明 会】2024 年 9 月 28 日、10 月 5 日
【願書配布】2024 年 10 月 15 日〜
【入園試験】2024 年 11 月 1 日

 ## ここをチェック！

創　　立	1932 年（昭和 7 年）
園 児 数	130 名（6 クラス）
教 員 数	常勤 12 名・非常勤 8 名
送 迎 バ ス	なし
園　　庭	土、芝
保 育 時 間	月火木金： 　　8 時 45 分〜13 時 30 分 水：8 時 45 分〜12 時 ＊土曜日休園
預かり保育	最長 17 時まで
未就園児クラス	あり（親子）
英 語 教 育	あり（課外）
課 外 授 業	英語、ダンス、たいそう、ミュージカル
宿 泊 行 事	お泊まり保育（年長）
昼　　食	弁当（週 3 回）給食（週 1 回予定）
服　　装	制服・制帽・スモックなし

 ## 諸費用

〈入園手続時〉
入園料	100,000 円
施設費	100,000 円

〈その後〉
保育料（月額）	36,000 円
教育充実費（月額）	1,000 円
冷暖房費（月額）	500 円
教材費（年額）	15,000 円

＊ほかに、用品代・絵本代・諸行事費などあり

東京23区

このページの内容は、2024 年度園児募集の際に配布された資料に基づいています。
来春入園を希望される方は 2025 年度園児募集要項（幼稚園配布）をご確認ください。

保育について

【育英幼稚園の教育】

思いっきりあそぶ「自発的なあそび」と多岐にわたる「みんなで共有する活動」の二本を柱に、幼児期だからこそ体験してほしいさまざまなことを学ぶ。

園の特長

【教育の内容】

◆自発的なあそび

クラスや担任の枠を超えて思いっきりあそぶことで、身体を鍛え、人との関わりを学び、豊かな感性などを身につける。

◆みんなで共有する活動

興味や好奇心、集中力を高め、考え、工夫し、みんなで協力する喜び、ものごとをやり遂げた達成感など、学びの土台をつくる。

【専門講師】

「幼児期に本物に触れる」という創立者の信念を大切にし、専門の講師が「たいそう」「音楽」「アート」を指導する。

【教員の務め】

全職員が全園児と関わり、子どもと一緒に生活を楽しむ。子どものことを全教員で話し合い、考える。

【ソーシャルスキル教育】

独自のソーシャルスキル教育「わの時間」を通し、自分と相手を大切にする心を育む。

【家庭との連携】

この時期ならではの親子のふれあいを大切に考え、困った時にはいつでも気軽に相談できる。

【子育て支援】

園長による「わつなぎの会」、子育て相談、預かり保育、行事の時の弟妹預かり等で子育てを支援。

安全対策

・インターホン設置　・監視ビデオカメラ設置
・保育時間内は門を施錠　・学校110番設置
・避難訓練の実施　・防犯訓練の実施

★★★　「わの時間」　★★★

1人ひとりが尊重され、傷つけ合うことなく和やかに生活する社会を願い、幼稚園の小さな取り組みからその輪を広げていくことができればと始められた「わの時間」。日本や世界の教材や絵本から園児に適しているものを選び、答えを提示するのではなく、自分の気持ちを見つめ、自分の考えを言葉にして、話し合い、考える。誰もが尊重されるべき存在であることを「わの時間」であらためて振り返り、お互いを尊重し合う和やかな人間関係を築く力を育んでゆく。

主な行事

春の親子遠足、育英まつり、七夕、お泊り保育（年長）、運動会、秋の遠足、カレーパーティー、敬老の日、勤労感謝の日、おもちつき、音楽会、節分、ひなまつり、発表会 など

進学と関連校

【小学校受験への対応】

受験希望者にはアドバイスを行う

園長からのメッセージ	ご家庭と幼稚園が力を合わせ、子どもたちの幸せのために、幼児期の今を大切にしていきましょう。

園庭に溢れる元気な声

枝光会駒場幼稚園

〒153-0041 目黒区駒場 3-3-18
TEL：03-3467-4753
www.shikoukai.ed.jp/komaba/

◇京王井の頭線「神泉」「駒場東大前」駅より徒歩 10 分

入園までの流れ

2024 年度入試（2023 年秋実施）より〜

募集人数	3 年保育　男女 約 40 名 2 年保育　男女 約 20 名 1 年保育　男女 若干名
公開行事	保育見学： 5 月 19 日、6 月 2 日、7 月 4 日 10 月 6 日 運動会：9 月 27 日
願書配布	10 月 15 日〜31 日
願書受付	11 月 2 日
選 考 料	10,000 円
選 考	11 月 3 日 　志願者自由遊び・テスト 　親子面接
合格発表	郵送にて通知
入園手続	11 月 8 日

2025年度募集日程（予定）

【見 学 会】2024 年 5・6・7・10 月
【説 明 会】2024 年 5 月 21 日、6 月 14 日、7 月 5 日、
　　　　　　10 月 9 日
【願書配布】2024 年 10 月 15 日〜31 日
【願書受付】2024 年 11 月 2 日
【入園試験】2024 年 11 月 3 日、11 月中旬にもう
　　　　　　1 日を予定。
【公開行事】運動会：9 月下旬〜10 月上旬
＊日程は変更になることがあります。
　詳細は幼稚園 HP でご確認ください。

ここをチェック！

創 立	1956 年（昭和 31 年）
園 児 数	年長：24 名（2 クラス） 年中：30 名（2 クラス） 年少：36 名（2 クラス）
教 員 数	11 名
送 迎 バ ス	なし
園 庭	土
保育時間	月火木：9 時〜14 時（年長児） 水金：9 時〜12 時 10 分 ＊土曜日休園
預かり保育	月木　13 時 30 分〜15 時 ＊申込制
未就園児クラス	なし
英語教育	あり（課外）
課外授業	火曜　放課後
宿泊行事	あり
昼 食	弁当 毎週木曜 宅配弁当
服 装	制服・制帽・スモックあり

諸費用

〈入園手続時〉
　入園料　　　　　　　　　　100,000 円
〈その後〉
　保育料（月額）　　　　　　 32,000 円
　設備費（月額）　　　　　　　3,000 円
　母の会費（月額）　　　　　　2,000 円
　寄付金（任意）　　　　100,000 円以上

このページの内容は、2024 年度園児募集の際に配布された資料に基づいています。
来春入園を希望される方は 2025 年度園児募集要項（幼稚園配布）をご確認ください。

保育について

【教育方針】

カトリック精神に基づき、子どもに温かい雰囲気と良い環境を整え、時代に合わせた保育を行う。常に家庭との連絡を密にしながら、日々の保育や行事、自然とのふれあいを通して、神さまの存在や、命の大切さを知らせ、自立心を養うよう保育を行う。正しい躾を行い、美しい日本語を耳にすることにより、ご挨拶、感謝、ゆるすことばが身に付くよう指導する。

【保育内容】

健康、人間関係、環境、言語、表現及び宗教教育等。
・年長児の希望者にはお泊まり保育を行う。
・年長・年中児には、外部の先生による絵画、体操の指導がある（保育時間内）。
・複数担任制を取り、子どもたちの様子をさまざまな角度からとらえる。

【休園日】

土曜日、日曜日、祝祭日、開園記念日（5月17日）
夏期休業：7月20日〜9月10日
冬期休業：12月20日〜1月10日
春期休業：3月20日〜4月10日

 ## 園の特長

保育の中で生きる力の基礎として、健康や体力につながる生活習慣や、運動能力、豊かな人間性につながる人とのかかわりや他人への思いやり、確かな学力につながる言語の獲得や探究する力、表現する力が身に付くよう心がけている。

 ## 安全対策

・インターホン設置　・監視ビデオカメラ設置
・保育時間内は施錠　・学校110番設置
・ＡＥＤ設置
・防犯、防災訓練の実施（学期毎に1回）
・保護者への引き渡し訓練の実施（年1回）

 ## 主な行事

◇お泊り保育　◇運動会　◇クリスマス聖劇
◇敬老会（おじいさま・おばあさまをご招待）
◇ルルドのお祝日
ほかに、春の遠足、マリア様のお祝日、参観日、終業式（お遊戯会）、水遊び、見学遠足（年長）、チャリティーバザー、ロザリオのお祝日、七五三お祝い、お店やさんごっこ、カテドラル教会見学（年長）、クリスマスパーティ、おもちつき、凧揚げ（年長）、焼き芋大会、お別れ遠足（年長）、クッキー作り（年少）、絵の展覧会　など

 ## 進学と関連校

【小学校受験への対応】

受験希望者には保護者からの相談に応じている

園長からのメッセージ

子どもたちは遊びの中からお友だちを思いやることや、時には自分を主張すること、感謝の気持ちなどを学びながら育っていきます。
私たちは無限の可能性のある子どもたちの成長と、それに思いをかけるご家族の皆さまのお力になれるよう、日々努力しています。

心を大切に育てる保育

枝光学園幼稚園

〒153-0051 目黒区上目黒3-31-2
TEL：03-3713-5753
shikoukai.ed.jp/nakameguro/

◇東急東横線「祐天寺」駅
◇東急東横線・メトロ「中目黒」駅
　どちらからもお子さまの足で徒歩8分程

入園までの流れ

2024年度入試（2023年秋実施）より〜

募集人数	3年保育　男女 約40名 2年保育　男女 若干名
公開行事	説明会（保育見学あり）
願書配布	10月15日〜
願書受付	◇A日程：11月1日 ◇B日程：11月6日
選考料	10,000円
選考	◇A日程：11月2日 ◇B日程：11月8日 自由遊びと面接（保護者共） グループ遊び
合格発表	郵送にて通知

2025年度募集日程（予定）

【見　学　会】2024年5月、6月、7月上旬、9月下旬、
　　　　　　　10月上旬開催
　　　　　　　＊詳細はHPでご案内します
【願書配布】2024年10月15日〜
【入園試験】A日程：11月2日
　　　　　　B日程：11月8日

ここをチェック！

創　　立	1953年（昭和28年）
園　児　数	年長・年中・年少：約40名
教　員　数	13名
送迎バス	なし
園　　庭	土
保育時間	月火木：9時〜14時 水金：9時〜12時 ＊時間は学年によって異なる ＊土曜日休園
預かり保育	16時まで（検討中）
未就園児クラス	なし
園外活動	英語、ピアノ
宿泊行事	あり（年長組）
昼　　食	弁当
服　　装	制服あり

諸費用

〈入園手続時〉
　入園料　　　　　　　　　　　100,000円
〈その後〉
　保育料（月額）　　　　　　　 32,000円
　母の会費（月額）　　　　　　　1,500円
　設備費（月額）　　　　　　　　3,000円

東京23区

保育について

【教育方針】

　カトリックの精神に基づきながら、子どもたちにあたたかい雰囲気と良い環境を整え、時代に適した保育を行う。そのために常に家庭、特に母親との連絡を密にし、神様を愛し、他人をも愛することのできる心を養い、自立心や正しい躾を身につけさせる。また、自然とふれあうことによって、全てのものが持つ命の大切さを教えるとともに、情操教育に重点を置き、遊びの中から明るく素直な、思いやりのある幼児に育てることを目的とする。

【保育内容】

　健康、人間関係、環境、言語、表現及び宗教教育。
- 年長児の希望者にはお泊まり保育を行う。
- 製作やお弁当などの際は各クラスに分かれ、その他の時間は学年ごとに全員一緒に過ごす。
- 他の学年と合同で保育を行うなど、異年齢の子どもとの交流の場を設けている。
- 課外活動として、年中からはお絵描き、年長の春からは体操を保育時間中に行う。

【休園日】

　土曜日、日曜日、祝祭日、開園記念日（11月2日）
　夏期休業：7月20日〜9月10日
　冬期休業：12月20日〜1月10日
　春期休業：3月20日〜4月10日

 ## 安全対策

- ＡＥＤ設置
- 監視ビデオカメラ設置
- インターホン設置
- 防犯、防災訓練の実施
- 保護者への引き渡し訓練の実施（年1回）
- 防災訓練の実施（園児のみ）

主な行事

　ヨゼフ様のお祝日、遠足（春・秋）、5月、マリア様のお祝い日、イエス様のみこころのお祝日、お泊まり保育、運動会、動物園、敬老保育参観、七五三、カテドラル教会見学、マリア様のお祝日、クリスマスのお祝い、おもちつき、お別れ遠足、ルルドのお祝日、お店やさんごっこ、お別れ学芸会 など

園長からのメッセージ

　幼児期の教育こそ、手が抜けない、最高に！楽しむことができるものだと思います。一生の友と出会ったり、素敵な家族とのめぐりあいです。
　「A.I.」には負けない「母の力」に気づき、自信を持って大切な我が子に向き合う……、そんな簡単な、3年間の積み重ねです。教職員も共に学び、共に充実した日々を送りたいと思っています。どうぞお気軽に見学にいらしてください。

すばらしい調和の中で、のびのび育つサレジオの子どもたち

目黒サレジオ幼稚園

〒 152-0003 目黒区碑文谷 1-26-24
TEL：03-3714-2531
www.m-salesio.com/

◇東急東横線「学芸大学」駅より徒歩 15 分
◇東急目黒線「西小山」駅より徒歩 17 分
◇目黒駅よりバス「サレジオ教会前」下車 1 分

入園までの流れ

2024 年度入試（2023 年秋実施）**より～**

募集人数	3 年保育　男女 90 名 2 年保育　男女 20 名 1 年保育　男女 若干名
公開行事	見学会：6 月 23 日、 9 月 13・29 日、10 月 16 日
説 明 会	10 月 4 日
願書配布	10 月 15 日～31 日
願書受付	11 月 1 日
選 考 料	7,000 円
選 考	11 月 1 日 考査：行動観察・指示行動 面接：保護者と志願者
合格発表	11 月 2 日（現地）
入園手続	11 月 2 日

2025年度募集日程 (予定)

【説 明 会】2024 年 10 月上旬
【願書配布】2024 年 10 月中旬
【入園試験】2024 年 11 月初旬
【公開行事】2024 年 6 月、9 月、10 月（月 1、2 回）

ここをチェック！

創 立	1949 年（昭和 24 年）
園 児 数	年長 78 名（3 クラス） 年中 72 名（3 クラス） 年少 65 名（4 クラス）
教 員 数	常勤 25 名・非常勤 11 名
送 迎 バ ス	なし
園 庭	土
保育時間	月火木金：9 時～13 時 30 分 水：9 時～11 時 ＊登降園時間は学年により異なる 　（上記は 3 歳児） ＊土曜日休園（臨時登園あり）
預かり保育	各学年降園時間後 18 時まで ＊長期休暇中は 9 時～14 時
未就園児クラス	あり（親子参加型）
英語教育	なし
課外授業	スポーツクラブ、英語教室
宿泊行事	なし
昼 食	弁当（月火木金）、給食（希望者）
服 装	制服・制帽・スモックあり

諸費用

〈入園手続時〉
入園料　　　　　　　　　3 年保育：120,000 円
　　　　　　　　　　　2 年・1 年保育：100,000 円
園服・帽子・カバン・その他　　　32,600 円
〈その後〉
保育料（月額）　　　　　　　　　39,500 円
　＊教材費・施設設備費・冷暖房費・災害備蓄費を含む
保護者の会費　　　　　　　　　　 6,000 円

保育について

【園について】

カトリック・サレジオ修道会の経営するミッションスクール。100年以上にわたる教育の経験を有し、わが国においては75余年にわたって伝統的精神に基づいて教育をほどこしている。

【園のことば】

きよいこころ　げんきなこども

【教育方針】

広々とした園庭、緑多く恵まれた環境、そして暖かい家庭的な雰囲気。のびのびとした活動を通して、あかるいこころ、思いやりのある親切なこころ、素直で正直なこころをモットーに、キリスト教教育理念に基づき、心の教育に力を入れている。

【ヨハネ・ボスコの教育法】

「予防的教育法」

子どもたちに悪癖やわがままが身につく前に、積極的に意志力や良心を育てる。年齢が進むにつれて自主的に正しい行動が選択できるように教育する。

①幼児の頃から宗教心を育てる

②子どもの心理をふまえて、発達段階に即した指導を行う

③愛情と信頼、暖かい家庭的雰囲気を教育の場に確保する

④保育室の内外、運動場、年間の諸行事を通じて教師と子どもたちとの親しい交わり、心のふれ合いを確保する

 # 安全対策

・インターホン設置　・学校110番設置
・監視ビデオカメラ設置　・避難訓練の実施（毎月）
・保育時間内は門を施錠　・緊急メールシステム
・来園者にIDカード
・保護者への引き渡し訓練の実施
・教職員は学期毎防犯訓練を実施（抜きうちもあり）

 # 主な行事

◇聖母（マリア）祭　◇運動会
◇クリスマス会　◇サレジオ祭り

ほかに、遠足、七五三、創立記念日、創立者のお祝い、七夕、豆まき、ひな祭り、保育参観、卒園式 など

 # 進学と関連校

【サレジアン国際学園目黒星美小学校、サレジオ小学校への進学】

推薦制度はなく、外部受験者と同じ条件で試験を受ける

【関連校（同じ教育理念の学校）】

足立サレジオ幼稚園、サレジオ学院幼稚園、サレジオ小学校、サレジオ中学校、サレジオ学院中学・高等学校、サレジオ高等専門学校、サレジアン国際学園目黒星美小学校

【小学校受験への対応】

特に受験指導は行っていないが卒園児の40%程度が国・私立小学校に進学

【国・私立小学校への進学先例】

筑波大学附属、東京学芸大学附属世田谷、暁星、慶應義塾、慶應義塾横浜、立教、成蹊、青山学院、聖心女子学院、田園調布雙葉、東洋英和女学院、立教女学院、サレジアン国際学園目黒星美小学校 など

園長からのメッセージ

日々の祈りや園生活を通して、園児は感謝すること・他者に思いやりをもって接するようになっています。見学会や説明会等で、園の様子を確認され、園の教育理念がご家庭の教育方針にあっているかをよくご覧ください。

「和」と「愛」を教育に

自由が丘 若草幼稚園

〒 152-0035 目黒区自由が丘 2-3-20
TEL：03-3723-2734
www.wakakusa-meguro.tokyo/

◇東急東横線・大井町線「自由が丘」駅より徒歩 10 分
◇目黒駅、駒沢大学駅よりバス「八雲三丁目」下車 2 分

入園までの流れ

2024 年度入試（2023 年秋実施）より～

募集人数	2 年保育　男女 約 10 名 3 年保育　男女 約 35 名
公開行事	バザー： 運動会：10 月
説 明 会	6 月 4 日・9 月 24 日
願書配布	10 月 15 日～31 日
願書受付	10 月 24 日（当日消印有効） 11 月 1 日（来園）
選 考 料	10,000 円
選 考	面接・発育テスト 2 年保育　11 月 1 日 3 年保育　11 月 2 日
合 格 発 表	2 年保育　11 月 1 日 3 年保育　11 月 2 日
入 園 手 続	2 年保育　11 月 1 日 3 年保育　11 月 2 日

ここをチェック！

創 立	1933 年（昭和 8 年）
園 児 数	年長 52 名・年中 46 名・年少 38 名
教 員 数	11 名
送 迎 バ ス	なし
園 庭	土
保 育 時 間	月火木金：9 時～13 時 30 分 水：9 時～11 時 30 分 ＊土曜日休園
預かり保育	8 時より／18 時 30 分まで
未就園児クラス	開設予定
英 語 教 育	あり
課 外 授 業	絵画・進学指導サークル・スポーツクラブ・工作クラス
宿 泊 行 事	お泊まり保育 1 泊（年長） 逗子合宿 2 泊（希望者）
昼 食	希望制給食（月火木）・弁当（金）
服 装	制服・制帽・スモックあり

2025年度募集日程（予定）

【説 明 会】2024 年 6 月 1 日、9 月 28 日
【願書配布】2024 年 10 月 15 日～31 日
【願書受付】2024 年 11 月 1 日
【入園試験】2024 年 11 月 1 日（2 年保育）
　　　　　　11 月 2 日（3 年保育*）
　　　　　　＊場合によって 1 日のこともあります
【公開行事】バザー：2024 年 7 月 6 日
　　　　　　見学会：2024 年 6 月下旬、10 月
　　　　　　（要予約）
　　　　　　運動会：2024 年 10 月 8 日

諸費用

〈入園手続時〉＊ 2023 年度のものです

入園料	2 年保育：180,000 円 3 年保育：220,000 円
設備費	70,000 円
用品費	16,000 円
導入保育費	10,000 円

〈その後〉

保育料（月額）	41,000 円
教材費（年額）	34,000 円
維持費（年額）	18,000 円

＊ほかに、遠足費用、空調費、肝油代、茶道などあり

このページの内容は、2024 年度園児募集の際に配布された資料に基づいています。
来春入園を希望される方は 2025 年度園児募集要項（幼稚園配布）をご確認ください。

保育について

【教育理念】
◆未来を創造する子ども
これからさまざまなことを吸収して好奇心や未来を創造するための力の礎を、自ら創っていく
◆まねぶ力とまなぶ力
さまざまなことをまねして生きる力と知恵を身につけ、過去から学んで未来を切り開いていく
◆生きる力と優しい力
自然を愛することによって生きる力や優しい力を形成する

【教育目標】
◆21世紀を創る子どもたち
未来に不可能はない・選択する子どもの未来
◆国際化を生きる子どもたち
グローバル化する生活様式・言葉の楽しさを知る
◆健康な体、健康な心
体は思考と行動の基本・いつも元気
◆自由な心と判断力
無限の可能性を求める・科学の心、アートな心
◆思いやりの心を持つ
１人では生きることができない・思いやりの心
◆地球のことを大事にする
持続可能な地球をつくる・地球は１つ
◆親のことを大事にする
先祖、親を大事にする・自分を大事にする

【教育方針】
◆家庭的な温かい雰囲気の中で、幼児の健康な集団生活の能力を育むこと。
◆友だちとの共同生活の中で、優しく豊かな人間性を　培い、自分自身を主張する力を育てること。
◆裏千家の茶道を通し、優しい心、思いやりの心、譲り合いの心、感謝の心を大切にし、礼儀、我慢するという精神を育てること。

 # 安全対策

・インターホン　・監視ビデオカメラ
・学校110番
・ＡＥＤ、緊急地震速報装置設置
・保育時間内は門を施錠　・防犯訓練の実施
・避難訓練の実施（保護者参加は年１回）

【こころのしつけ】
和敬静寂
未来を担う子どもたちの、社会的共生のちからの育成を目的とし、茶道の精神「和敬静寂」を取り入れている。優しい心、思いやりの心、譲り合いの心、４つの感謝の心を大切にし、自然に対する敬愛、他者に対する思いやりの心を育む。

 # 主な行事

◇七夕会　◇運動会　◇発表会
ほかに、節句会、母の日、遠足、歯みがき大会、じゃがいも堀り（年長）、さつまいも掘り（年中）、お泊まり会、逗子合宿、お店屋さんごっこ、やきいも大会、クリスマス会、おもちつき、まめまき、ひな祭り会、お別れ遠足 など
※感染対策のため2022年度は以下のように変更
　プール・お泊り保育：中止
　バザー：在園児・卒園児のみ

 # 進学と関連校

【小学校受験への対応】
課外で受験指導を行い、相談にも応じる。卒園児の90％以上が国・私立小学校に進学している。

【国・私立小学校への進学先例】
筑波大学附属、東京学芸大学附属世田谷、慶應義塾、慶應義塾横浜、学習院、成蹊、早稲田実業、雙葉、田園調布雙葉、暁星、青山学院、成城学園 など

園長からのメッセージ
CHILDREN BE AMBITIOUS　子どもたちよ、大きな望みを持ちましょう。
大切な人間形成の場なので誠実な協力を希望致します。
ご両親共にお仕事をなさっていらっしゃるご家庭にも寄り添い、お子様のより良い発達を園全体で支えていきたいと考えております。

明るく・正しく・仲よく

祐天寺附属幼稚園

〒153-0061 目黒区中目黒 5-24-47
TEL：03-3712-8870
www.yutenji.or.jp/youchien/

◇東急東横線「祐天寺」駅より徒歩 5 分
◇恵比寿駅、渋谷駅、目黒駅、三軒茶屋駅より
　バス「祐天寺」「祐天寺裏」下車 1 分

入園までの流れ

2024 年度入試（2023 年秋実施）より〜

募集人数	3 年保育　男女 100 名 2 年保育　男女 10 名
公開行事	見学会：6 月 4 日、7 月 5 日、 　　　　9 月 4 日 運動会：10 月上旬 バザー：10 月 24 日 （要申請）
説 明 会	9 月 20 日
願書配布	10 月 15 日〜27 日 （平日 9 時 30 分〜16 時）
願書受付	11 月 1 日
選 考 料	5,000 円
選 考	11 月 1 日 面接：保護者と志願者
合格発表	11 月 2 日（園庭掲示・WEB 発表）
入園手続	11 月 2 日

東京23区

2025年度募集日程 （予定）

【説 明 会】2024 年 9 月 25 日
【願 書 配 布】2024 年 10 月 15 日〜31 日
【入 園 試 験】2024 年 11 月 1 日
【公 開 行 事】見学会：2024 年 6 月、7 月、9 月
　　　　　　　　　　（各数日／要予約）

ここをチェック！

創　　立	1954 年（昭和 29 年）
園 児 数	年長 49 名（3 クラス） 年中 39 名（2 クラス） 年少 31 名（2 クラス）
教 員 数	常勤 17 名
送 迎 バ ス	あり（範囲：半径 8 km 以外）
園　　庭	土・芝生（一部）
保 育 時 間	月火木金：9 時〜14 時 水：9 時〜11 時 30 分 ＊土曜日休園
預かり保育	なし
未就園児クラス	なし
英 語 教 育	なし
課 外 授 業	なし
宿 泊 行 事	お泊まり保育
昼　　食	給食（月木）・弁当（火金）
服　　装	制服・制帽・スモックあり

諸費用

〈入園手続時〉
　入園料　　　　　　　　　　　　　　　90,000 円
〈その後〉
　保育料（月額）　　　　　　　　　　　38,000 円
　わかば会（父母会）費（月額）　　　　　　900 円
　給食費（月額）　　　　　　　　　　　　2,400 円
　バス安全管理費（月額）利用者のみ　　　3,000 円
＊ほかに、服代・遠足費用・お泊り保育費用などあり

　このページの内容は、2024 年度園児募集の際に配布された資料に基づいています。
　来春入園を希望される方は 2025 年度園児募集要項（幼稚園配布）をご確認ください。

保育について

【教育の柱】
　仏教情操教育を柱とし、すべての子をほとけの子として見守る。
　◆**生命尊重**
　　すべての命あるものに対し思いやりの心を持つ
　◆**み仏に合掌する**
　　感謝や反省の心を育てる
　◆**仏教行事に参加する**
　　正しい生活を送り、人格の形成を図る
【教育目標】
　◆**明るく**
　　生命を尊び、健康で安全な暮らしをする教育
　◆**正しく**
　　正しい知識を身に付け、正しい行いをする教育
　◆**仲よく**
　　人と協力し、助け合って仲よく暮らす教育
【生きる力をつけるために】
　◆体育専門講師による体育指導により、心と体を鍛える。
　◆鼓笛隊指導により、音楽を通して情緒豊かな感受性を育て、協調性と１人ひとりの頑張る力を養う。

 園の特長

　◆すべての学年にティーム保育を導入し、教育の充実に努める。年少組は１クラスに２人の教諭を配置し、全学年にフリーの教諭を置くことによって各クラスをフォローする。
　◆けじめある保育により、お話を聞く姿勢が身に付く。
　◆教育相談……園長が随時相談を受け付ける。
　◆ベビーシッターサービス……
　　コンビスマイル㈱の利用特典あり。
　◆水泳・体操教室……
　　セントラルフィットネスクラブ目黒への入会特典あり。

 安全対策

・インターホン設置　・監視ビデオカメラ設置
・学校110番設置　・保育時間内は門を施錠
・避難訓練の実施（年６回）
・防犯訓練の実施
・保護者への引き渡し訓練の実施

🚌 **スクールバス安全対策**

・添乗職員、運転手、事務職員による降車時トリプルチェック

 主な行事

◇花まつり　◇み魂まつり子ども盆踊り大会
◇運動会　◇成道会の集い（お遊戯会）
◇おえんまさま　◇ありがとうの集いコンサート
◇涅槃会
ほかに、子どもの日の集い、祐天上人大祭、遠足、保護者ふれあい参観、大施餓鬼会、七夕祭り、お泊まり保育（年長）、敬老の日の集い、お十夜、いも掘り遠足、もちつき、節分、五社稲荷大祭、各月誕生会 など

🏫 **進学と関連校**

【小学校受験への対応】
　保護者からの相談に応じている
【国・私立小学校への進学先例】
　東京学芸大学附属世田谷、昭和女子大学附属昭和、東京女学館、目黒星美学園、トキワ松学園 など

園長からのメッセージ

幼稚園入園は、初めて社会生活を学ぶ第一歩です。たくさんのことを経験することで、学ぶことも多く、成長に繋がっていきます。保護者の皆さまも園行事を通して子どもたちの成長を感じ取ることができます。また、子どもたち１人ひとりが充実した園生活になるよう、保護者と職員が協力して、日々の保育に取り組んでおります。

清明幼稚園

〒145-0066 大田区南雪谷3-17-19
TEL：03-3720-5569
www.seimei-gakuen.ed.jp/kindergarten/

◇東急池上線「雪が谷大塚」駅より徒歩7分
◇東急バス田園調布〜蒲田「清明学園下」
　下車

 ## 入園までの流れ

2024年度入試（2023年秋実施）より〜

募集人数	3年保育　男女約45名 2年保育　男女約20名 1年保育　男女若干名 満3歳児　男女約15名
公開行事	園庭開放： 　5月17・31日、6月21日、7月4日、 　9月20・27日、10月4・26日 体験保育：5月24日、6月14・28日、 　7月5日、9月6日 公開保育（要予約）： 　9月12・13・14日 夏祭り：6月23日 運動会：10月21日
説明会	6月19日・20日
願書配布	10月16日〜31日
願書受付	11月1日
選考料	5,000円
選考	11月1日 面接：保護者と志願者
合格発表	11月1日
入園手続	11月1日

 ## ここをチェック！

創立	1933年（昭和8年）
園児数	年長25名・年中20名・年少20名
教員数	8名
送迎バス	なし
園庭	土
保育時間	月火木金：9時〜14時 水：9時〜11時30分 土：休業日
預かり保育	8時より／17時30分まで（月〜金） ＊17時以降は、就労届提出者 ＊長期休暇中もあり
未就園児クラス	満3歳児保育・2歳児保育
英語教育	あり（ネイティブ指導教員）
課外授業	なし
宿泊行事	なし
昼食	弁当（月〜金、水曜除く）
服装	指定なし

 ## 諸費用

〈入園手続時〉
入園料　　　　　　　　　　　　　　　　　130,000円
寄付金（任意）　　　1口30,000円・1口以上
後援会入会金　　　　　　　　　　　　　　10,000円
〈その後〉
保育料（年額）　　　　　　　　3年保育：384,000円
　　　　　　　　　　　　　2年・1年保育：360,000円
　　　　　　　　　　　　　　　満3歳（月額）：34,000円
設備費（年額）　48,000円／満3歳（月額）4,000円
冷暖房費（年額）　　　　　　　　　　　　　3,000円
後援会費（年額）24,000円／満3歳（月額）2,000円

📅 2025年度募集日程 (予定)

【説明会】2024年6月10日、10月15日
【願書配布】2024年10月15日〜31日
【入園試験】2024年11月1日
【公開行事】
　体験保育：2024年6月5・26日、7月3日、9月25日、
　　　　　10月23日
　夏まつり：6月21日
　公開保育：2024年9月17・18・19日
　園庭開放（全27回）：2024年4月17日〜2025年3月
　　　　　　12日　※全日程共通水曜
　運動会：10月19日　　清明祭：9月28日

このページの内容は、2024年度園児募集の際に配布された資料に基づいています。
来春入園を希望される方は2025年度園児募集要項（幼稚園配布）をご確認ください。

保育について

【保育目標】

◆のびのびと自己を表現できる子ども

◆自分で考えて行動する子ども

◆思いやりの心を持った子ども

「子どもが主役の保育」

子どもの「やりたい」という自発的な気持ちを大切にし、1人ひとりの発達段階に合った目標をかかげ、保育を行う。一斉保育のもと、個性を生かしながら想像力や創造力を育て、また集団生活でのルールや社会性を身につけるよう指導する。

【保育内容】

幼児期は、好奇心・感性・集中力・想像力・思いやりなど、人間の最も大事な根を育てる時期である。

集団の中でさまざまな経験を積み重ねながら、楽しく生活し、遊びをとおして友だちとの上手なつきあいかたや、社会性を身につけることが大切だと考えている。自発的な気持ちを尊重し、発達段階に合った目標を掲げ、子どもに寄り添った保育を行っている。

【満3歳児保育】

満3歳を迎える誕生日の前日から入園でき、初めての集団生活に対する不安も、個別に対応している。

少人数のクラスの中で、徐々に幼稚園に慣れることができ、スムーズに年少組につなげていくことができる。

また2歳児保育（週1回、親子で保育に参加）では、入園前に幼稚園で遊ぶ楽しさを知っていただく機会となっている。

 ## 園の特長

自分で考えて行動する力がつくように各分野（工作・音楽・運動・科学・粘土遊びなど）でテーマを選んで活動する「金曜日の活動」がある。（年長のみ）また、異年齢児でチームを作り、お弁当を食べたりするなど、異年齢交流の時間を取り入れている。

 ## 安全対策

・インターホン設置　・防犯カメラ設置

・登降園時、正門に警備員の配置

・保育時間内は門を施錠　・学校110番設置

・避難訓練の実施（年6回／園児のみ）

・防犯訓練の実施

・不審者対策訓練の実施（年1回／年長のみ）

・保護者への引き渡し訓練の実施（年1回）

・AED設置　・非常食、防災用品備蓄

 ## 主な行事

◇遠足　◇運動会　◇おみせごっこ

◇ふたばの会（劇の会）

ほかに、夏まつり、クリスマス観劇会　など

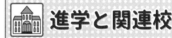 ### 進学と関連校

【小学校受験への対応】

受験指導は行っていないが、相談には応じる

毎年、約半数は公立小学校へ進学

【清明学園初等学校への進学】

「年長児として社会性と基本的な生活習慣が身についた者」は内部推薦（面接）あり

【関連校】

清明学園初等学校・中学校

園長からのメッセージ

保育者全員で全園児の持っている力を伸ばしていきたいという気持ちを持ち、子どもと向き合っています。それぞれ違った成長を遂げている子どもに寄り添い、保育内容を考えています。

自分を大切にする心、それは、神様を 人々を 自然を大切にする心

小さき花の幼稚園

〒145-0071 大田区田園調布3-30-25
TEL：03-3721-4181
www.chiisakihanano.jp/

◇東急東横線・目黒線「田園調布」駅より徒歩
5分

 ## 入園までの流れ

2024年度入試 (2023年秋実施) より〜

募集人数	3年保育　男女50名
公開行事	園内見学： 　9月27・28日、10月3日 夏祭り：7月5日 運動会：9月16日
説明会	9月6日、10月4日
願書配布	10月15・16日
面接受付	10月15・16日 ＊11月1日の考査を受けるためには 　面接を受ける必要がある
願書受付	11月1日
選考料	10,000円
選考	面接：保護者と志願者 　10月19・20・23日のうち1日 考査：志願者のみ 　11月1日
合格発表	11月2日
入園手続	11月2日

 ## 2025年度募集日程 (予定)

【説明会】2024年6月21日、9月5日（予約制）
【園見学】2024年9月27・28日、10月3日
　　　　　（予約制）
【願書配布】2024年10月15日〜22日（19・20
　　　　　日を除く）
【入園試験】2024年11月1日
【公開行事】運動会

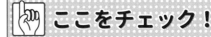 ## ここをチェック！

創立	1946年（昭和21年）
園児数	年長45名・年中44名・年少37名
教員数	常勤15名
送迎バス	なし
園庭	土
保育時間	月火木金：8時30分〜14時 水：8時30分〜11時30分 ＊土曜日休園
預かり保育	なし
未就園児クラス	なし
課外授業	体操、英語
宿泊行事	なし
昼食	弁当（月火木金）
服装	制服・制帽・スモックあり

諸費用

〈入園手続時〉
　入園料　　　　　　　　　　　　150,000円
　施設拡充費　　　　　　　　　　120,000円
〈その後〉
　保育料（月額）　　　　　　　　 32,000円
　教材費（年額）　　　　　　　　 48,000円
　冷暖房費（年額）　　　　　　　 19,200円
　母の会費（年額）　　　　　　16,000円程度

このページの内容は、2024年度園児募集の際に配布された資料に基づいています。
来春入園を希望される方は2025年度園児募集要項（幼稚園配布）をご確認ください。

東京23区

保育について

【教育目標】

カトリック精神に基づき、幼児に宗教的道徳的教育を与え、適当な環境を通して、明るく楽しく、個性あふれる人間性豊かな幼児教育を実践し、その心身の健全な発達を援助しかつその家庭の健全な生活を助成することを目標とする。

【教育方法】モンテッソーリ教育

人格形成の一番大切な時期に、自主性・協調性・社会性を育み、創造性を発揮しつつ、物事にじっくりと取り組み、喜びに満ちた本来の子どもの姿の実現を目指し、1人ひとりの子どもの心身の発達に援助をする。子どもの発達心理を深く理解すると同時に、いたずらに干渉することなく、子どもの自己形成を積極的に助ける。

日常の生活の中から課題を設け、繰り返し活動することで、運動機能の調整や物の使い方を体得する「日常生活の練習」、日常生活で出会うさまざまな具体物をさらに正確に把握できるように五感を洗練させる「感覚教育」のほか、「数教育」「言語教育」「文化教育」などを柱とする。

 # 園の特長

【保育の特色】

◆縦割りクラス…年齢に応じた成長と異年齢でのかかわりを相互に活かし、思いやりの心、協調心など調和のとれた心身の発達を育む。

◆年齢別横割り活動…同年齢同士の興味や関心事から起こる活動を発展させ、各年齢の発達段階に即した成長を図る。

◆運動の充実…幼児体育専門講師による体育指導を週1回行う。

◆自主選択による個別活動…1人ひとりが興味や成長段階に応じて選び、自主的に作業に取り組み、集中して関わることで、意志の発達を助け、自立を促し、各人の個性の充実を図る。

 # 安全対策

・防災訓練の実施（年10回）
・避難訓練の実施（4月／親子）

◆宗教教育…神様の愛を生活の中で感じ、体験を深めていけるように心の援助を心掛ける。

 # 主な行事

◇運動会　◇聖母行列　◇作品展
◇クリスマス発表会　◇クリスマス会　◇観劇
ほかに、入園式、保護者会、遠足、健康診断、保育参観、個人面談、七夕飾り、夏まつり、創立記念行事、お芋掘り遠足、七五三祝福式、体操参観、保育参観、節分（豆まき）、お別れ遠足、卒園式、誕生会 など

 # 進学と関連校

【小学校受験への対応】

特に受験指導は行っていないが、例年多くの児童が国・私立小学校に進学

【国・私立小学校への進学先例】

東京学芸大学附属世田谷、青山学院、雙葉、田園調布雙葉、早稲田実業学校、暁星、慶應義塾、慶應義塾横浜、日本女子大学附属豊明、成城学園、聖ドミニコ学園、聖心女子学院、サレジアン国際学園目黒星美、学習院、東京女学館、立教、立教女学院、白百合学園、桐朋、横浜雙葉、清泉、森村学園、カリタス、聖ヨゼフ学園、清明学園、桐光学園、筑波大学附属、成蹊、洗足学園、トキワ松学園 など

園長からのメッセージ

幼稚園という初めての社会生活の中で「やりたいこと」「知りたいこと」と沢山出会う子どもたちにとって、家庭という温かいゆったりとした環境の中で焦らずに、しかし着実に自分のことができるように、しっかりと積み上げておくことをお勧めいたします。

私たちの誇りは子どもの笑顔です。

田園調布ルーテル幼稚園

〒145-0071 大田区田園調布2-37-5
TEL：03-3722-2889
denen-luther.com

◇東急東横線・目黒線「田園調布」駅より徒歩7分
◇東急バス「東玉川交番前」下車7分、「調布学園前」
　下車4分

東京23区

入園までの流れ

2024年度入試（2023年秋実施）より〜

募集人数	満3歳　15名 3年保育　男女15名 2年保育　男女若干名 1年保育　男女若干名
公開行事	見学：随時　＊要予約
説明会	9月8日、10月5日
願書配布	10月15日〜31日
願書受付	11月1日
選考料	5,000円
選考	11月1日 面接：保護者と志願者
合格発表	11月1日
入園手続	11月2日

2025年度募集日程 （予定）

【見学会】2024年4月22日、5月23日、6月21日、7月8日

【体験保育】2024年5月22日、6月19日、7月3日、9月18日、10月16日、11月27日、2025年1月22日、2月19日

【園庭開放】2024年5月13日、6月3・5・17・26日、7月1・10日、8月3日、9月4・13日、10月21・23日、11月20日、2025年1月15・20日、2月3・5・12日

【説明会】2024年9月9日、10月3日

【願書配布】2024年10月15日〜

【入園試験】2024年11月1日

ここをチェック！

創立	1952年（昭和27年）
園児数	年長32名・年中29名・年少17名 満3歳児10名
教職員数	正職員10名　補助職員11名
送迎バス	なし
園庭	土
保育時間	月火木金：9時〜14時 水：9時〜12時 　＊土曜日休園
預かり保育	8時より／18時30分まで ＊長期休暇中　8時〜18時30分
未就園児クラス	翌年入園希望者を対象とするクラスあり
英語教育	なし
体操教育	あり
課外授業	ピアノ、体操
宿泊行事	合宿1泊2日（年長）
昼食	弁当（月火木金）＊給食あり
服装	私服、スモックなし

諸費用

〈入園手続時〉

入園料	120,000円
施設維持費	30,000円

＊変更の可能性あり

特定負担額（月額）	4,000円

＊特定負担額には教材費・冷暖房費・行事費などを含む

保育について

【目　的】

教育基本法及び学校教育法に基づき、幼児に必要な生活環境のなかで、キリスト教の精神により、生活基本訓練を行い、その心身、魂の発達を援助することを基本とする。

【目　標】

人間形成の基礎を培う幼児期に、整った環境の中で、生活習慣や健全な心と身体の育成を目指している。さまざまな体験を通して、豊かな感性、思考力、創造性を養うことを目標とし、心を込めて丁寧に保育を行う。

【保育信条】

田園調布ルーテル幼稚園は、キリスト教保育をもとに、「いつも喜んでいなさい。絶えず祈りなさい。どんなことにも感謝しなさい。」の聖書の言葉に基づき、神と人とに愛されることの大切さを伝え、子どもたちがそれぞれの個性を育て合い、相手の気持ちを考えることのできる保育を目指している。

 ## 園の特長

ルーテル幼稚園が開園当時から大切にしている聖書の言葉があります。「いつも喜んでいなさい。絶えず祈りなさい。どんなことにも感謝しなさい」。これは初代園長の矢野英武先生が園で大切にするようにと伝えられた聖書の一節です。子どもたちがお互いの成長を喜んだり、お友だちの病気やけが、そしてがんばっている様子に心を寄せて、周囲の人たちに感謝をする様を見る時、子どもたちのやわらかな心にも、その精神が育っているように感じる時があります。そうした日々の中から、私たちが生かされている事、めぐみが与えられて

 ## 安全対策

・インターホン設置
・玄関出入り口をオートシステムで施錠
・防犯カメラ設置　・学校110番設置
・地震予知装置設置　・さすまた設置
・緊急時のメール一斉配信システム
・避難訓練の実施（園児のみ／月1回）
・保護者への引き渡し訓練の実施
・職員の救急救命講習実施（年1回）
・非常食備蓄　・AED設置
・警察指導による安全教室（年1回）
・消防署による防災訓練（年1回）

いる事を知り、生きる喜びが生まれ、感謝の心が育ちます。それは、生涯を通して、生きる糧となっていくのだと考えています。

 ## 主な行事

◇プレイデイ　◇そうめん流し　◇収穫感謝祭
◇年長合宿（1泊2日）　◇クリスマス

ほかに、プール遊び、バザー、芋ほり遠足、おもちつき、お店屋さんごっこ、他園とのドッジボール大会、近隣幼稚園交流会、おたのしみ会、誕生会（各月）、お別れ会、お別れ遠足 など

 ## 進学と関連校

【小学校受験への対応】

特に受験指導は行っていないが、相談者にはアドバイスを行う。卒園児の10〜20%程度が国・私立小学校に進学

【国・私立小学校への進学先例】

田園調布雙葉、青山学院、立教、暁星、成城学園、文教大学付属、清明学園、捜真 など

| 園長からのメッセージ | 幼稚園は、子どもが出会う最初の社会であり、ここで初めて保育者やお友だちと「共に過ごす」ことを経験します。友だちと力や思いを合わせ共に遊ぶ楽しさを知り、時にはぶつかりあったりしながら、神様からいただいたかけがえのない互いの命の存在に気付いていきます。保育者は1人ひとり違った個性の子どもたちを見つめながら、同時に大勢のなかで共に育ち合っていく歩みができるように、日々考えて保育をしています。 |

のびのび、たのしく、あたたかく、「からだ・こころ・知恵」を育みます。

昭和女子大学附属昭和こども園

〒154-8533 世田谷区太子堂1-7-57
TEL：03-3411-5113
kodomo.swu.ac.jp

◇東急田園都市線・世田谷線「三軒茶屋」駅より徒歩7分
◇渋谷駅よりバス「昭和女子大」下車1分

 ## 入園までの流れ

2024年度入試（2023年秋実施）より～

募集人数	3歳児（1号認定） 通常保育のみ25名 預かり利用17名　男女42名
公開行事	オンライン園舎見学：予約制 （6月～10月）
説明会	6月10日、9月9日
志願票配布	10月15日～25日
志願票締切	10月26日
受験票発送	11月1日
選考料	10,000円
選考	① 子どもの姿 ② 保護者筆記 ③ 親子面接 ＊預かり利用が3日 ＊通常保育のみが4日
合格発表	11月8日（速達郵送）
入園手続	11月16・17日

 ## 2025年度募集日程（予定）

【説明会】2024年6月15日、9月7日
【願書配布】2024年10月14～25日
【入園試験】2024年11月2・3日
【個別見学】＊未定（2024年2月現在）
　　＊HP記載の日程で受付（事前予約制）

 ## ここをチェック！

設立	2016年（平成28年） （幼稚園としての設立は1951年）
園児数	年長66名・年中66名・年少66名
教職員数	62名
送迎バス	なし
園庭	土・人工芝
保育時間 （1号認定）	月～金：9時～14時 ＊土曜日休園（年数回行事あり）
預かり保育	7時30分～19時 ＊有料　＊長期休暇中も実施
未就園児クラス	あり
英語教育	あり
課外授業	体育、システム思考、バレエ、 キッズダンス、 アクロバティックアーツ
宿泊行事	宿泊保育1泊2日（年長）
昼食	給食（月～金）
服装	制服・制帽なし 制作時スモック着用・体操着

諸費用

〈入園手続時〉
　入園準備金　　　　　　　　　　　　　　80,000円
〈その後〉
　保育料　　　　　　　　　　自治体の定める金額
　教育充実費（月額）　　　　　　　　　　7,500円
　施設充実費（月額）　　　　　　　　　　7,000円
　　　　　　　　　　　　　　＊2、3月は6,000円
　特別教材費（月額）　　　　　　　　　　2,000円
　給食費・おやつ代（月額）　　　　　　　　実費
＊ほかに用品代・父母会費などあり

このページの内容は、2024年度園児募集の際に配布された資料に基づいています。
来春入園を希望される方は2025年度園児募集要項（こども園配布）をご確認ください。

保育について

【教育の目標】

「世の光となろう」という学園目標のもと、グローバル化が進む社会で、自立してたくましく、豊かな感性を持ち、他者と協力して生きるための基礎を、幼い子どもたちが培うことを目指した保育・教育を行う。「からだ」と「こころ」と「知恵」のバランスがとれた成長をはかり、土台を形づくるため、4つの目標を設定。幼児期に大切な「全人的な人間教育」を実践し、可能性の目をしっかりと伸ばす。

「地球のこども」

1. **あそぶ**…遊びを通してたくましい体と心を養う
2. **かんじる**…自然に親しみ命の尊さと不思議を学ぶ
3. **かんがえる**…思いやりの心を育てる
4. **はなす**…自分の気持ちや考えを表現する

 ## 園の特長

【0歳から12歳までの一貫教育】

0歳から12歳までの大切な成長過程を分断することなく過ごせるように、昭和女子大学附属という利点を生かし、隣接する小学校との連携を密にする。「世の光となろう」という目標に向かって、「からだ・こころ・知恵」のバランスがとれた、グローバル社会を生き抜く地球市民としての土台作りをする。恵まれた環境の中で、児童・生徒・学生、そして保護者や教職員のあたたかな目に見守られながら、のびのびと、たのしく、健やかに成長していく。

 ## 安全対策

- 守衛室は24時間常駐警備
- 園への出入りは学園発行の身分証明書（教職員）、入構証（保護者）によって管理
- 巡回警備実施
- 防犯センサー、カメラ、室内のパニックボタン、学校110番等の早期発見通報システムを整備
- 地震などに備え、備蓄品、非常食等を用意
- 避難訓練の実施（園児のみ／月1回）
- 防犯訓練の実施
- 保護者への引き渡し訓練の実施（年1回）

 ## 主な行事

◇運動会　◇宿泊保育（年長）　◇昭和祭
◇クリスマス会　◇お相撲大会
ほかに、園外保育、昭和っ子の運動会（年長と小学生）、夏まつり、敬老の日の集い、おいもほり、感謝の日の行事、こままわし大会、豆まき、紅茶パーティー（高等部卒業祝い）など

 ## 進学と関連校

【昭和女子大学附属昭和小学校への進学】

希望者は園長推薦を受け、発育調査を受ける

【関連校】

昭和女子大学・同大学院・同附属昭和高等学校・同附属昭和中学校・同附属昭和小学校・昭和女子大学ボストン校（米国・マサチューセッツ州ボストン市）

園長からのメッセージ	幼児期に大切な学びとは「あそび」から生まれます。子どもたちが遊び込める時間がたっぷりとある幼児期にたくましい体と心を養い、思いやりの心を育て、自分で考えようとする探究心や好奇心を育みます。幼児期は、子どもたちが将来のための最初の土台づくりをする、大切な時期だといえます。昭和こども園では20年後に活きる教育をめざしています。

元気で明るく　けじめのある子

三軒茶屋幼稚園

〒154-0024 世田谷区三軒茶屋2-9-21
TEL：03-3421-9005
www.youkyou.com/htmls/clroom/clroom_0212_0019.html

◇東急田園都市線・世田谷線「三軒茶屋駅」より徒歩3分

東京23区

入園までの流れ

2024年度入試（2023年秋実施）より～

募集人数	3年保育　男女30名 2年保育　男女若干名
公開行事	運動会：10月7日 見学会：10月13・16・17日
説明会	8月31日
願書配布	10月16日～18日
整理票提出	10月21・23～26日
願書受付	11月1日
申込料	5,000円
選考	11月1日 面接（発育調査）：志願者のみ
合格発表	11月1日
入園手続	11月1日

2025年度募集日程（予定）

【説明会】2024年8月末
【願書配布】2024年10月中旬
【入園試験】2024年11月初旬
【公開行事】見学会：2024年10月中旬
　　　　　　運動会：2024年10月上旬

ここをチェック！

創立	1953年（昭和28年）
園児数	約80名（1クラス約25名）
教員数	常勤8名・非常勤1名
送迎バス	なし
園庭	土・砂
保育時間	月木：9時～14時 火金：9時～15時 水：9時～12時　＊土曜日休園
預かり保育	8時より／18時まで ＊長期休暇中　8時～18時（指定日のみ）
英語教育	なし
課外教室	絵画・造形教室、ピアノ教室、ECCジュニア英語教室（園隣）、モダンバレエ教室、幼児教室、バイオリン教室
宿泊行事	お泊まり保育（年長）
昼食	給食（月木）・弁当（火金） ＊給食はアレルギー対応
服装	制服・制帽・スモックあり

諸費用

〈入園手続時〉
　入園料　　　　　　　　　　　　　　210,000円
　施設拡充費　　　　　　　　　　　　 30,000円
〈その後〉
　保育料（月額）　　　　　　　　　　 29,500円
　教材費（月額）　　　　　　　　　　　3,500円
　＊園服代・保育用品代・維持費を2月に納入
　＊ほかに冷暖房費・園児傷害保険料などあり

このページの内容は、2024年度園児募集の際に配布された資料に基づいています。
来春入園を希望される方は2025年度園児募集要項（幼稚園配布）をご確認ください。

保育について

【保育方針】

◆あたたかく家庭的な保育で、1人ひとりをよく見つめ、個性を大切にする。

◆子どもの良いところを見つけて、心からたくさんほめてあげる。また、悪い時にはしっかりと叱る。

◆子どもらしくのびのびと、元気いっぱいよく遊ぶ。

◆何かをするときには、いつも一生懸命に努力する。

◆童謡・音楽リズムを通じて情操を豊かに育む。

◆きちんと挨拶をする。

◆四季折々の自然に触れて遊ぶ園外保育に、できるだけ多く出かける。

◆園外保育では公共の交通機関を使い、楽しい中にも公共道徳を守ることを大切にする。

◆我慢が必要な時は我慢させる。

◆いたわり合う気持ちと、何事にも優しい感謝の心を持つ。

◆異年齢の子ども同士、日ごろから交流を持ち、すべての園児と園長以下すべての職員がおたがいによく交わる。

 # 園の特長

子どもたち1人ひとりをよく見つめて、個性を大事にしながらたくさんほめてあげ、温かく家庭的な保育をする。みんなが集団生活を楽しく過ごし、お友だちと仲良くのびのびと遊べるようにすると同時に、集団のきまりも守れるように、しつけも大切にする。情操および創造教育の面でも、音楽リズム・合奏・リトミックなどのリズム発表会を開いたり、絵画・制作の面でも先生のアドバイスを受けられる。

園長からのメッセージ

誰ひとりとしてダメな子どもはいません。子どもの長所や個性を大事にして、たくさんほめて伸び伸びと子どもらしく育ててあげてください。深い信頼関係で結ばれていれば、子どもは母親から離れても自立してゆけます。できることはなるべく自分でやらせる等、自立をうながすしっかりとした躾を大切にして育ててあげてください。また、子どもには物を贅沢に与えたりせずに、我慢すべきときは我慢させ、やさしく深い愛情を幼児期には心から注いであげてください。

 # 安全対策

・インターホン設置　・監視ビデオカメラ設置

・常時、門を施錠　・学校110番設置

・防犯用具類、防犯ブザー、防災スプレーの設置

・避難訓練（園児のみ／年2回）　・防犯訓練

・災害に備えた園舎の耐震補強と防災非常食の備蓄

 # 主な行事

◇川遊び遠足　◇お泊まり保育　◇運動会
◇作品展　◇音楽リズム発表会

ほかに、親子遠足、人形劇、動物園、カレーライス作り、ジャガイモ掘り、どろんこ遊び、消防署見学、七夕祭り、プラネタリウム、プール遊び、夕涼み会、鼓笛隊出演、お店やさんごっこ、さつま芋掘り、どんぐり拾い、焼き芋会、クリスマス会、お餅つき、水族館、節分豆まき等

進学と関連校

【小学校受験への対応】

教諭（男性小学校教諭経験者を含む）複数名で国・私立小学校進学のための特別指導を放課後に行う。例年半数近くの子どもが国・私立小学校を受験する。

【国・私立小学校への進学先例】

東京学芸大学附属世田谷・竹早、筑波大学附属、お茶の水女子大学附属、慶應義塾、青山学院、雙葉、東洋英和、慶應義塾横浜、立教、東京農業大学稲花、学習院、東京女学館、日本女子大学附属豊明、暁星、田園調布雙葉、聖心女子学院、成蹊、昭和女子大学附属昭和、立教女学院、桐蔭学園、早稲田実業学校、成城学園、横浜雙葉、洗足学園、トキワ松学園、玉川学園、桐朋学園、白百合学園、目黒星美学園、聖ドミニコ学園、カリタス、東京都市大学付属、森村学園 など

家庭幼稚園

〒154-0023 世田谷区若林2-30-17
TEL：03-3411-2312
katei-kindergarten.com/

◇東急田園都市線「三軒茶屋」駅より徒歩 12 分
◇東急世田谷線「西太子堂」駅より徒歩 8 分
◇小田急線・井の頭線「下北沢」駅より徒歩 18 分
◇渋谷駅よりバス「若林折返所」下車 2 分

 ## 入園までの流れ

2024 年度入試（2023 年秋実施）より～

募集人数	3 年保育　男女 30 名 2 年保育　男女 若干名 満 3 歳児　男女 若干名
公開行事	未就園児 体験教室 （Baby さんの日）： 6 月 21 日、7 月 19 日、 9 月 20 日、10 月 16 日、 11 月 15 日、12 月 6 日、 2024 年 1 月 17 日、2 月 7 日
説 明 会	9 月 8 日・13 日
願書配布	10 月 16 日～（平日のみ配布）
願書受付	11 月 1 日（現地受付）
選 考 料	5,000 円
選 考	11 月 1 日 面接：保護者と志願者
合 格 発 表	面接終了後に通知
入園手続	面接当日

東京23区

📅 2025年度募集日程（予定）

【説 明 会】2024 年 9 月 11・13 日
【願 書 配 布】2024 年 10 月 15 日
【入 園 試 験】2024 年 11 月 1 日

 ## ここをチェック！

創 立	1917 年（大正 6 年）
送 迎 バ ス	なし
保 育 時 間	月火木金：9 時 30 分～14 時 水：9 時 30 分～12 時 30 分 ＊土曜日休園
預かり保育	7 時 30 分より／ 18 時 30 分まで ＊長期休暇中は 7 時 30 分～18 時 30 分
未就園児クラス	体験教室（Baby さんの日）
英 語 教 育	あり
課 外 授 業	リトミック・ピアノ教室
昼 食	弁当（月～金） ＊希望者におにぎり給食あり
服 装	制服・制帽あり

 ## 諸費用

〈入園手続時〉
　入園料　　　　　　　　　　　　140,000 円
〈その後〉
　保育料（月額）　　　　　　　　 28,800 円
　施設維持費（初年度 4 月のみ）　 30,000 円
　＊世田谷区在住の方には、公費助成があります

このページの内容は、2024年度園児募集の際に配布された資料に基づいています。
来春入園を希望される方は2025年度園児募集要項（幼稚園配布）をご確認ください。

保育について

【教育理念】

◆遊戯の中から育てる「創造性」

◆仲間との集団から築く「愛情」

◆自然との触れ合いから生まれる「感性」

大いなる可能性を秘めている幼児の中に、教育を通して「個性」を見いだし、急がず、大きく国の宝として大事に育てていく。

【教育目標】

◆健やかな発育をする子ども

◆心豊かな子ども

◆よく考え、やりぬく子ども

【指導の重点】

1人ひとりの個性を尊重し、可能性を育てる

◆3・4歳児

安全な生活に必要な習慣や態度を身に付け、屋内・外で遊び、体力の基礎を作る

◆5歳児

相手を思いやり、全体を理解する感性を磨く

 # 園の特長

◆集中力を養っており、子どもたちはみな落ち着きがある。

◆文化を伝承しており、言葉遣い、立ち居振る舞いなど、みなていねいに行っている。

◆鉄棒逆上がり、ハーモニカは卒園するまでに全員ができるようになる。

 # 安全対策

・監視ビデオカメラ設置

・保育時間内は門を施錠

・学校110番設置

・防災・防犯訓練の実施（月1回）

 # 主な行事

◇未就園児 体験教室（Babyさんの日）

◇父の日参観日　◇プール保育　◇運動会

◇お餅つき　◇ひなまつり発表会

ほかに、遠足、観劇会、七夕、盆踊り会、七五三、遠足、お食事会、節分、豆まき、お誕生日会（毎月）など

 # 進学と関連校

【小学部への進学】

保育時間に受験指導を行っており、受験希望者にはアドバイスをしている

【関連校】

東京学芸大学附属世田谷、立教女学院、青山学院、洗足学園、聖ドミニコ学園、光塩女子学院、桐朋、桐朋学園、目黒星美学園、東京インターナショナルスクール、トキワ松学園、昭和女子大学附属昭和、暁星、成城学園、国立学園、聖徳学園、森村学園、東京女学館　東京都市大学付属 など

園長からのメッセージ	御両親と手を携え、豊かな教育環境のもと、1人ひとりを大切に、人として生きていくための根っこを責任を持って育みます。

幼稚園、それは「心のふるさと」

みょうじょう幼稚園

〒154-0024 世田谷区三軒茶屋2-51-32
TEL：03-3422-3189
www.myojo.ed.jp/

◇東急田園都市線・世田谷線「三軒茶屋駅」より徒歩10分

入園までの流れ

2024年度入試（2023年秋実施）より〜

募集人数	3年保育 男女40名
公開行事	保育見学会： 　10月16日〜18日（要予約） 幼稚園体験会： 　10月20・21・24日（要予約）
説明会	7月12日、9月6・20日
願書配布	10月15〜17日
保護者面談	10月24日・25日
選考料	10,000円
願書受付	11月1日
合格発表	11月1日
入園手続	11月1日

2025年度募集日程（予定）

【説明会】2024年7月10日、9月11日
【願書配布】2024年10月15日〜25日
【入園試験】2024年11月初旬
【公開行事】
　サマーフェスタ：2024年7月13日
　運動会：2024年10月5日
　保育見学：10月10日〜（要予約）
　幼稚園体験：10月17日〜31日（要予約）
　園庭開放：水曜日

ここをチェック！

創　　立	1954年（昭和29年）
園児数	年長33名・年中21名・年少21名
教員数	15名
送迎バス	なし
保育時間	月火木金：8時45分〜14時 水：8時45分〜12時 ＊土曜日休園
預かり保育	月火木金：14時〜17時 水：12時〜17時 ＊土曜日休園 ＊長期休暇中は9時〜13時
未就園児クラス	あり
英語教育	あり
課外授業	おえかき教室、英語であそぼう教室、ワイルドスポーツ体操教室、クッキング
宿泊行事	サマーキャンプ（年長）
昼　　食	弁当（月火木金）
服　　装	制服・制帽・スモックあり

諸費用

〈入園手続時〉
　入園料　　　　　　　　　　160,000円
　設備費　　　　　　　　　　 60,000円
〈その後〉
　保育料（月額）　　　　　　 30,000円
　教材費（月額）　　　　　　　4,500円
　冷暖房費（月額）　　　　　　1,500円
　　＊ほかに、母の会費、制服・個人用品代あり

このページの内容は、2024年度園児募集の際に配布された資料に基づいています。
来春入園を希望される方は2025年度園児募集要項（幼稚園配布）をご確認ください。

保育について

【教育理念】

　幼稚園は「3年間」を過ごす場所です。されど、幼稚園のもたらす影響は、在園中の3年間にとどまるものではありません。

　カトリック幼稚園は、「命には尊厳がある」と宣言します。それは、1人ひとりの命が、ユニークで固有であり、スペアーがないがゆえに尊いと考えています。1人ひとりが違った存在であるがゆえに、1人ひとりが価値ある存在だと考えています。みょうじょう幼稚園は、神から与えられたこの命の固有性を尊重する教育を行うために、モンテッソーリ教育の理論とメソッドを用いています。

 ## 園の特長

◆カトリック幼稚園

　人は、1人ひとりが個性的で、スペアーなど無く、他の人とは「違う」がゆえに価値があり、他者との比較や競争で存在価値が決まるものではない、という人間観です。

◆モンテッソーリ教育園

　カトリックの人間観に基づく「個性を尊重した教育」「違いを尊い価値だと肯定した教育」を実践するために、モンテッソーリ教育法を実践しています。

◆自然・生活体験教育を重視

　虫や小動物、果実や木の実、花や野菜などの具体物との直接的な関わりの体験を通して、大切な"いのち"に気付き、"生きる力"が育まれるよう

 ## 安全対策

・学校110番システム　・防犯カメラを設置
・園舎の耐震診断ランクA1
・防災訓練（園児のみ年1回、保護者参加年1回）
・起震車による地震対応訓練（年1回）
・騎馬隊による交通安全指導（年1回）

に、園の畑やキッチンなどで、様々な自然体験（環境教育）をカトリックの人間観に基づき、モンテッソーリ教育法を用いて行っています。

 ## 主な行事

入園式、春の遠足、母の日総会、父の日の集い、創立記念日、七夕祭り、サマーキャンプ、ファミリアフェスタ、感謝祭、お芋ほり、七五三、高齢者ホーム訪問、クリスマス会、お餅つき、豆まき、お楽しみ会、ひな祭り、お別れ会

 ## 進学と関連校

【小学校受験への対応】

　特に受験指導は行っていないが、例年多くの児童が国・私立小学校に進学

【国・私立小学校への進学先例】

　東京学芸大学附属世田谷、目黒星美学園、立教、慶應義塾幼稚舎 など

園長からのメッセージ

幼稚園、そこは「心のふるさと」。
都会で暮らす子どもたちにとって、卒園しても懐かしい幸せな思いがこみ上げてくるような"励ましの場"であり続けることを願って卒園児の子ども会活動にも力を入れています。モンテッソーリ教育法を用いて、自然体験活動を積極的に取り入れて、命を育む教育を実践しています。

子どもらしさ、明るさ、素直さの中に
　　　　　　自立心の強い、のびのびとした子に育てます。

国本幼稚園

〒157-0067 世田谷区喜多見8-15-33
TEL：03-3416-4724
kunimoto.ac.jp/kindergarten/

◇小田急線「喜多見」駅より徒歩2分

 ## 入園までの流れ

2024年度入試（2023年秋実施）より〜

募集人数	3年保育　男女80名 2年・1年保育　男女若干名
公開行事	見学説明会：6月中旬 運動会：10月7日 記念祭：10月21・22日
説明会	10月13・14日
願書配布	10月13日〜25日
願書受付	10月16日〜25日（WEB出願）
選考料	6,000円
選考	11月1日 考査：行動観察 面接：保護者と志願者
合格発表	11月1日（WEB発表）
入園手続	11月1・2日

 ## 2025年度募集日程（予定）

【説明会】2024年10月11日・12日
【願書配布】2024年10月11日〜27日
【入園試験】2024年11月1日
【公開行事】見学説明会：2024年6月17・29日、
　　　　　　7月5日、8月31日
　　　　　　運動会：2024年10月5日
　　　　　　記念祭：2024年10月26・27日
　　　　　　＊詳細はHPでご確認ください。

 ## ここをチェック！

創立	1953年（昭和28年）
クラス数	年長80名（3クラス） 年中70名（3クラス） 年少60名（3クラス）
教員数	31名
送迎バス	あり
園庭	土
保育時間	月火木金：9時30分〜14時 水：9時30分〜11時30分 ＊土曜日休園
預かり保育	7時30分〜19時 ＊土曜日休園 ＊長期休暇中は7時30分〜19時
未就園児クラス	2歳児クラス
課外授業	体操クラブ、サッカークラブ、英語で遊ぼう、ピアノ教室、造形教室、キッズチアダンス、えんぴつ教室、書道
宿泊行事	お泊まり保育（年長）
昼食	給食（月火金）・弁当（木） ＊希望者のみ（水）仕出し弁当
服装	制服・制帽・スモックあり

 ## 諸費用

〈入園手続時〉
　入園料　　　　　　　　　　3年保育 130,000円
　　　　　　　　　　　　　1・2年保育 120,000円
　施設費　　　　　　　　　　　　　　50,000円
〈その後〉
　保育料（月額）　　　　　　　　　　30,000円
　維持費（月額）　　　　　　　　　　 7,000円
　通園バス代（月額）　　　　　　　　 4,500円
　　＊ほかに、初年度用品代、給食費などあり

このページの内容は、2024年度園児募集の際に配布された資料に基づいています。
来春入園を希望される方は2025年度園児募集要項（幼稚園配布）をご確認ください。

保育について

【保育方針】

国本幼稚園は 1953 年に創立者、有木春来先生により設立されました。子どもを育てるということは、手間隙かけたぬくもりのある親子関係を通してのみ実感できるものであると。「愛情を込め」「手塩にかけて」子どもの心を健やかに育て、将来大きく伸びていく子どもをめざしています。

【保育目標】

◆人への思いやりや礼儀を大切にする心（くにもとさほう）
◆自分から興味関心を持ち、物事に取り組み、よく考え、工夫し、表現する力をつける
◆友だちとの交流の中で、忍耐力、我慢強さ、協調性をよく育む
◆園外保育や農園体験を通して自然に親しみ、感動する心を育てる
◆国際化するこれからの社会で活躍できる語学力と行動力を身につける

 # 園の特長

預かり保育（にじ組）
預かり専任の保育者が幼稚園とは違った縦割り保育を行っている。
月〜金　7：30 〜 19：00　＊長期休暇中も同じ
水曜と長期休暇中は仕出し弁当の提供あり

給食
月・火・金の週 3 回、給食を実施する（木は弁当）。アレルギーの子どもについては、栄養士が個別に相談を受ける。

登降園システム導入
出欠管理・預り申込みなどは Web 上で行っている

子育て支援活動
ぴよっこ会、園庭開放、月 3 回の幼稚園であそぼうプログラム

 # 安全対策

・インターホン設置　・正門に警備員の配置
・保育時間内は門を施錠　・学校 110 番設置
・避難訓練の実施（月 1 回）　・防犯訓練の実施
・AED 設置　・応急手当奨励教育機関

 # スクールバス安全対策

・スクールバスロケーションシステム
・園バス置き去り防止装置
・スクールバスマニュアル、座席表、バスノート、園管理システムを導入し、行政のガイドラインに従って運行。
・園管理システムによって保護者、教員、添乗員、預け担当が情報を共有し、連絡がない場合は電話にて確認。

 # 主な行事

◇ファミリーデー　◇運動会　◇記念祭
◇生活発表会　◇お店屋さんごっこ
ほかに、遠足（春・秋）、おいもほり、子どもの日集会、お泊まり保育、音楽会、お年寄りや小学生との交流会、クリスマス会、おもちつき、おたのしみ会、まめまき、おひな祭り、卒園遠足、お別れ会 など

進学と関連校

【国本小学校への進学】

園長の推薦を得て進学が可能となる。

【国・私立小学校への進学先例】

暁星、成蹊、雙葉、学習院、お茶の水女子大附属、東京学芸大附属世田谷、日本女子大附属豊明、昭和女子大学附属昭和、東京都市大学付属、成城学園、玉川学園、聖ドミニコ学園、星美学園、目黒星美学園、青山学院、立教女学院、早稲田実業学校、桐朋、国立音楽大学附属、慶應義塾横浜、桐光学園、森村学園、カリタスなど

【関連校】

国本女子小学校・同女子中学校・高等学校

園長からのメッセージ

幼児期は、遊びを通じて、友だちとの関わり方や約束を守ること、我慢する心、みんなと共に行動することなどを体得し、これからの社会生活の根幹となる力を形成する大切な時期です。集団生活を通して、家庭では経験できない多くのことを、子ども達同士で学びあってほしいと願っております。

「からだ」で学び「こころ」が育つ

成城幼稚園

〒157-0072 世田谷区祖師谷3-52-38
TEL：03-3482-2108
www.seijogakuen.ed.jp/yochien/

◇小田急線「成城学園前」駅より徒歩10分

 ## 入園までの流れ

2024年度入試（2023年秋実施）より〜

募集人数	3年保育 40名
公開行事	園庭見学会（要予約）： 4月22日、5月26日、6月23日、 9月15日
説明会	9月1日（WEB／動画配信）
願書配布	9月1日〜（WEB）
願書受付	10月1日〜5日（WEB） 10月9日〜13日 （郵送／期間内必着） ※郵送書類の受領をもって出願完了
選考料	30,000円
選考	11月5日〜11日のうちの1日 考査：面接も含め約1時間 面接：保護者と志願者（約5分）
合格発表	11月13日
入園手続	11月13日〜16日

 ## ここをチェック！

創立	1925年（大正14年）
園児数	年長39名・年中40名・年少40名
教員数	13名
送迎バス	なし
園庭	土
保育時間	月火木金： 8時45分〜13時30分 水：8時45分〜11時30分 ＊土曜日休園
預かり保育	なし
未就園児クラス	なし
英語教育	英語活動として実施
課外授業	美術・英語・体操
宿泊行事	宿泊保育（1泊2日・年長）
昼食	弁当（月火木金）
服装	制服・制帽なし

 ## 2025年度募集日程（予定）

【説明会】2024年4月20日、6月15日
【願書配布】2024年9月1日〜（WEB）
【入園試験】2024年11月5日〜10日
【公開行事】春の運動会：5月11日
　　　　　園庭園舎見学会：5月24日、7月4日、
　　　　　9月13日
　　　　　文化祭：11月2・3日
　　　　　＊詳細は随時HPでご案内します

 ## 諸費用

〈入園手続時〉
　入園金　　　　　　　　　　　　　　250,000円
〈その後〉
　保育料（年額・3期分納可）　　　　730,000円
　施設維持費（年額）　　　　　　　　300,000円
　空調費（年額）　　　　　　　　　　 10,000円
　父母の会費（年額）　　　　　　　　　6,000円
学園教育振興資金（任意）1口500,000円・1口以上

このページの内容は、2024年度園児募集の際に配布された資料に基づいています。
来春入園を希望される方は2025年度園児募集要項（幼稚園配布）をご確認ください。

保育について

【成城学園の学びで育つ「5つの力」】

1. 自分の考え、感情に気付き、表現する力
2. 自分を愛する力
3. ひとの気持ち、考え方を理解し、おもいやる力（コミュニケーション能力）
4. 計画的に物事に粘り強く取り組む力（前向きの耐性）
5. 自分で発見する力

 ## 園の特長

◆環境

園庭は、起伏に富み、23区内では稀有な恵まれた自然環境を保っている。園舎は、園児が触れる部分に木を多く用い、風が通り、光が輝くよう意識してつくられている。同一敷地内に幼稚園から大学院まで存在することで、互いを見て、学び、育ち合う。

◆遊び

植物が元気に育ち、昆虫が楽しく暮らす庭で、全身を使って遊ぶことで、楽しみながら自ずと体力も養われる。友だちとごっこ遊びをしたり、学年の垣根を越えて毎日過ごすことで、少子化の影響で少なくなりがちな、きょうだいと生活するような経験を味わう。

◆生活

少人数制（各組20名）を堅守し、家庭的な雰囲気の中で、1人ひとりに合わせたきめ細やかな関わりを教師が実践することにより、無理なく、望ましい生活の習慣を身につける。友だちや教師と密に接し、誠実で思いやりのある心や態度を学ぶ。

 ## 安全対策

・インターホン設置　・監視ビデオカメラ設置
・正門に警備員の配置　・門は施錠
・学園警備員の巡回　・災害時用備蓄庫あり
・来園者（保護者含）にIDカード必携
・学校110番設置　・緊急地震速報受信機設置
・インターネットを使用した緊急連絡網
・防犯訓練の実施（職員。園児には対処法を説明）
・防災訓練（園児のみ／月1回、保護者含め／年1回）
・AED（大人・子ども両用）設置及び訓練実施

◆活動

古くから伝わる四季折々の行事を体験することで、感覚が豊かに育つ。子どもの成長や発達を教師が見極め、最適と思われる場面で、言語・音楽・美術などの活動を採り入れ、興味や意欲、集中力を最大限高める。

 ## 主な行事

◇遠足（春・秋）　◇運動会（春・秋）　◇文化祭
◇宿泊保育（年長）　◇さつまいも掘り
◇音楽鑑賞会　◇クリスマス会　◇豆まき（節分）
◇ひなまつり

ほかに、入園式、お節句、七夕、焼き芋、ふれあいコンサート、劇鑑賞会、卒園遠足（年長）、お別れ会、卒園式、各月お誕生会 など

進学と関連校

【成城学園初等学校への進学】

推薦会議を経て、ほぼ全員が進学できる

【関連校】

成城大学・同大学院、成城学園中学校高等学校・同初等学校

園長からのメッセージ

成城幼稚園は、1925（大正14）年に開設され、子どもの主体性を尊重する教育など、当時としては新しい幼児教育を展開しました。その伝統を継承しつつ、どんな社会の変化にも対応できる人間力の基礎を磨き、豊かな心を育む教育に取り組んでいます。また、アクティブラーニングの基礎ともいえる「自由遊び」を中心に、さまざまな活動を通して「学び」の芽を育てます。

あかるく つよく ただしく
〜愛され祝福されて誕生した命をいきいきと生きる子ども

聖ドミニコ学園幼稚園

〒157-0076 世田谷区岡本1-10-1
TEL：03-3700-0017
www.dominic.ed.jp/kindergarten/

◇小田急線「成城学園前」駅よりバス「吉沢」駅下車
　徒歩10分
◇東急田園都市線・大井町線「二子玉川」駅よりバス「岡
　本もみじが丘」下車徒歩2分

東京23区

入園までの流れ

2024年度入試（2023年秋実施）より〜

募集人数	3年保育　男女約80名
公開行事	見学： 　6月16・19・20・22日、9月7・ 　8・12日、10月16・17日 オープンスクール（WEB配信）： 　6月10日 未就園児プレ保育： 　6月21日、10月11日 学園祭：9月16・17日 運動会：10月7日
説 明 会	5月13日、9月1日
願書配布	10月2日〜31日（WEB出願）
願書受付	11月1日
選 考 料	25,000円
選 　 考	11月1日 考査：簡単な発育テスト 面接：保護者のみ
合格発表	11月2日
入園手続	11月2日

ここをチェック！

創　　立	1958年（昭和33年）
園 児 数	年長60名・年中60名・年少60名
教 員 数	14名
送 迎 バ ス	あり
園　　庭	土
保 育 時 間	月火木金：9時〜13時35分 水：9時〜11時30分 ＊土曜日休園
預かり保育	13時35分〜18時 ※長期休暇中は9時〜16時
未就園児クラス	なし
英 語 教 育	なし
課 外 授 業	スポーツクラブ、英語教室、 キッズチアクラブ
宿 泊 行 事	お泊まり保育（年長）
昼　　食	弁当（月火木金）
服　　装	制服・制帽・スモックあり

2025年度募集日程 （予定）

【説 明 会】2024年5月11日、9月2日
【願書配布】2024年10月1日〜31日
【入園試験】2024年11月1日
【公開行事】
見学会：2024年6月14・21日、9月5・6・10日、
10月15・17日
説明会：2024年5月11日、6月15日、9月2日
プレ保育：2024年9月

諸費用

〈入園手続時〉
　入園料　　　　　　　　　　　　　　　　103,000円
　施設拡充費　　　　　　　　　　　　　　 51,500円
〈その後〉
　保育料（月額）　　　　　　　　　3歳児 32,000円
　　　　　　　　　　　　　　　　4・5歳児 30,000円
　維持費（月額）　　　　　　　　　　　　　3,000円
　設備費（月額）　　　　　　　　　　　　　5,000円
　後援会入会金＊1家庭あたり　　　　　　　30,000円
　後援会費（月額）＊1家庭あたり　　　　　 5,000円
　特別災害費（年額）＊1家庭あたり　　　　　3,000円

このページの内容は、2024年度園児募集の際に配布された資料に基づいています。
来春入園を希望される方は2025年度園児募集要項（幼稚園配布）をご確認ください。

保育について

【教育方針】

　家庭の延長のような、温かく充実した環境の中で１人ひとりの個性を大切に育てる。教師は全身で語りかけてくる子どもたちの姿を見極めて深く語りかけ、汲み取り、受け入れる。基本的生活習慣を身につけ、集団生活の決まりを知り、友だち関係を深めるとともに、教具、遊具を通して自ら学び、考える力を身につけ、いろいろな体験や活動を通して苦手なこと、困難なことに挑戦する勇気と忍耐力を養う。

 ## 園の特長

◆優しいこころを育むカトリック教育

　毎日、祈りや聖歌に親しみながらキリストを身近に感じ、豊かな心を養う。１人ひとりが神様から愛されていることに気づき、周りの人々の喜びや痛みを分かち合える心を育むカトリックの精神を大切に教育を行う。

◆自立と自律のこころを育むモンテッソーリ教育

　自分の時期にあった教具を自ら選んで行う活動＝「お仕事」。この活動を終えた時に味わう達成感が大きな自信につながる。たくさんの経験と自信を重ねて行くことで自分で考えて行動する力＝自立心と自律心を育む。

◆思いやりのこころを育む縦割り混合保育

　縦割りの中で年長児には年少児を思いやる気持ちが芽生え、年少児は年長児を見習ったり憧れたりしながら、温かい環境の中で心身共に大きく成長していく。

◆強いからだとこころを育む体操教育

　年長・年中児が週１回60分間、専門教師とダイナミックに体を動かし、その楽しさを感じながら心身のバランスを養う。友だちと協力することやルールを守ることにも重点を置く。

 ## 安全対策

- ・インターホン設置　・監視ビデオカメラ設置
- ・警備員の配置　・来園者はＩＤカード着用
- ・警視庁直通の通報装置設置　・防災訓練
- ・避難訓練（園児のみ／学期毎に１回）

🚌 スクールバス安全対策

- ・専属の運転手による小学校登下校との併用での運行
- ・必ず降車後の確認と消毒

 ## 主な行事

◇マリア祭　◇お泊まり保育　◇学園祭★
◇運動会★　◇クリスマス発表会★
ほかに、春の遠足★、プレイデー★、季節の収穫（夏・秋）、秋の遠足★、後援会親睦の集い★、七五三のお祝い★、クリスマス礼拝会、おもちつき、保育参観（年２回）、卒園感謝ミサ★、お別れ会、各月お誕生会　など　　★は保護者参加の行事

 ## 進学と関連校

【小学校受験への対応】

　受験希望者にはアドバイスを行う

【聖ドミニコ学園小学校への進学】

　推薦制度あり

【関連校】

　聖ドミニコ学園高等学校・同中学校・同小学校

園長からのメッセージ

　聖ドミニコ学園幼稚園の保育は、子どもの内にある生命の力を発揮する保育です。子どもたちが自然に伸びようとする力を、そのまま自然に支える保育をしています。カトリックの精神を基に、個々の健全な心身の発達、生活習慣、態度を育み、豊かな心情、思考力を養い、意欲や思いやりのある子どもに育てます。

おひさま きらきら まっすぐ伸びる 神さまいつもわたしといっしょ

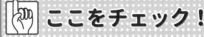

田園調布雙葉小学校附属幼稚園

〒158-8511 世田谷区玉川田園調布1-20-9
TEL：03-3721-5112
www.denenchofufutaba.ed.jp/kindergarten/

◇東急大井町線「九品仏」駅より徒歩 10 分
◇東急東横線・目黒線「田園調布」駅より徒歩 15 分
　またはバス「雙葉学園前」下車 2 分

 ## 入園までの流れ

2024 年度入試（2023 年秋実施）より～

募集人数	2 年保育　女児 60 名
説 明 会	7 月 22 日
願書配布	9 月 10 日～10 月 5 日（WEB）
願書受付	10 月 6 日～8 日（郵送／消印有効）
選 考 料	25,000 円
選　　考	◇面接（保護者と志願者）： 　10 月 27 日～29 日のうち 1 日 ◇考査： 　11 月 4・5 日のうち 1 日
合格発表	11 月 7 日（WEB）
入園手続	11 月 8 日

 ## 2025年度募集日程（予定）

＊未定（2024 年 2 月現在）

＊4 月以降に HP にてご案内いたします。

 ## ここをチェック！

創　　立	1949 年（昭和 24 年）
園 児 数	年長 57 名・年中 58 名
教 員 数	9 名
送 迎 バ ス	なし
園　　庭	土
保 育 時 間	月火木金： 　9 時 30 分～13 時 30 分 水：9 時 30 分～12 時 30 分 ＊月 2 回水曜日：11 時 30 分まで ＊土曜日休園
預かり保育	なし
未就園児クラス	なし
英 語 教 育	週 1 回（年長）
課 外 授 業	体操教室（週 1 回） ＊ 2024 年度より開始予定
宿 泊 行 事	なし
昼　　食	弁当（月～金）
服　　装	制服・制帽・スモックあり

諸費用

〈入園手続時〉
　入園金　　　　　　　　　　　　　250,000 円
　施設拡充費　　　　　　　　　　　150,000 円
〈その後〉
　保育料（年額）　　　　　　　　　426,000 円
　施設拡充費（年額）　　　　　　　165,000 円
　冷暖房費（年額）　　　　　　　　　 8,000 円
　後援会費（年額）　　　　　　　　　 6,000 円
　＊ほかに寄付金 100,000 円、3 口以上（入園手続後）

東京
23区

このページの内容は、2024 年度園児募集の際に配布された資料に基づいています。
来春入園を希望される方は 2025 年度園児募集要項（幼稚園配布）をご確認ください。

保育について

【校　訓】
　　徳においては純真に　義務においては堅実に

【教育方針】
　　キリスト教の教育理念に基づき、さらに次の姉妹校共通の教育目標に従って、児童・生徒の人間としての成長を助ける。

◆神に生かされている人間の神秘に気づくように
・つねに問いを発し、探求し、生命あるすべてのものに関心を示す。
・神からかけがえのないものとして生かされ、愛されていることに気づく。
・すべての人は神を父とするイエス・キリストにおける兄弟であることを知り、イエス・キリストに倣って人々を大切にする。
◆イエス・キリストの似姿として成長するように
・自分の可能性に目覚め、与えられている能力に従って、自分を表現し、本当の自分になる（独自性）。
・ともに学び、考え、助け合って相互に生かし生かされる関係を生きる（相互性）。
・自由に自己決断ができ、その責任がとれる（自由性）。
◆地球社会の一員であることを
　　　　　　　　自覚して生きることができるように
・異質なものに心を開き、自分の全存在をもって人間共同体に奉仕する。
・イエス・キリストにおける兄弟である人々と連帯して、すべての人、特に苦しんでいる人、弱い人、持たない人とわかちあう。
・人間らしく生きることを阻む不安な状況をあきらかにし、人間尊重の社会を目指して、勇気をもって根気強く前進する。

 # 安全対策

・インターホン設置　・監視ビデオカメラ設置
・正門に警備員の配置　・保育時間内は門を施錠
・学校110番設置　・防犯訓練の実施
・避難訓練の実施（園児のみ／月1回）
　　　　　　　　　　　　（保護者参加／年1回）
・園庭からの避難路設置

 # 園の特長

自由活動と一斉活動が組み合わされ、日常の経験とキリスト教に触れる機会が統合された、毎日の幼稚園生活を通して、**祈る心・あたたかい心**、**自分を素直に表現すること**、**意欲・考える力**を1人ひとりの子どもの中に育て、保護者とともに、学園が目指す人間形成の土台を作る。

 # 主な行事

◇高3保育実習　◇運動会　◇発表会
◇クリスマス会　◇ファミリーデー
ほかに、親子遠足、歓迎会、親子観劇会、じゃがいも掘り、夏祭り、遠足、勤労感謝の集い、学園感謝の集い、小松菜とり、たこあげ、豆まき、お別れ遠足、お別れ会　など

 # 進学と関連校

【田園調布雙葉小学校への進学】
　原則として全員が進学できる
【関 連 校】
　田園調布雙葉高等学校・同中学校・同小学校
【姉 妹 校】
　雙葉学園、横浜雙葉学園、静岡雙葉学園、福岡雙葉学園

園長からのメッセージ

当園は、高校卒業までの14年間にわたる一貫教育の最初の2年間として位置づけられています。園と家庭の愛に包まれ、思う存分遊べる時代。先生と保護者は園の「保育の願い」を心において、子どもたちの心身の成長を見守っていきます。小さな幼稚園ですが、園庭の大きな樹木、色とりどりの草花、どろんこ遊びをする広い砂場、野菜を育てるささやかな花壇など、自然を身近に感じることのできる健康的な環境だと思っております。

遊びを通してたくましい体、豊かな心を育てる

東京都市大学二子幼稚園

〒158-0094 世田谷区玉川2-17-10
TEL：03-3708-0104
https://www.tcu-futako.ed.jp/

◇東急田園都市線・大井町線「二子玉川」駅より徒歩5分

入園までの流れ

2024年度入試（2023年秋実施）より〜

募集人数	3年保育 男女70名
公開行事	運動会：10月7日 見学会：7月29日、8月2・4・5日、9月11・21日、10月3・16日
説明会	7月29日、8月2・4・5日、9月11・21日、10月3・16日
願書配布	10月16日〜23日（WEB）
願書受付	10月28日（WEB）
選考料	10,000円
選考	11月1日 親子面接と行動観察
合格発表	11月2日
入園手続	11月2日

諸費用

〈入園手続時〉
入園料　　　　　　　　　　　　180,000円
〈その後〉
保育料（月額）　　　　年少組　32,000円
　　　　　　　　　年中・年長組　30,000円
教材料（月額）　　　　　　　　　2,500円
維持料（月額）　　　　　　　　　3,000円
施設設備料（年額）　　　　　　　30,000円
諸経費（年額）　　約63,000円（年少組）〜
　　　　　　　　　約94,000円（年長組）
＊入園後の納付金は5歳児まで毎年度納入
＊納付金は入園後年度により改定することがある

ここをチェック！

創　立	1955年（昭和30年）
園児数	男女計210名
教員数	20名
送迎バス	なし
園庭	土
保育時間	月火木金：9時〜14時 水土：9時〜12時 ＊学年ごとに時差登降園の場合あり ＊土曜日は原則月に1回
預かり保育	保育終了後18時まで ＊朝預かりあり　8時〜9時 ＊長期休業中は春期8日、夏期20日、冬期8日実施予定
未就園児クラス	2024年度より実施予定（未定）
英語教育	ネイティブ教員と英語であそぼう（年中・年長）・サイバードリーム（3学年）
課外授業	サッカーあそび（年中・年長） ミュージカルあそび（年中・年長） ＊知育的・学習的教室を実施予定
宿泊行事	お泊まり保育（年長）
昼食	給食（月火）・弁当（木金）
服装	制帽・スモックあり、制服なし

2025年度募集日程 (予定)

【説明会】2024年5〜8月頃
【願書配布】2024年10月中旬〜下旬
【入園試験】2024年11月1日
【公開行事】運動会：2024年10月初旬

このページの内容は、2024年度園児募集の際に配布された資料に基づいています。
来春入園を希望される方は2025年度園児募集要項（幼稚園配布）をご確認ください。

保育について

【教育目標】

目指す子ども像

◆健康…たくましい子ども

◆知性…観察力と判断力にすぐれ、協力し合って あそぶ子ども

◆風格…意欲的に　志たかく　さいごまでやりと げる子ども

◆自立…自分の思いをはっきり伝えられ、人の話 をよくきく子ども

◆感動と畏敬…正しいこと、美しいもの、すぐれ たものに感動し素直に受け入れら れる子ども

【教育方針】

「あそびを通して、学びに向かう力、豊かな心、 たくましい体を育てます」

課題あそびと自由あそび、そして様々な楽しい行 事、幼児期で最も大切な体験の積み重ねを重視し ます。良質な教育の提供を心掛け、「知・徳・体」 の成長がはっきり分かる教育活動を実践します。

 ## 園の特長

①**あそびによる学び**：「課題あそび」と「自由あそび」 を組み合わせた教育

②**本格的な食育**：「栽培」から「食べる」までを実 体験

③**本物に触れる教育**：Ｎ響や劇団による鑑賞会

④**多文化教育**：サイバードリームときっつアース

⑤**都市大・東急グループとの連携**：科学体験教室、「英 語であそぼう」、正課運動あそび、水泳指導

⑥ **ICT 教育**：iPad を使った KitS 導入

 ## 安全対策

・インターホン設置　・監視ビデオカメラ設置

・赤外線センサー設置　・警備員配置

・職員全員常時防犯ベルを携帯

・保育時間内は門を施錠　・学校 110 番設置

・避難訓練の実施（月１回）　・防犯訓練の実施

・保護者への引き渡し訓練の実施（年１回）

・緊急メールシステム　・サーモカメラの設置

・災害時の安否確認メールシステム

 ## 主な行事

親子遠足、子どもの日の祝い、夕涼み会、お泊ま り保育（年長）、敬老の日の集い、子どもの音楽会、 運動会、芋掘り、歩き遠足、子どもの発表会、も ちつき、クリスマス会、マラソン大会、ひな祭り、 観劇会、お別れ会 など

東京23区

進学と関連校

【小学校受験への対応】

受験希望者にはアドバイスを行う

【東京都市大学付属小学校への進学】

行動観察試験による内部推薦制度あり

園長面接により、15 名前後を推薦

【国・私立小学校への進学先例】

筑波大学附属、東京学芸大学附属世田谷、慶應義 塾、成蹊、立教、暁星、桐蔭、東京農大稲花、青 山学院、聖心女子、雙葉、洗足学園、早稲田実業 学校 など

【関連校】

東京都市大学・同大学院・同付属高等学校・同付 属中学校・同付属小学校・同等々力高等学校・同 中学校・同塩尻高等学校

園長からの メッセージ

本園の教育・保育の柱は、「課題あそび」「自由あそび」「課外（サッカーあそび、ミュー ジカルあそび）」です。あそびに夢中になる姿から、学びに向かう力が育ちます。あ そびは、豊かな心、たくましい体を育みます。挨拶日本一の幼稚園です。「おはよう ございます」「さようなら」と元気な声が響きます。幼児期に培う躾を大切にします。 東急グループ、東京都市大学グループ校との連携・協力が園児の健やかな成長を支え ています。

夢中になれる世界のある幼稚園

和光幼稚園

〒156-0053 世田谷区桜2-18-18
TEL：03-3420-4352
wakok.wako.ed.jp/

◇小田急線「経堂」駅より徒歩12分
◇東急世田谷線「宮の坂駅」駅より徒歩15分
◇成城学園前駅、祖師ヶ谷大蔵駅、三軒茶屋駅、用賀駅
　よりバス「農大前」下車5分

 ## 入園までの流れ

2024年度入試 (2023年秋実施) より～

募集人数	3年保育　男女54名 2年保育　男女若干名
公開行事	夏まつり：8月26日 運動会：10月21日
説明会 (要予約)	5月18日～7月6日の木曜日、 7月1日、9月7・23・28日、 10月5・12・26日
願書配布	10月16日～27日（22・23・ 28・29日除く）・30日
願書受付	10月30日
選考料	15,000円
選考	3年保育：10月31日または 11月1日 2年保育：10月31日 ◇考査：発達調査 ◇面接：保護者面接
合格発表	11月1日
入園手続	11月2日

 ## 2025年度募集日程 （予定）

【説明会】2024年5月～
【願書配布】2024年10月中旬
【願書受付】2024年10月下旬
【入園試験】2024年11月上旬

　＊日付等詳細は2024年4月以降、HPにて公開します。

 ## ここをチェック！

創　　立	1953年（昭和28年）
園児数	年長56名・年中56名・年少54名
教員数	21名
送迎バス	なし
園　　庭	グリーンサンド・土・芝生
保育時間	月：9時～11時30分 火水木金：9時～14時 ＊土曜日休園（年数回行事あり）
預かり保育	月：11時30分～18時 火水木金：14時～18時 ＊長期休暇中は9時～18時
未就園児クラス	2歳児親子教室（年15回）
英語教育	なし
課外授業	学級おたのしみ会
宿泊行事	丹沢合宿（年長、2泊3日）
昼　　食	弁当（水金はおにぎりのみ）
服　　装	制帽あり、制服・スモックなし

諸費用

〈入園手続時〉
　入園料　　　　　　　　3年保育：200,000円
　　　　　　　　　　　　2年保育：150,000円
　施設設備資金　　　　　　　　　100,000円
　親和会（PTA）入会金　　　　　　1,000円
〈その後〉
　保育料（月額）　　　　　　　　 31,620円
　教育充実費（月額）　　　　　　 18,400円
　学級費（月額）　　　　　　　　　1,000円
　親和会費（月額）　　　　　　　　　700円
　＊ほかに学校債、建設寄付金（任意）あり
　＊進級時に施設設備資金（年額）50,000円あり

このページの内容は、2024年度園児募集の際に配布された資料に基づいています。
来春入園を希望される方は2025年度園児募集要項（幼稚園配布）をご確認ください。

保育について

【大切にしていること】

◆子どもがゆっくり育つとき

幼児期の子どもたちが、目を輝かせ、身体的にも精神的にも存分に躍動させられるような生活を大事にして教育活動をすすめる。

◆自然の中で実体験を

1年を通じて野山へ出かける。自分の五感を使って自然とふれあうことで抱く「どうして」「なぜ」が、知的探究心を育む。

◆ものをつくる楽しさ

身近にあるものを使って自分のあそび道具を作る。遊び道具を日々作り変えることで探究的知性を育む。

◆あそびは発達の原動力

土・水・砂・草花など自然を素にしたあそび、あやとり・こま・竹馬など技を楽しむあそび、追いかけっこやサッカーなど体を巧みに惜しみなく使うあそびを通して、主体性や人との関わりも学ぶ。

【親和会】

親が孤立しがちな今の社会状況に鑑み、親同士が支えあうため、「親和会（父母の会）」を組織する。子どもとの関わりを豊かにするともに、親同士の親睦を深めたり、子育てをお互いに交流する機会ともなっている。

【共同教育】

健常の子どもと障がいからくる個別的なニーズをかかえる子どもとがお互いに育ちあうことを大切にする。

 ## 安全対策

- ・インターホン設置
- ・監視ビデオカメラ設置　・警備員の配置
- ・学校110番設置　・避難訓練の実施

 ## 園の特長

落ち着いた木のぬくもりを感じられる新園舎が2011年に完成。室内のいろいろなところに"デン"というあそび空間があり、ひとりで絵本を読んだり、友だちとままごとをしたりと、子どもたちは"デン"を隠れ家にして、その中で自由にあそぶ。

 ## 主な行事

◇遠足（年7～10回）　◇星組合宿　◇夏まつり
◇運動会　◇冬まつり

ほかに、こどもの日集会、休日参観、造形活動展、美術展、異年齢交流、劇の会、星組を送る会
など

 ## 進学と関連校

【和光小学校、和光鶴川小学校への進学】

優先入学制度あり（試験あり）

【関連校】

和光大学・同大学院・同高等学校・同中学校・同小学校、和光鶴川小学校・同幼稚園

園長からのメッセージ

一見勝手に見える子ども。大人から見れば「なぜ、わざわざ同じことをするの、私を困らせたいの」と、錯覚してしまう子どもの姿。一見わがままに見えることでも、真剣に考えています。その思いが見えれば子どもと対話ができます。子どもの思いを一緒に考えあってみませんか。

元気に遊び 話を聴く時は 先生の目を見て 静かに聴く

上野毛幼稚園

〒158-0093 世田谷区上野毛2-10-18
TEL：03-3701-0552
www.kaminoge-k.ed.jp/

◇東急大井町線「上野毛」駅より徒歩7分

入園までの流れ

2024年度入試（2023年秋実施）より～

募集人数	3年保育 男女約60名 2年保育 男女約10名
公開行事	見学：随時（要予約） 運動会：10月4日
説 明 会	6月7日、9月6日（要予約）
願書配布	10月15日～27日
願書受付	11月1日 ＊出願手続きは10月27日まで
選 考 料	10,000円
選 考	11月1・2日のうち1日 ◇考査：60分（面接含む） 　行動観察、指示行動、 　生活常識 ◇面接：保護者2名と志願者
合格発表	11月4日までに速達で通知
入園手続	11月6日

2025年度募集日程 （予定）

【説 明 会】2024年6月5日、9月4日
【願書配布】2024年10月15日～28日
【入園試験】2024年11月1・2日（いずれか1日）
【公開行事】お楽しみ会：6月30日
　　　　　　運動会：2024年9月26日（予定）
　　　　　　＊見学随時（要予約）

ここをチェック！

創 立	1942年（昭和17年）
園 児 数	年長：30～35名 年中：30～35名 年少：20～30名
教 員 数	10～14名
送迎バス	あり（範囲：半径3km以内）
園 庭	土
保育時間	月火木金：9時～13時 水：9時～11時 ＊土曜日休園
預かり保育	平日：13時40分～17時 ＊年少組は6月より実施 ＊年中・年長組は4月より実施 ＊長期休暇中は9時～15時
未就園児クラス	未定
英語教育	あり
課外授業	未定
宿泊行事	なし
昼 食	弁当（月火木金） 給食（希望者に月木）
服 装	制服・制帽・スモックあり

諸費用

〈入園手続時〉
　入園料　　　　　　　　　　　3年保育：230,000円
　　　　　　　　　　　　　　　2年保育：200,000円
〈その後〉
　保育料（月額）　　　　　　　3年保育：36,000円
　　　　　　　　　　　　　　　2年保育：33,000円
　施設維持費（月額）　　　　　　　　　　2,000円
　冷暖房費（年額）　　　　　　　　　　　10,000円
　＊ほかに保育用品代・通園バス利用料などあり

このページの内容は、2024年度園児募集の際に配布された資料に基づいています。
来春入園を希望される方は2025年度園児募集要項（幼稚園配布）をご確認ください。

東京23区

保育について

【教育の目標と特徴】

　幼児時代の健康増進と人格の育成を目的とします。園長はじめ教諭一同の正しい愛情を基礎として、温かい快い雰囲気の中でよい感化を幼児の上に与えられるよう努力しております。しつけの点に於いても、形式だけにとらわれず、個性を尊重し、将来社会に貢献できるための素養と習慣の育成に細心の注意を払っております。

 # 園の特長

閑静な住宅地にあり、安全で広い園庭には毎日こどもたちの笑い声が響く。

◆朝の登園時と帰りには必ず初代理事長伊東祐政と初代園長伊東サヤの胸像に挨拶をしております。先祖を敬う心を育てます。

◆天気の良い日は、園庭で思い切り伸々と遊んでおります。冬の時季でも半袖で走り廻っている園児もおります。

◆一度、保育室に入って一斉保育のときは、姿勢を正しくし教師の目を見て、静かに話を聞きます。保育の内容は、絵画制作、音楽リズム、英語遊び、ルールのある集団遊び等を致します。

◆講師による英語遊びやリトミックには楽しんで参加します。

◆夕涼み会では、先生たちの手作り道具によるゲームや、盆踊り、のど自慢大会を楽しむ。

◆園庭での遊びが「動」とすれば保育室での一斉保育は「静」の切り換えが出来ます。

◆年長組では様々な運動を取り入れ、なわ跳び、鉄棒、たいこ橋、平均台、高跳び等、できた時にはメダルをもらい、何個も獲得できるように努力します。

◆運動会での年長組の遊戯は素晴らしく、令和4年度は「ソーラン節」と海をイメージしたブルーの濃淡の旗を持った遊戯は保護者の方々から大きな拍手をいただきました。その後全員でリレーをし、その迫力は素晴らしいものでした。

【保護者との提携】

　幼児教育の大きな力は家庭にあると考え、PTAを組織して常に提携を図る。

 # 安全対策

・インターホン設置　・監視ビデオカメラ設置
・赤外線センサー設置　・正門に警備員の配置
・学校110番設置　・避難訓練の実施
・防犯訓練の実施　・防災訓練の実施（年2〜3回）

 ## スクールバス安全対策

在園児が幼稚園に通いやすいように運行している。

 # 主な行事

◇お楽しみ会　◇夕涼み会　◇運動会
◇敬老会　◇学芸会
ほかに、遠足、ポニー乗馬、プラネタリウム見学、七夕、保育参観、創立記念式典、共同制作、さつまいも掘り、大根掘り、クリスマス会、節分豆まき、ひなまつり、卒業遠足、各月誕生会 など

進学と関連校

【小学校受験への対応】

　受験希望者にはアドバイスを行う
　卒園児の80%程度が国・私立小学校に進学

【国・私立小学校への進学先例】

東京学芸大学附属世田谷、慶應義塾、早稲田実業学校、青山学院、雙葉、暁星、東京女学館、田園調布雙葉、サレジアン国際学園、東洋英和女学院、桐蔭学園、成城学園、森村学園、聖心女子学院、学習院、東京都市大学付属、洗足学園、成蹊、横浜雙葉、慶應義塾横浜、日本女子大学附属豊明、白百合学園、立川国際中等教育学校附属小学校 など

園長からのメッセージ

上野毛幼稚園を知っていただくために、見学にいらしてくださることをお勧めいたします。実際に保護者様の目で、園児や保育の様子をご覧ください。必要に応じて説明をし、質問にもお答えいたします。どうぞお子様と一緒にご来園ください。

表現する楽しさを通じて豊かな心と体をはぐくむ、「こどものための教育」

ゆかり文化幼稚園

〒157-0073 世田谷区砧7-15-14
TEL：03-3417-2448
yukaribunka.ed.jp

◇小田急線「成城学園前」「祖師ヶ谷大蔵」駅
より徒歩10分

東京23区

入園までの流れ

2024年度入試（2023年秋実施）より～

募集人数	3年保育　男女80名 2年保育　男女20名
公開行事 （要予約）	体験入園：3月、4月、5月、7月、 9月、10月に開催
説明会	6月17日、9月9日、10月14日
願書配布	10月15日～22日
願書受付	10月31日
検定料	5,000円
選考	面接・試験は行わない。通園可能と判断されれば原則的に入園を許可される。
考査	11月1日
入園手続	11月2日

諸費用

〈入園手続時〉
入園料　　　　　　3年保育：150,000円
　　　　　　　　　2年保育：100,000円
施設費　　　　　年額50,000円×保育年数分
〈その後〉
保育料（月額）　　　　　　　　　29,500円
教育諸費（月額）　　　　　　　　13,000円
後援会費（月額）　　　　　　　　 1,000円
＊教材費・行事費・健康管理費・施設維持費
　遠足費は別途実費を納入

✋ ここをチェック！

創　立	1947年（昭和22年）
園児数	年長65名・年中80名・年少65名
教員数	常勤22名・非常勤3名
送迎バス	なし
園庭	土
保育時間	月火木金：9時～14時 水：9時～11時40分 ＊年齢・季節により異なる ＊土曜日休園（年数回園庭開放あり）
預かり保育	14時～16時30分 ＊就労証明がある場合17時30分まで延長可能
未就園児クラス	なし
英語教育	なし
課外授業	美術教室、バレエ教室、 体操教室、ピアノ教室
宿泊行事	なし
昼食	弁当（月火木金） ＊年齢により異なる
服装	制服・制帽・スモックなし

2025年度募集日程（予定）

【説明会】2024年6月5日、9月7日、
　　　　　10月5日
【願書配布】2024年10月5日～21日
【公開行事】ゆかり祭：2024年10月25日
　　　　　　造形展：2024年11月22・23日
　　　　　　文化祭：2025年2月22・23日

＊親子体験開催（年6回）
＊講演会を2回予定（子育てに関する講演会）

このページの内容は、2024年度園児募集の際に配布された資料に基づいています。
来春入園を希望される方は2025年度園児募集要項（幼稚園配布）をご確認ください。

保育について

【教育理念】

◆**幼児教育は人生の「いしずえ」**

子どもたちが人生を前向きに生きるために「子どもたち自身にとって楽しい・善いこと」を保育の中心に、いろいろなことに興味を持ち自らたくましく成長できる教育を実践する。

◆**「ゆかり」とは人の出会い**

ゆかり文化幼稚園の「ゆかり」は、人の「縁」を意味する。

◆**なぜ「文化」幼稚園？**

ゆかり文化幼稚園では「音楽」「美術」「ことば」「表現」など、文化を生み出す要素を保育に取り入れている。「表現する楽しさ」に注目しながら、集団生活の中で子どもたちの「自分で成長する力（自立）」を育てる。

【教育システム】

◆**オープンシステム保育**

1人の教師だけから影響を受けるのでなく、複数担任の人的環境から、子どもの個性的な育ちを促す。

◆**心と身体の健康な育ちをサポート**

自由な遊びを通じ、また日々の生活習慣を通じ、健康な身体を育てることを重視。また、集団生活の中で、ことばの育ちとともに「気持ちをことばで伝える」人間力が育つように指導する。

◆**集団の中で1人ひとりの個性を尊重**

1人ひとりの個性や育ちのステップにできるかぎり対応しながら、子どもたちが自分で考え、決められる力を養う（自主性、自発性を養う）。

 # 安全対策

・インターホン設置　・保育時間内は門を施錠
・学校110番設置　・避難訓練の実施（年8回）
・防犯訓練の実施　・メール連絡網
・防犯カメラ　・耐震補強実施済み

 # 園の特長

【ゆかりの表現教育】

◆**造形活動**

絵を描いたり、作る楽しさを味わえる活動を年齢や発達に合わせて行う。

◆**音楽**

ピアノ伴奏とともに歌い、きれいな声で歌う習慣、美しい音楽に触れる喜びを積み重ねる。

◆**オペレッタ**

歌と音楽の劇＝オペレッタは、総合的な表現体験として強く子どもの心に残る。

 # 主な行事

【三大行事】◇スポーツショウ◇造形展◇文化祭
◇七夕会　◇クリスマス

ほかに、こども会、遠足、花火の会、スポーツショウ、ゆかり祭（バザー）、お芋掘り、造形展、おもちつき、豆まき（節分）、ひな祭り、文化祭、カレーパーティー　など

園長からのメッセージ

ゆかり文化幼稚園では、人生に一度の「幼児期」を、「子どもらしく」持って生まれた資質や個性を豊かに表現できる時間を積み重ね、人と同じではない経験の中で「自信」＋「自立心」＝「生きる力」を身に付けることを重要視しています。建築家・丹下健三による「こどもの城」では、魅力溢れる活動が繰り広げられ、多くの人との関わりの中で、人間の土台基礎をしっかりと作ります。早期教育ではなく、幼児期を自然や本物に触れ自分で疑問に思い考え、工夫し、「子どもらしく」過ごすことができる「隙間のない土台」の上に多くの経験を積み上げ立派な社会人へと育っていけるのです。

愛育　～愛の心を育てる教育

春光幼稚園

〒156-0055 世田谷区船橋1-36-7
TEL：03-3426-3311
www.shunkoh.com/

◇小田急線「千歳船橋」駅より徒歩5分

入園までの流れ

2024年度入試 (2023年秋実施) より～

募集人数	3年保育　男女50名
公開行事	オープン保育見学会： 10月16・17日
説 明 会	10月13・14日（施設案内あり）
願書配布	10月13日～24日
願書受付	10月28日
選 考 料	5,000円
選 考	11月1日 ◇行動観察： 　自由遊び、歌、リズム遊び ◇面接：保護者と志願者
合格発表	11月2日
入園手続	11月2日

2025年度募集日程【予定】

【説 明 会】2024年9月20日、10月11・12日
【願書配布】2024年10月13日～20日
【入園試験】2024年11月1日
【公開行事】
　「ようちえん　こんにちは」親子参加のあそびの
　会：月に1～2回予定
　オープン保育見学会：予定
　その他、運動会、アート展など
　＊スケジュール、申込、予約の詳細はHPにて発表。
　＊コロナウイルス感染拡大防止の観点から変更が生じ
　　ることがあります。

ここをチェック！

創　　立	1939年（昭和14年）
園 児 数	年長51名・年中57名・年少58名
教 員 数	15名
送迎バス	あり
園　　庭	（大）土　（小）ゴムチップエリア
保育時間	月～金：10時～14時 （登園は9時～10時） ＊土曜日休園
預かり保育	平日14時～17時 ＊早朝預かり　8時～9時 ＊長期休暇中　9時～17時（夏冬春）
英語教育	あり
課外授業	イングリッシュクラブ（ネイティブ先生） 体操クラブ（幼児保育先生）
宿泊行事	なし
昼　　食	給食（月～金） 自園給食設備あり アレルギー食の対応なし
服　　装	制服・制帽あり

諸費用

〈入園手続時〉
入園料	200,000円
施設費	50,000円

〈その後〉
保育料（月額）	3歳児	32,000円
	4・5歳児	31,000円
教材費（年額）		15,000円
冷暖房費（年額）		9,000円
健康衛生費（年額）		2,000円

＊ほかに通園バス維持費、給食費などあり

このページの内容は、2024年度園児募集の際に配布された資料に基づいています。
来春入園を希望される方は2025年度園児募集要項（幼稚園配布）をご確認ください。

保育について

【保育目標】

　生涯にわたる人間形成の基礎を培う時期である幼児期の発達の特性を踏まえ、幼児期にふさわしい生活を展開することを通じて次のような目標達成に努める。

【4つのプレイフル・ラーニングの実践】

1. 「素直な心を育てる」徳育
　　人への愛情や信頼感、思いやりの心を育てる。
2. 「考える力を育てる」知育
　　多様な体験を通じて豊かな感性を育て創造性を育む。
3. 「元気な身体を育てる」体育
　　心身共に健全な基礎を培う。
4. 「おいしく食べるを育てる」食育
　　バランスの良い栄養をとり、バランスの良い成長を図る。

 # 園の特長

◆**リトミック・ダンス・パフォーマンス**
　歌、楽器、身体表現を通して心と体の調和を育み、リズム感・想像力・表現力などの基礎的な発達を促します。
◆**英会話**
　これからのグローバルな教育をすすめるために、生きた英語に接する。遊びの中で自然に身につくよう、ネイティブ外国人講師が指導します。
◆**造形・アート**
　絵画造形芸術や演劇などにより、感性の芽を育て、情操を豊かに育てます。
◆**フリーデー**
　週に1日、クラス・学年の枠を外して異年齢の友だちと関わり、主体的なあそびをします。
◆**体育**
　発達に合わせて幼児期に必要な運動を行い、健康でたくましい専門の教師により体力、気力を育てます。
◆**自園給食**
　自園に給食設備があり、週5日実施。食育を目標に取り組む。何でも食べる、健康で丈夫な身体づくり、食事のマナーなども培っています。

 # 安全対策

・インターホン設置　・監視ビデオカメラ設置（7台）
・赤外線センサー設置　・学校110番設置
・正門オートロックにて常時施錠
・避難訓練の実施（月1回）　・防犯訓練の実施
・保護者への引き渡し訓練の実施
・AEDの設置　・緊急地震速報装置

スクールバス安全対策

・安全第一（送迎バス歴70年以上）
・声と目で子どもの存在の確認（無線、iPad）
・乗車名簿の記入
・乗車時、降車時の点呼と目視確認
・全員の降車を確認する安全装置設置
・置き去り防止システム

主な行事

◇親子遠足、お母さんありがとうの会（5月）
◇じゃがいも掘り、お父さんと遊ぼうDAY（6月）
◇スポーツフェスティバル（運動会、10月）
◇七五三のお祝いコンサート（11月）　◇春光祭（12月）
◇アート展（12月）　◇おもちつき大会（1月）
◇保育発表会（2月）
ほかに、七夕まつり、プラネタリウム見学、秋の自然観察園外保育、小学校交流会、クリスマス会、節分豆まき、観劇会 など

 # 進学と関連校

【小学校受験への対応】

　受験希望者には教育・進学相談を行う

【国・私立小学校への進学先例】

　学習院、カリタス、暁星、慶應義塾、慶應義塾横浜、立教、聖心女子学院、成蹊、成城学園、雙葉、横浜雙葉、玉川学園、田園調布雙葉、桐蔭学園、東京女学館、桐朋、東洋英和女学院、東京都市大学付属、日本女子大学附属豊明、白百合学園、立教女学院、光塩女子学院、早稲田実業学校、お茶の水女子大学附属、東京学芸大学附属世田谷、東京学芸大学附属竹早、筑波大学附属 など

**園長からの
メッセージ**

　幼児期の生活はあそびを中心に、楽しさの中に学びが溢れています。教育の質・量共に豊かで多様な体験を通して、心情、意欲、態度を身につけられるよう目指します。また、保護者の皆さまも幼稚園に関わり、参加する中で、園、子ども、親の三位一体の関係を築き、互いに充実した園生活を送ります。

マダレナ・カノッサ幼稚園

〒156-0045 世田谷区桜上水2-5-1
TEL：03-3304-5281
www.canossakg.com/

◇小田急線「経堂」駅より徒歩15分または
　バス「桜上水二丁目」下車1分
◇京王線「桜上水」駅より徒歩20分

 入園までの流れ

2024年度入試（2023年秋実施）より～

募集人数	3年保育　男女各45名
公開行事	公開保育：6月14・28日、10月12・17日 ＊メールで申し込み
説明会	10月12・17日 ＊メールで申し込み
願書配布	10月16日～26日
書類受付	10月27日
願書受付	11月1日
選考料	10,000円
選考	11月1日 面接：保護者と志願者
合格発表	11月2日
入園手続	11月2日

 2025年度募集日程 (予定)

＊未定（2024年2月現在）
＊6月の公開保育は5月以降、10月の公開保育、説明会は9月以降HPで発表します。

 ここをチェック！

創　立	1954年（昭和29年）
園児数	約280名
教員数	常勤16名・非常勤17名
送迎バス	あり
園　庭	人工芝など ＊2023年、大型遊具新設
保育時間	月火木金：9時～14時 水：9時～12時 ＊時間はクラスにより多少異なる ＊土日、祝日休園
預かり保育	あり（条件あり）
未就園児クラス	あり
英語教育	あり
課外授業	体操教室、英語
宿泊行事	お泊まり保育（年長）
昼　食	弁当（月火木金）＊外部委託有
服　装	制服・制帽・スモックあり

 諸費用

〈入園手続時〉
　入園料＊　　　　　　　　　　　170,000円
　施設設備費　　　　　　　　　　 90,000円
〈その他〉
　保育料（月額）　　　　　　　　 35,000円
　健康管理費（年額）　　　　　　　3,000円
　空調費（月額）　　　　　　　　　1,000円
　＊兄弟姉妹で同年度に入園する場合（双子等）、入園料
　　が1名分120,000円となる。

このページの内容は、2024年度園児募集の際に配布された資料に基づいています。
来春入園を希望される方は2025年度園児募集要項（幼稚園配布）をご確認ください。

東京23区

保育について

【教育方針】

　キリスト教の「愛の精神」に基づき、1人ひとりの人格を尊敬と愛情をもって受けとめる。学校教育法、モンテッソーリ教育法を総合的に取り入れ、幼児それぞれの発達に応じた自主活動を行い、適切な手助けと環境を提供する。

【保育内容】

◆自主性を尊重するモンテッソーリ教育

　子どもたちはモンテッソーリの考案した教具を使って自ら活動し、自己形成する。日常生活・感覚教育・言語教育・数教育などの活動を通じ、さまざまな感覚が洗練され、豊かな感受性が身につくとともに知性、身体、情操がバランスよく育まれる。

◆関係を学ぶ縦割りクラス

　年長、年中、年少の混合による縦割りクラスでは、年齢や能力の違い、体力や体格の差異などさまざまな出会いが生まれる。年少へのいたわりや導き、年長からの学びや尊敬。それぞれが互いに価値を認め合い、愛と慈しみの共同体が自然に生まれる。

◆同年齢での横割り保育

　絵画制作、音楽や体操など楽しい集団生活のなかで、基本的な生活習慣や態度を育み、さまざまな体験を通して生きる力の基礎を培う。健全な心身の発達、豊かな感性や思考力を養い、意欲や思いやりのある子に育てる。

【こんな子どもとして卒園してほしい】

　◆思いやりのある、やさしく元気な明るい子ども
　◆礼儀正しく「おはよう」「ありがとう」「ごめんなさい」と挨拶できる子ども
　◆自ら進んで物事に取り組み、自分で考え、工夫してやり遂げられる子ども
　◆友だちと力を合わせて頑張る子ども
　◆生き物をかわいがり、物を大切にする子ども
　◆丈夫な身体と強い心の子ども

 ## 安全対策

・インターホン設置　　・監視ビデオカメラ設置
・正門に警備員の配置　・学校110番設置
・緊急地震速報導入済　・避難訓練の実施

 ## 主な行事

◇マリア祭　◇運動会
◇お泊まり保育（年長）　◇クリスマス会

ほかに、入園式、進級式、春の遠足、じゃがいもほり（年長）、夏期保育、秋の遠足、七五三のお祝い、勤労感謝、クリスマス祈りの集い、お餅つき、観劇会、節分の豆まき、お別れ会、卒園祈りの集い、卒園式、誕生会（毎月）　など

 ## 進学と関連校

【国・私立小学校への進学先例】

筑波大学附属、お茶の水女子大学附属、立教女学院、東洋英和女学院、昭和女子大学附属昭和、日本女子大学附属豊明、玉川学園、国本、白百合学園、晃華学園、東京学芸大学附属小金井・大泉・世田谷、早稲田実業学校、慶應義塾横浜、洗足学園、立教、光塩女子学院、慶應義塾、聖ドミニコ学園、東京女学館、成城学園、カリタス、桐光学園、東京都市大学付属、暁星、明星学園、むさしの学園、桐朋、和光、東京農業大稲花、青山学院大学、聖心女子学院、星美学園、目黒星美、成蹊、浦和ルーテル、学習院、雙葉、田園調布雙葉　など

【関連校】

明光学園中学校・高等学校（福岡）
大口明光学園中学校・高等学校（鹿児島）

世田谷聖母幼稚園

〒158-0081 世田谷区深沢8-13-16
TEL：03-3702-7334
setagaya-seibo.com/

◇東急田園都市線「桜新町」駅より徒歩12分
◇三軒茶屋駅、二子玉川駅よりバス「深沢八丁目」下車2分
◇都立大学駅よりバス「深沢中学入口」下車1分

 ## 入園までの流れ

2024年度入試（2023年秋実施）より～

募集人数	3年保育 男女90名 2年保育 男女 若干名
説 明 会	6月14日、9月6日
願書配布	10月15日～25日
面接受付	10月16日～28日
願書受付	11月1日
選 考 料	10,000円
選 考	◇面接（本人と親）： 　出願時に日時を指定 ◇考査：11月1日
合格発表	11月1日（郵送・HP掲載）
入園手続	11月6日まで

 ## 2025年度募集日程（予定）

【公開保育】2024年6月、7月、9月
【説 明 会】2024年6月、9月
＊4月以降、HPご確認ください
【願書配布】2024年10月15～25日
【入園試験】2024年11月1日
【公開行事】運動会：2024年10月上旬

 ## ここをチェック！

創 立	1949年（昭和24年）
園 児 数	年長81名・年中79名・年少70名
教 員 数	24名
送迎バス	なし
園 庭	土、人工芝
保育時間	月火木金：8時45分～13時45分 水：8時45分～11時30分 ＊土曜日休園
預かり保育	8時より／18時まで ＊長期休暇中もあり
未就園児クラス	あり
英語教育	なし
課外授業	あり
宿泊行事	お泊まり会
昼 食	弁当（月火木金）
服 装	制服・制帽・スモックあり

 ## 諸費用

〈入園手続時〉
入園料 200,000円
施設維持費 50,000円
教育用品代 5,000円
〈その後〉
保育料（月額） 30,000円
教材費（月額） 4,000円
施設費（月額） 5,000円
冷暖房費（年額） 24,000円
＊ほかに本代を別途納入

このページの内容は、2024年度園児募集の際に配布された資料に基づいています。
来春入園を希望される方は2025年度園児募集要項（幼稚園配布）をご確認ください。

東京23区

保育について

【教育方針】

◆カトリックの価値観に基づき、明るく素直で調和のとれた心と身体の発達を目指す。

◆モンテッソーリ教育を行う。子どもの内在力への信頼と尊敬を根幹とし、子どもの自発的活動を通して自立を目指す。

◆3歳児からの縦割保育という家庭的な雰囲気の中で、「助けること」「助けられること」の体験を通し、将来に向かう人格の形成を目指す。

【モンテッソーリ教育】

ただ遊ぶだけでなく、もっと自分の力で何かをしたいという成長への憧れを持つ幼児期の子どもを適切な環境に置き、その成長の手助けを行う教育法。子どもの中に潜んでいるいろいろな力を目覚めさせ、引き出すとされる。

【キリスト教教育】

子どもたちは1日の中で折にふれ、祈りながら園生活を送る。目標として「自分の力でやりとげよう」「友だちと笑顔の輪を広げよう」「美しい自然を大切にしよう」を掲げ、キリスト教的価値観に基づいた明るく素直な調和の取れた心の発達を目指す。

【クラス編成】

3・4・5歳の混合縦割りのクラスで、子どもは互いに認め、補い合って沢山の体験を重ねる。年長への憧れ、年少へのいたわり等、尊敬や感謝を自然に体験し、社会の一員としての豊かな心が育っていく。

 ## 安全対策

・監視ビデオカメラ設置
・学校110番設置 ・門扉一部セキュリティ管理
・緊急地震速報導入済

 ## 園の特長

「ひとりでできるように」

子どもたちの内的な欲求に対して応える環境を整え、子どもたちが1つひとつを満足するまで自分のペースで全人格をかけて取り組み、さまざまなことを獲得していくのを手助けする。こうして子どもは深いレベルで心が満たされ、心の平和な子どもへと育っていく。

 ## 主な行事

◇マリア祭　◇お泊まり会　◇運動会
◇お遊戯会　◇クリスマス・キャンドルサービス
◇年長組お別れ会

ほかに、春の遠足、保育参観、父母参観・講演会、さつまいも掘り、プラネタリウム見学、秋の遠足、七五三祝福式、豆まき、卒園児を送る会　など

 ## 進学と関連校

【小学校受験への対応】

特に受験指導は行っていないが、卒園児の30〜40%が国・私立小学校に進学

園長からのメッセージ

子ども1人ひとりを大切にし、愛されている幸せを実感できるよう日々の保育を行っています。保護者のみなさまと協力し合いながら、心身ともに健やかな子どもの育ちを目指して歩みましょう。

手塩にかけて未来を創る

さくら幼稚園

〒154-0014 世田谷区新町3-21-3
TEL：03-3428-6474
www.nakayoku.com/

◇東急田園都市線「桜新町」駅より徒歩3分

入園までの流れ

2024年度入試 (2023年秋実施) より〜

募集人数	3年保育 男女 若干名 2年保育 男女 若干名
公開行事	運動会
説明会	随時開催
願書配布	9月12日
願書受付	随時受付
選考料	6,500円
選考	◇考査：発育調査 ◇面接：両親・志願者

2025年度募集日程 (予定)

【説明会】2024年5・9月
【願書配布】未定
【入園試験】未定
【公開行事】運動会：2024年10月6日
　　　　　　＊世田谷区立総合運動場体育館にて
※入園前の見学会は在園児のプライバシー保護の観点より
　実施しておりません。

諸費用

〈入園手続時〉
　入園料　　　　　　　　　170,000円
　施設費　　　　　　　　　 30,000円
〈その後〉
　教育料（月額）　　　　　 34,000円
　教材費（月額）　　　　　　2,950円
　施設維持費（月額）　　　　3,000円
　＊以上は幼稚園の費用です。
　　2歳児クラスの費用ではありません

ここをチェック！

創　立	1948年（昭和23年）
園児数	年長33名・年中35名・年少31名
教員数	11名
送迎バス	なし
園　庭	土・人工芝
保育時間	月火木金：9時〜14時 水：9時〜12時30分 ＊土曜日休園
預かり保育	月〜金：7時30分〜19時 ＊長期休暇中期間中もあり ＊併設の保育室から進級した園児の 　み利用可 就労者以外の保護者の時間外保育「もあくらぶ」 （月〜金・保育終了後17時まで） ＊長期休暇中・行事のある日はなし ＊産後1ヶ月まで兄姉をお預かり致します
未就園児クラス	2歳児クラス
英語教育	あり
課外授業	英語教室、こぐま会、体操教室、新体操教室、小学生勉強フォロー
宿泊行事	お泊り保育
昼　食	原則弁当（月火木金） ＊給食も可
服　装	制服・制帽・スモック

東京23区

保育について

【教育理念】

「手塩にかけて未来を創る」

◆**遊びの重視**…遊びの中で育てる

◆**集団生活**…他人への思いやり

◆**適時教育**…発達年齢に即した教育

子どもたちが自立した心を持ち、しっかりと自分を表現できる人間になるように、その根っこの部分、「非認知能力」を育てる。

・ありのままの自分を信頼し尊敬できる子ども

・自分で判断、決断、行動し、責任を取れる子ども

・心身ともに強健な子ども

・どんな子どもとも共感できる子ども

・自然に音楽を楽しく体験して、リズミカルで感性豊かな子ども

【保育内容】

◆**知能を育てる教育－S・Iあそび**

知能がほぼ完成する幼児期に、正しい知能発達理論に基づき適切な知能刺激を与える「S・Iあそび」を実施し、知的能力の向上を目指す。

◆**豊かな感性を育てる－リトミック**

音楽反応遊びを通してリズムを体で覚え、音楽を自然に楽しく体験する。音楽的感覚を養うことにより、「集中力」「判断力」「反射力」「想像力」「表現力」を深めることに成果を上げている。

◆**異文化・異言語理解－英語教育**

専門教師の手法により、子どもたちを飽きさせることなく、生きた英会話力を身につけていくことで、異文化吸収のための基礎を作る。

◆**健康な体を育てる－体育あそび**

かたよりのない身体能力や運動機能の発達のため、精選したカリキュラムに基づき、いろいろな体育遊びを実施。運動遊具も豊富に揃う。

 ## 安全対策

・インターホン設置　・監視ビデオカメラ設置

・正門に警備員の配置　・学校110番設置

・保育時間内は門を施錠　・防犯訓練の実施

・避難訓練の実施（園児のみ／学期毎に1回）

◇**両親とより良い教育をともに考える－母親教室**

子育てに悩む両親のために、心理学、栄養などあらゆる分野の専門家を招いて、勉強会や講演会などを行う。

 ## 主な行事

親子遠足、保育参観、S・Iあそび参観、七夕、お泊まり保育、秋の遠足、運動会、英語参観、リトミック参観、お餅つき、生活発表会、豆まき、ひな祭り、お別れ遠足など

※感染対策のため2022年度は以下のように変更

プール：中止（2023年度より再開予定）

 ## 進学と関連校

【小学校受験への対応】

課外で受験指導を行う。卒園児の40～45％程度が国・私立小学校に進学

【国・私立小学校への進学先例】

筑波大学附属、お茶の水女子大学附属、東京学芸大学附属世田谷、青山学院、暁星、日本女子大学附属豊明、昭和女子大学附属昭和、森村学園、カリタス、光塩女子学院、慶應義塾、慶應義塾横浜、和光、玉川学園、成城学園、早稲田実業学校、学習院、東京都市大学付属、田園調布雙葉、目黒星美学園、立教女学院、聖心女子学院、東洋英和女学院、東京農業大学稲花、桐朋 など

園長からのメッセージ

自らが気づき、考えて行動することにより自信を持ち、自己肯定感の高いお子さんを育てています。ご家庭と園で手を携えていっしょに子育てをして行きましょう。

雨にもまけず風にもまけず元気な子ども

日本女子体育大学附属みどり幼稚園

〒156-0043 世田谷区松原2-17-22
TEL：03-3322-9155
www.jwcpe-midori.ed.jp

◇京王線・京王井の頭線「明大前」駅から徒歩5分

 ## 入園までの流れ

2024年度入試（2023年秋実施）より〜

募集人数	3年保育　男女88名
公開行事	運動会：10月1日 見学会：5月22日、6月15日、 7月6・23日、8月24日、 10月6・23日（要予約）
説明会	10月15・19日
願書配布	10月15日〜28日
願書受付	11月1日
選考料	5,000円
面接	11月1日
合格発表	11月1日（WEB）
入園手続	11月1日

 ## 諸費用

〈入園手続時〉
入園料	120,000円
施設費	30,000円

〈その後〉
保育料（月額）	29,500円
教材費（月額）	4,000円
光熱費（月額）	1,000円
給食費（月額・8月を除く）	9,000円
父母の会会費（月額）	500円

 ## ここをチェック！

創立	1947年（昭和22年）
園児数	年長93名・年中73名・年少81名 （各3クラス）
教員数	25名
送迎バス	なし
園庭	土・人工芝
保育時間	月火木金：9時〜14時 水：9時〜13時 ＊土日休園（年数回行事あり）
預かり保育	7時30分より／18時30分まで ＊長期休暇中は7時30分〜18時30分
未就園児クラス	2歳児教室（全10回程度）
英語	あり
課外授業	体操教室、キッズダンス教室、造形活動
宿泊行事	一泊保育（年長）
昼食	給食（週5日） ＊アレルギー対応あり（除去）
服装	私服、スモック・制帽あり

 ## 2025年度募集日程 （予定）

【説明会】2024年9・10月（各1回／要予約）
【願書配布】2024年10月15日〜28日
【入園試験】2024年11月1日
【公開行事】見学会：5月〜10月に7回程度予定
　　　　　　（要予約）

東京23区

このページの内容は、2024年度園児募集の際に配布された資料に基づいています。
来春入園を希望される方は2025年度園児募集要項（幼稚園配布）をご確認ください。

保育について

【教育目標】
- 明るく元気な子ども
- 思いやりのある子ども
- 発想の豊かな子ども

【教育方針】
遊びを通して、自ら学び、感性豊かな心と丈夫な身体の発達を助長し、生きる力を育むことを目指しています。

◆健康
- 豊かな心と丈夫な身体を育て、子どもが自分の意志で伸び伸びと体を動かし、健康に過ごせる力を身につけます。
- 園内調理の手作り給食を実施しています。季節や行事に合わせたメニューも大切にしています。

◆人間関係
- 友だちや教師に親しみ、支え合って生活するために自立心を育て、人と関わる力を養います。
- 友だちと人間関係をつくり、友だち間でのルールがあることを、遊びを通して自然に学べるよう配慮しています。

◆環境
- 周囲のさまざまな環境に好奇心や探求心をもって関わり、それらを生活に取り入れていこうとする力を養います。
- ビオトープの生物を観察したり、野菜や花を育てたり、子ども達が自然を身近に感じ、興味や関心が持てる環境作りをしています。

◆言葉
- 経験したことや考えたことなどを自分なりの言葉で表現し、相手の話す言葉を聞こうとする意欲や態度を育て、言葉に対する感覚や言葉で表現する力を養います。
- 紙芝居の絵本などに親しみ、興味を持って聴いたり、自分の気持ちを伝えることができる環境を作っています。

◆表現
- 感じたことや考えたことを自分なりに表現することを通して、豊かな感性や表現する力を養い、創造性を豊かに育みます。
- 遊びやさまざまな活動の中で膨らむ子どものイメージや、豊かな感性を大切にしています。

【教育方法】
- 子どもが主軸の保育を実践する
- 子どもが自ら育つ環境作りを行う
  （考える・気づく・感じる・表現する）
- ひとつひとつの体験やそのプロセスを大切にする

 ## 安全対策

- インターホン設置　・防犯カメラ設置
- 保育時間内は門を施錠　・学校 110 番設置
- 避難訓練の実施　・防犯訓練の実施
- 緊急一斉放送設置　・耐震改修工事完了

 ## 園の特長

「完全給食」を実施。専門の管理栄養士と給食員が園内の調理室で手作りするやさしい味で、いつのまにか好き嫌いがなくなる子どもが多い。**「預かり保育」**を実施。働く保護者の方が多く利用。長期休みも実施し、給食も提供しています（別途料金徴収）。

 ## 主な行事

◇運動会
ほかに、遠足、観劇会、プラネタリウム見学、お泊り保育、夏期保育、いもほり、みどりレストラン、敬老の集い、園外保育、発表会、もちつき、まめまき、展覧会、小学校体験学習（年長）、大学生の授業に参加 など

 ## 進学と関連校

【小学校受験への対応】
卒園児の 10％程度が国・私立小学校に進学

【国・私立小学校への進学先】
東京学芸大附属小金井、お茶の水女子大学附属、雙葉、慶應義塾、早稲田実業学校、白百合学園、聖心女子学院、東洋英和女学院、立教女学院、昭和女子大学附属昭和、桐朋、国立学園、成蹊、目黒星美学園、新渡戸文化、帝京大学、宝仙学園、明星、日本女子大学附属豊明、成城学園、青山学院 など

【関連校】
日本女子体育大学・同大学院・同附属二階堂高等学校、我孫子二階堂高等学校、二階堂幼稚園、附属みどり保育園

園長からのメッセージ

幼稚園は、子ども達にとって初めての集団生活の場です。子どもたちが笑顔で過ごせるよう環境を整え、心をこめて保育にあたってまいります。

健康で明るく伸びやかな子どもを、スポーツと保育を通じて育成する

バディスポーツ幼児園

〒157-0071 世田谷区千歳台3-18-10
TEL：03-5490-7591
www.buddy-sports.co.jp/

◇小田急線「千歳船橋」駅より徒歩15分または バス「千歳台三丁目」下車

 ## 入園までの流れ

2024年度入試（2023年秋実施）より〜

募集人数	3年・2年・1年保育　随時
公開行事	見学：随時 ＊要予約
説明会	月1〜2回程度 ＊要予約
願書配布	随時 ＊説明会参加者対象
願書受付	随時 ＊説明会参加者対象
選　考	面接：保護者のみ 　　　願書提出順に行う
入園手続	出願後

 ## 諸費用

〈入園手続時〉
　入園金　　　　　　　　　　　　150,000円
〈その後〉
　授業料（月額）　　　　　　　　57,000円〜
　年間特別実習費
　　年長（シニア）　　　　　　　190,740円
　　年中（ミドル）　　　　　　　147,840円
　　年少（ジュニア）　　　　　　121,000円
　施設拡充費（年額）　　　　　　120,000円
　＊ほかに制服代、冷暖房費、同窓会費などあり

 ## 2025年度募集日程（予定）

【説　明　会】毎月1〜2回程度実施
【願書配布】説明会参加者に配布
＊月2回ほど随時さまざまなプログラムを実施して
　います。ホームページをご確認ください（要予約）

 ## ここをチェック！

創　　立	1981年（昭和56年）
園 児 数	年長130名・年中158名・年少161名
教 員 数	45名
送 迎 バ ス	あり（範囲：半径5km以内）
園　　庭	人工芝
保育時間	月〜金：8時〜17時 （延長利用者19時まで） 土曜日：8時〜17時（希望者） ＊長期休業期間中も上記時間で実施
預かり保育	19時まで（希望者） ＊登園日以外の「特別保育」あり
未就園児クラス	セミジュニア（保育クラス） 2才児
英語教育	あり
課外授業	サッカー、体操、バスケットボール、ピアノ、ダンス、英会話、野球、造景、絵画　など
宿泊行事	サマーキャンプ、 スキーキャンプ　など
昼　　食	弁当（月火木金） ＊希望者には「おかず」あり
服　　装	制服・制帽あり

このページの内容は、2024年度園児募集の際に配布された資料に基づいています。
来春入園を希望される方は2025年度園児募集要項（幼稚園配布）をご確認ください。

保育について

【教育理念】

1．どこまでもベストをつくせ

あきらめず、「やればできる」という精神をこの年代で身につける。自分の力で、少々のつらいことも、苦しいことも乗り切っていける子どもにバディでは育てていく。乗り越えた子どもたちは、自信にみなぎり、大きく成長する。

2．はげましあえ、そしておもいやれ

スポーツを通しての仲間作り、人間関係の形成に力を入れ指導する。できない子はできる子を手本にする。また、できる子ができない子の面倒をみる［思いやり］と、教わった時の［感謝の気持ち］を徹底して、しっかりとした人間関係を目指して指導していく。

 ## 園の特長

1．毎日、体育館、グラウンドなどで運動し、基礎体力を身につける。
2．男性と女性の先生で指導し、主に男性の先生が体育、女性の先生が保育を行う。
3．自然とのふれあいを大切にし、キャンプやスキー、水泳などの実習、野外活動を重視する。
4．入園から小・中学生まで一貫したスポーツ教育でスポーツに対する習慣を身につける。
5．2019年度よりインターナショナルスクールを開校。

 ## 安全対策

・RFIDによる認証システム
・インターホン設置
・赤外線センサー設置
・セコムによる監視ビデオ及び警備
・保育時間内は自動施錠
・避難訓練の実施（園児のみ／月1回）
・総合避難訓練（保護者参加／年1回）
・全園児、保護者はICタグを携帯
・園内にハザードマップや広域避難場所、各機関の連絡先を掲示

 ### スクールバス安全対策

・運行後、運転手と添乗職員による車内確認
・全職員に確認の情報を報告・共有

 ## 主な行事

◇田植え　◇サマーキャンプ　◇運動会
◇クリスマス会　◇スキーキャンプ

ほかに、春の徒歩遠足、キッザニア職業体験実習、嬬恋野外教室、園外活動、スポーツデイ、おいも掘り、七夕会、収穫祭、スポーツフェスタ、スポリンピック、サンタ訪問、サッカー大会、節分会、作品展示会、お別れ遠足 など

進学と関連校

【小学校受験への対応】

特に受験指導は行っていないが、卒園児の10〜20％程度が国・私立小学校に進学

【国・私立小学校への進学先例】

筑波大学附属、東京学芸大学附属世田谷、東京学芸大学附属小金井、慶應義塾、青山学院、桐朋、成城学園、成蹊 など

常徳幼稚園

〒156-0051 世田谷区宮坂2-10-1
TEL：03-3427-2251
www.jotoku.or.jp/

◇小田急線「豪徳寺」駅より徒歩5分
◇東急世田谷線「山下」駅より徒歩5分

入園までの流れ

2024年度入試（2023年秋実施）より～

募集人数	3年保育　男女105名 2年保育　男女30名
公開行事	公開保育：9月14・15日
説明会	10月6・7日
願書配布	10月16日～19日
願書受付	11月1日
選考料	5,000円
入園試験	11月1日 行動観察：自由あそび 親子面接
入園手続	11月1・2日 ＊出願書類と入園料を提出

2025年度募集日程（予定）

【説明会】2024年10月上旬
【願書配布】2024年10月15日
【入園試験】2024年11月1日

進学と関連校

【小学校受験への対応】
　特に受験指導は行っていないが、卒園児の10%程度が国・私立小学校に進学

【国・私立小学校への進学先例】
　東京学芸大学附属世田谷、早稲田実業学校、成城学園、明星学園、昭和女子大学附属昭和、晃華学園、慶應義塾、田園調布雙葉、東京女学館、カリタス、稲花、トキワ松学園、国本 など

ここをチェック！

創立	1954年（昭和29年）
園児数	年長92名・年中94名・年少63名
教員数	25名
送迎バス	あり
園庭	土
保育時間	月～金：9時45分～13時45分 ＊土曜日休園
預かり保育	月～金：14時～18時（2024年度より早朝預かり保育8時より受け入れ） ＊長期休業期間中は8時～17時
未就園児クラス	あり
英語教育	あり
課外授業	スポーツクラブ、ペンシリア（書き方）、おうたの教室、バレエ教室、ピアノ教室、学研幼児教室、英会話教室、ヴァイオリン教室、プログラミング教室
宿泊行事	夏期保育（1泊2日・年長児のみ）
昼食	給食（月～金）
服装	制服・制帽・スモックあり

諸費用

〈入園手続時〉
　入園料　　　　　　　　　　　　　　　 200,000円
〈その後〉
　保育料（月額）　　　　　　　　　　　 33,000円
　母の会費（月額）　　　　　　　　　　　 1,000円
　その他教材費・施設費（3期分納）　 100,000円
　通園バス費（利用者のみ・年額）　　 44,000円

このページの内容は、2024年度園児募集の際に配布された資料に基づいています。来春入園を希望される方は2025年度園児募集要項（幼稚園配布）をご確認ください。

保育について

＜教育理念＞

「みなわが子」の教育理念のもと、子ども1人ひとりの人格を尊重し、規律ある生活を大切に保育します。

＜保育目標＞

一、自分の存在に自信を持つ力を育てる
一、人を信頼する力を育てる
一、自分で考え、探求し決断する力を育てる
一、創造する意欲・表現する意欲を育てる
一、人と楽しむ力を育てる
一、社会の中で気持ちよく生きる力を育てる

【保育環境】

広い園庭と自然に囲まれた環境の中で子どもがのびのびと育つ環境。

 ## 園の特長

【専任の指導講師によるカリキュラム】

年少〜年長まで英会話と総合体育を行っている。

 ## 安全対策

・耐震補強工事完了　・監視ビデオカメラ設置
・保育時間内は門を施錠　・警備スタッフ常駐
・学校110番設置　・ＡＥＤ設置
・避難訓練の実施（園児のみ／月1回）
　　　　　　　（保護者含め／学期毎に1回）
・防犯訓練の実施
・保護者の引きとり訓練

スクールバス安全対策

・自動検知（センサー）式園児置き去り防止安全装置の設置。定期的なバス乗務の研修を行っている。

 ## 主な行事

◇花祭り　◇運動会　◇作品展　◇成道会
◇涅槃会　◇発表会　◇お泊まり保育
ほかに、こどもの日のお祝い、春の遠足、父親参観、墓参、バザー、七夕まつり、みたままつり、盆踊り、秋の遠足、クリスマス会、節分、卒園遠足、ひなまつり など

園長からのメッセージ

幼稚園が多様化していく時代の変化に対応していき、幼稚園だからできる体験の豊かさを通して、お子様に大きく成長してもらいたいと思っています。

健康教育！

日体幼稚園

〒158-0091 世田谷区中町5-10-20
TEL：03-3701-4450
www.nittai-kindergarten.ed.jp/

◇東急田園都市線「用賀」駅より徒歩15分
◇用賀駅よりバス「神学院前」下車5分

入園までの流れ

2024年度入試（2023年秋実施）より〜

募集人数	3年保育　男女80名
公開行事	公開保育：6月12・29日 「幼稚園であそぼう」： 　9月20日・27日 園庭開放：4月22日、5月27日、 　6月24日、9月6・13日 運動会：10月21日
説明会	6月6・27日、7月4日、9月 12・26日、10月4・15日
願書配布	10月15日〜27日 （平日9時30分〜15時）
願書受付	11月1日（7時〜8時）
選考料	10,000円
選考	11月1日（9時〜） 考査　親子面接
合格発表	11月1日（HP掲載・メール送信）
入園手続	11月2日まで

諸費用

〈入園手続時〉
入園料　　　　　　　　　　　　　180,000円
〈その後〉
保育料（月額）　　　　　　　　　 30,000円
教育充実費（年額）　　　　　　　 24,000円
施設整備拡充費（入園時）　　　　 50,000円
教材費（年額・予定）　　　　　　 17,000円
行事費・おやつ代・諸経費（年額）　20,100円
母の会会費（年額）　　　　　　　 12,000円
＊幼稚園児総合補償制度（こども総合保険）任意加入
＊ほかに教材・制服・制帽・鞄・上履きの代金が必要
＊入園料、保育料については令和7年度より値上げ予定

ここをチェック！

創　　立	1955年（昭和30年）
園児数	年長74名・年中87名・年少88名
教員数	常勤24名
送迎バス	なし
園　　庭	土・ラバー
保育時間	月火木金：9時〜13時50分 水：9時〜11時50分 ＊降園時間は年齢により異なる ＊土曜日休園（年5回自由保育日）
預かり保育	8時より／18時30分まで ＊土曜日　8時〜9時 ＊長期休暇中　8時00分〜18時
未就園児クラス	2歳児保育、満2歳児保育
英語教育	あり（全学年）
課外授業	体操教室、剣道教室、バレエ教室、絵画教室、音楽教室（ピアノ・ヴァイオリン）、読み書き算数教室　など
宿泊行事	お泊まり保育（年長）
昼　　食	弁当と給食の選択制
服　　装	制服・制帽・スモックあり

2025年度募集日程（予定）

【説　明　会】2024年6月4・25日、7月2日、9月10・22日、10月2・15日
【願書配布】2024年10月15日〜28日
【入園試験】2024年11月1日
【公開行事】プレ保育：2024年9月18・25日
　　　　　　公開保育：2024年6月10・27日
　　　　　　未就園児相談日：2024年6月8日、9月7日、2025年2月1日
　　　　　　未就園児講演会：2024年6月5日、9月21日、2025年2月15日
　　　　　　未就園児園庭開放：2024年4月27日、5月25日、6月22日、9月4・11日

このページの内容は、2024年度園児募集の際に配布された資料に基づいています。
来春入園を希望される方は2025年度園児募集要項（幼稚園配布）をご確認ください。

保育について

【日体幼稚園とは】

　人間は誰でも無限の可能性をもって生まれてきます。幼児期の教育は生涯にわたる人格形成の基礎を培う重要なものであると言われています。本園では「健康第一主義」を教育理念に掲げ、子どもたちの成長を見守っていきます。そのため、幼児一人一人の個性を大切に育て、それを伸長するとともに、集団生活を通してお互いを思いやる心や、協力し何事にも頑張ろうとする意欲、やりぬく力を育成させていきます。

【日体幼稚園の子供たち】

◆**心と体の元気な子**

　遊びの中から積極的な態度や意欲、創造力、集中力などを育み、充実感を味わう。いろいろな言葉を覚え、1人では得られない楽しさ、力を合わせることの喜び、集団生活におけるマナーなどを理解させる。

◆**友だちとかかわる**

　集団生活におけるさまざまな体験を通し、自分をコントロールすることを学び、その中で協調性、社会性や責任感などを育む。

◆**ここちよく生活するために**

　衣類の着脱、かたづけ、食事といった生活習慣、社会のルールや生活の仕方などを学ぶ。みんながここちよく生活するためにはどうすればいいかを考え、行動できるようにする。

◆**疲れを知らない子どもたち**

　優しく、温かく見守っていてくれる大人（保護者）のもとで、子どもたちが自分で感じ、考え、探究心や創造性などの意欲的な活動に取り組めるように援助する。

 # 安全対策

・インターホン設置　　・監視ビデオカメラ設置
・保育時間内は門を施錠
・避難訓練（園児のみ／火災・地震・不審者侵入想定のいずれかを月1回実施）

 # 主な行事

◇保育参観（年少・年中・年長）　◇運動会
◇お泊り保育（年長）　◇クリスマス会
◇生活発表会

ほかに、親子遠足、プール保育、すいか割り、おいも掘り、節分・豆まき、年長組お別れ遠足など

 # 進学と関連校

【小学校受験への対応】

　特に受験指導は行っていないが、卒園児の20～30%程度が国・私立小学校に進学

【国・私立小学校への進学先例】

筑波大学附属、東京学芸大学附属世田谷、慶應義塾、東洋英和女学院、雙葉、聖心女子学院、白百合学園、東京女学館、田園調布雙葉、日本女子大学附属豊明、成蹊、成城学園、立教、光塩女子学院、昭和女子大学附属昭和、桐蔭学園、トキワ松学園、東京都市大学付属、洗足学園、森村学園、精華、清明学園 など

【関連校】

日本体育大学、日本体育大学荏原高等学校、日本体育大学桜華高等学校・同中学校、日本体育大学柏高等学校、浜松日本高等学校・同中学校、日本体育大学附属高等支援学校、日本体育大学医療専門学校

園長からのメッセージ

　幼児1人ひとりが基本的生活習慣を身に付け、集団の中の一員としてルールを守り、その中で自己を発揮しながら明るく伸び伸びと活動できるように援助しています。子どもたちの無限の可能性を伸ばし育むためには、本園教職員と保護者の皆様が協力し合うことが大切です。健康第一主義を教育理念とし、大切なお子様をお預かり致します。ぜひ一度、日体幼稚園に遊びにいらして下さい。

共に生き　共に育つ

青山学院幼稚園

〒150-8366 渋谷区渋谷4-4-25
TEL：03-3409-6935
www.kinder.aoyama.ed.jp/

◇JR・メトロ・東急・京王「渋谷」駅より徒歩
　15分またはバス「青山学院中等部前」下車
◇メトロ「表参道」駅より徒歩7分

 ## 入園までの流れ

2024年度入試（2023年秋実施）より〜

募集人数	3年保育　男児20名 　　　　　女児20名
説明会	7月22日
願書配布	7月22日、24日〜9月20日
願書受付	9月1日〜20日（WEB出願） 9月5日〜20日（郵送・消印有効） ＊WEBと郵送、どちらも必須
選考料	35,000円
施設見学会	2022年度は実施せず （新型コロナ対策のため）
選考	◇適性検査 　11月1日〜9日のうち1日 ◇親子面接 　11月2日〜10日のうち1日
合格発表	11月22日（郵送）
入園手続	11月28日

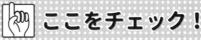 ## ここをチェック！

創立	1961年（昭和36年）
園児数	120名
教職員数	22名
送迎バス	なし
園庭	土
保育時間	年長　月：9時〜12時 　　　　火〜金：9時〜14時 年中　月木：9時〜11時45分 　　　　火水金：9時〜13時45分 年少　月〜金：9時〜11時30分 ＊土曜日休園
預かり保育	なし
未就園児クラス	なし
英語教育	なし
宿泊行事	2泊3日キャンプ（年長）
昼食	弁当（月1回会食）
服装	制服あり

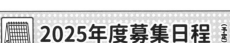 ## 2025年度募集日程（予定）

＊未定（2024年2月現在）

 ## 諸費用

〈入園手続時〉
　入園料　　　　　　　　　　　　　　350,000円
　施設設備料　　　　　　　　　　　　550,000円
〈その後〉
　保育料（年額）＊3期分納　　　　　650,000円
　教材費（年額）＊3期分納　　　　　 25,000円
　保健料（年額）＊3期分納　　　　　 10,000円
　冷暖房料（年額）＊3期分納　　　　 20,000円
　後援会費（年額）＊3期分納　　　　 25,000円

東京23区

186　このページの内容は、2024年度園児募集の際に配布された資料に基づいています。
　　来春入園を希望される方は2025年度園児募集要項（幼稚園配布）をご確認ください。

保育について

【保育理念】

　豊かな自然の中でいろいろな人と共に生活することにより、神様の恵みと守りを感じ、祈りと感謝と喜びの生活が実現出来る保育を目指す。

【保育目標】

　神様やまわりの人々に愛される体験の中で、祈りのうちに生活する。自然の恵みの中で生活し、神様の存在を身近に感じ、恵みとして与えられる環境を大切にする。感謝と喜びのうちに生活し、まわりの人々に対する信頼感・思いやりの心をもつ。意欲をもって生活し、よく聴く、よく観る、よく考える。それぞれに与えられた力を十分に表し、お互いをかけがえのない存在として認め合う。

 ## 園の特長

【保育の特色】

◆「遊び」が中心の生活

　自分のやりたいことを見つけ、それに主体的に取り組む「自己発揮」の場としての遊びを保育の中心に据える。その中で子どもたちは、「自分らしさ」を発揮するとともに、みなの中に位置づき、交流し合い、他の子どもの動きにも影響を与えてみなと響き合う経験を重ねる。

　学年ごとに「信頼」「喜び」「感謝」という生活目標を掲げ、それぞれの個性を大切にしながら互いに思いやりの心をもって共同生活ができる心を育む。

- 年少「信頼」

　保育者に受け入れられて過ごす中で育まれる信頼をもとに、少しずつ世界を広げていく。

- 年中「喜び」

　思いきり遊び、じっくり取り組む充実感を味わい、仲間と通じ合う喜びを知り、動物とのふれ合いを通して命の尊さを感じる。

- 年長「感謝」

　仲間とともに野菜や果物を育てるなどさまざまな経験を通し、恵みを与えてくださる神さまに対する感謝の心を養う。

 ## 安全対策

・監視ビデオカメラ設置
・正門に警備員の配置　・防災訓練の実施
・警察署の指導による防犯訓練の実施

◆保護者との連携

　子どもたちの育ちのために、保護者と保育者が心と力を合わせる。通園時だけでなく、さまざまな催しや行事において、保護者と保育者が手を携え、子どもたち1人ひとりの成長を支える。

 ## 主な行事

　イースター礼拝、春の遠足、母の日礼拝、ファミリーデー、こどもフェスタ、一緒に遊ぼう会、年長組キャンプ、おじいさま・おばあさまと一緒に過ごす会、運動会、秋の遠足、学院創立記念日、収穫感謝礼拝、クリスマス・ツリー点火祭、アドヴェント礼拝・クリスマス礼拝、おもちつき、卒園礼拝 など

 ## 進学と関連校

【青山学院初等部への進学】

　幼稚園、初等部への入園・入学生はほぼ全員が上級の学校に進学し、中等部においてはほとんどの生徒（毎年95%以上）が高等部に内部進学する。また、高等部においては、青山学院大学にない他大学の学部などに進学する生徒を除き、約80%が青山学院大学に内部進学する。

【関連校】

　青山学院大学・同大学院・同女子短期大学・同高等部・同中等部・同初等部

たのしさいっぱい　げんきいっぱい

福田幼稚園

〒151-0066 渋谷区西原1-14-17　　　　◇京王新線「幡ヶ谷」駅より徒歩5分
TEL：03-3466-5575
fukudayouchien.com

 ## 入園までの流れ

2024年度入試（2023年秋実施）より～

募集人数	3年保育　男女70名 2・1年保育　男女若干名
公開行事	見学随時　＊要予約
説明会	9月10・12日
願書配布	10月16日～31日
願書受付	11月1日（現地受付）
選考料	5,000円
選考	11月2日 発達調査・保護者面接
合格発表	11月2・6日
入園手続	11月2・6日

 ## 2025年度募集日程 〈予定〉

【説明会】2024年9月
【願書配布】2024年10月16日～31日
【入園試験】2024年11月2日
【見学】電話にて予約
【公開行事】2024年度より園庭開放あり
　　　　　　　＊要予約

 ## ここをチェック！

創立	1949年（昭和24年）
園児数	年長70名・年中65名・年少55名
教員数	常勤16名・非常勤7名・講師2名 心理カウンセラー1名
送迎バス	なし
園庭	土・芝生
保育時間	月～金：9時～14時 ＊土曜日休園（年数回行事あり）
預かり保育	7時より／18時まで ＊長期休暇中は7時～18時
未就園児クラス	満3歳児保育
英語教育	なし
課外授業	体操教室、ヤマハ音楽教室、 学研プレイルーム、図工教室
宿泊行事	お泊まり保育（年長）
昼食	弁当（火水金）・給食（月・木）
服装	制服・制帽・スモック

 ## 諸費用

〈入園手続時〉
　入園準備金　　　　　　　3年保育 110,000円
　　　　　　　　　　　　　2年保育 100,000円
　　　　　　　　　　　　　1年保育　90,000円
　施設費（初年度のみ）　　　　　　 20,000円
　環境維持費（毎年度）　　　　　　 10,000円
〈その後〉
　保育料（月額）　　　　　3年保育　29,500円
　　　　　　　　　　　　　1・2年保育　27,500円

　父母の会会費（月額・行事費含む）　800円程度
　＊ほかに制服代・保育用品代・給食費・冷暖房費あり

このページの内容は、2024年度園児募集の際に配布された資料に基づいています。
来春入園を希望される方は2025年度園児募集要項（幼稚園配布）をご確認ください。

東京23区

保育について

【教育目標】

自然を愛し、心豊かに健康で誠実な人を育てる。

【保育内容】

◆自然豊かな広い園庭を利用し、様々な保育を通して自然に学び、体力をつける。同時に日々の創作活動にも自然物を取り入れ、ネイチャーゲームなども楽しむ。

◆専門講師による体操指導、ピアニカ指導など、幼児の年齢、発育段階に応じた保育を行う。

◆日本古来の行事や四季を通して、自然豊かな園庭・裏庭で生き物に触れたり、畑では草花・野菜を栽培・収穫し皆で味わう食育と、感謝の気持ちを持てるような保育も展開している。

園の特長

【総面積 6,000 ㎡の広大な敷地】

子どもにとって一番大切なのは、子どもが十分に遊べる環境であると考え、都会の園とは思えないほど自然豊かな広々とした園庭があり、遊具広場、運動場、自然園、農園までを設けている。その中で子どもたちは、元気にかけっこやなわとび、探検ごっこなどのいろいろな遊びを通して、実体験をし、社会性を身につけていく。

安全対策

・保育時間内は門を施錠　・学校110番設置
・避難訓練の実施（年5回）
・保護者への引き渡し訓練の実施（年1回）
・ＡＥＤ設置　・監視ビデオカメラ設置（13ヵ所）
・正門にオートロック　・防犯訓練の実施
・赤外線センサー　・インターホン設置
・メール連絡一斉発信　・行事警備員配置

主な行事

◇お泊まり保育　◇運動会　◇作品展
◇子ども会（発表会）
ほかに、遠足（春・秋）、父母参観（4回）、プール保育（夏季）、夕涼み会、種まき、焼いもパーティー、とん汁パーティー、お祭りごっこ、お楽しみ会、アニマルランド、クリスマス会、お別れ遠足（年長）、お別れ会、おもちつき など
＊人数制限あり

進学と関連校

【小学校受験への対応】

受験希望者にはアドバイスを行う。
卒園児の10％程度が国・私立小学校へ進学

【国・私立小学校への進学先例】

暁星、川村、光塩女子学院、桐朋、桐朋学園、立教、慶應義塾幼稚舎、星美学園、国立学園、お茶の水女子大 など

園長からのメッセージ

福田幼稚園の最大の魅力は「ふくだの mori」です。自然の豊かさを保育の中に取り入れ、考える力や感性を大事にして自主性のある子どもたちに育ってほしいです。Mori のような園庭でのびのびと遊び、四季の移り変わりを親子で感じていただきたいと願っております。

豊かな感性と思考力

宝仙学園幼稚園

〒164-8631 中野区中央2-33-26
TEL：03-3365-5468
kg.hosen.ac.jp/

◇メトロ・都営地下鉄「中野坂上」駅より徒歩10分
◇中野駅・新宿駅・渋谷駅よりバス「中野一丁目」
　下車2分

東京23区

入園までの流れ

2024年度入試（2023年秋実施）より～

募集人数	①3年保育　男女50名 　2年保育　男女20名 ②3年保育　男女10名 　2年保育　男女若干
公開行事	公開保育：6月13日～15日、 　9月9日～11日 体験フェアー：9月28日 みたままつり：7月12日 ほうせんスポーツDAY：9月21日 宝仙祭：10月19・20日 移動動物園：11月8日 もちつき：12月7日
説明会	9月11日、10月5日、
願書配布	①10月15日～30日 ②未定
願書受付	①10月15日～30日（WEB） ②未定
選考料	10,000円
選考	①11月1日 ②未定 ◇考査：行動観察 ◇面接：保護者と志願者
合格発表	①11月1日（WEB） ②未定
入園手続	①11月8日　②未定

2025年度募集日程 （予定）

【説明会】2024年9月11日、10月5日
【願書配布】2024年10月15日～31日
【入園試験】2024年11月1日
【公開行事】公開保育：2024年6月13日～16日、
　　　　　　9月9日～11日

ここをチェック！

創立	1927年（昭和2年）
園児数	年長92名・年中95名・年少90名
教員数	22名
送迎バス	なし
園庭	土（一部人工芝）
保育時間	月火木金：9時～14時 水：9時～12時30分 ＊土曜日休園（年数回行事あり）
預かり保育	18時00分まで　＊早朝8時30分～ ＊長期休暇中は9時～17時30分 （2023年度より）
未就園児クラス	ベストリッチクラブ
英語教育	あり
課外授業	スポーツランド、そろタッチ、 English house、理英会
宿泊行事	なし
昼食	給食（月～金）アレルギー対応あり
服装	制服・制帽・エプロンあり

諸費用

〈入園手続時〉

入園料	150,000円

＊兄弟姉妹2人以上卒園・卒業または在籍の場合は
　半額免除

施設費	35,000円

〈その後〉

保育料（月額）	32,000円
教材費（月額）	840円
維持費（月額）	4,000円
給食費（月額）	8,600円
母の会費（月額）	1,000円
暖房費（年額）	6,000円

＊ほかに園外保育費、用品代、寄付金（任意）あり

このページの内容は、2024年度園児募集の際に配布された資料に基づいています。
来春入園を希望される方は2025年度園児募集要項（幼稚園配布）をご確認ください。

保育について

【教育目標】考え、感じ、未来を進む
　自分の力で考え、相手の心を理解し伝える。
子どもたちがこれからの未来に向け、さまざま
な人々と関わりを持つ上で大切な、豊かな感性
と思考力を、伝統ある宝仙学園の教育を活かし
たあそびや体験を通じて育んでいく。
１. しっかりと考える力を育てる
　・理数的思考力を育てる「数・図形あそび」
　・論理的な思考の基礎を学ぶ、「理科実験教室」
２. 感性を表現する力を育てる
　・音楽への感性を育てる「リトミック教室」
　・豊かな創造力を育む「造形あそび」
　・自然に親しむ力を育てる「園外保育」
　・学園内の 25 ｍプールで行われる「水泳指導」
３. 人や文化と関わる力を育てる
　・異文化にふれて視野を広げる「英語教育」
　・友だちとの関わりを学ぶ「自由あそび」

 ## 園の特長

◆充実した教育活動
　豊かな情操教育をベースに、本園の独自性と質
の高さを考え、併設校との連携を図り、英語教
育・理科実験教室・リトミック教室・造形あそ
びと学園総力で幼児教育にあたっている。
◆安心・安全対策
　【食の安心】安心安全でおいしい食事を園内で
作る完全給食制。食事のマナーの指導も行う。
　【育児／進学相談】園長、教頭も含め園全体で
の協力体制をつくり、子どもとの関わり方を一
緒に考える。面談や進学相談も随時行う。
◆情操教育
　折々の仏教行事、日々の生活の中で仏様を自然
と感じて手を合わせることなどを通して、豊か
な情操を育む。

 ## 安全対策

・24 時間体制の警備員配置　・防犯カメラ設置
・保護者・来園者の指定名札着用（IC カード）
・保護者向け連絡メールの活用
・避難訓練の実施（年 6 回）
・幼小合同総合避難訓練の実施（年 1 回）

 ## 主な行事

◇みたままつり　◇スポーツ DAY　◇宝仙祭
◇もちつき　◇たのしい子ども会
ほかに、はなまつり、母の日の集い、すいかわ
り、祖父母参観、芋掘り遠足（5 歳児）、楽しい
園児の集い、七五三の祝、移動動物園、節分豆まき、
ひな祭り など

 ## 進学と関連校

【小学校受験への対応】
　卒園児の 80％程度が国・私立小学校に進学
【宝仙学園小学校への進学】
　内部入試が行われ優遇されるが、枠は 25 名
【国・私立小学校への進学先例】
　慶應義塾、早稲田実業学校、成蹊、学習院、立
教、成城学園、立教女学院、お茶の水女子大学附属、
東京学芸大学附属各校　など
【関連校】
　こども教育宝仙大学・宝仙学園高等学校 女子部・
同中学校・同高等学校 共学部（理数インター）・
同小学校

園長からの
メッセージ

本園では、子どもたちがあそびを通して心身共に豊かな園生活を楽しみ、自分
で考えて行動できる力と社会で生きていく知恵を身につけることを大切にして
います。
親子ともに安心して集団生活がすごせる教育の場でありたいと願っています。

自然の保育・和とやさしい心の教育・自立した心の教育

学校法人 大和市川学園 大和幼稚園

〒165-0027 中野区野方5-8-8
TEL：03-3338-1970
www.yamato-k.ed.jp/

◇西武新宿線「野方」駅より徒歩5分
◇高円寺駅、中野駅、練馬駅よりバス「野方駅入口」下車3分

入園までの流れ

2025年度入試（2024年秋実施）より～

募集人数	3年保育　男女70名 2年保育　若干名 1年保育　若干名
公開行事	見学：随時（要予約） 夏期保育プール：7月30日～8月3日 運動会：10月12日 クリスマスお遊戯会：12月21・22日 生活とひょうげん展： 　2025年2月8・9日
願書配布	6月3日～
願書受付	9月2日～定員に達するまで
選考料	7,000円（入園願書含む）
選考	9月2日から定員に達するまでの指定された日 ◇考査：絵を使っての質問 ◇面接：保護者と志願者
合格発表	選考日の午後郵送にて通知
入園手続	合格発表日より3日以内

2025年度募集日程（予定）

【見　　学】2024年6月2日～（月～金）
　　　　　＊個別見学で実施、1年中いつでも可
【願書配布】2024年6月2日～
【入園試験】2024年9月8・15日
【公開行事】
　夏期保育プール：2024年7月30日～8月3日
　運動会：2024年10月12日
　クリスマスお遊戯会：2024年12月21・22日
　生活とひょうげん展：2025年2月8・9日
　＊変更の可能性あり、HP参照

ここをチェック！

創立	1936年（昭和11年）
園児数	年長70名・年中70名・年少52名 （1クラス30～35名） 満3歳児12名
教員数	34名
送迎バス	あり（範囲：半径5km以内）
園庭	土
保育時間	月火木金：9時～14時 水：9時～11時30分 ＊土曜日休園
預かり保育	18時まで ＊長期休暇中　8時～18時まで
未就園児クラス	親子参加型 さくら組（月1回） 満3歳児クラス ひまわり組　毎日
英語教育	ネイティブの専門講師と日本人講師により行う
課外授業	音楽教室（ピアノ・バイオリン）、絵画造形教室、サッカークラブ、小学校進学ゼミ、体操教室
宿泊行事	なし
昼食	弁当（月火木金）
服装	制服・制帽・スモックあり

諸費用

〈入園手続時〉
入園料　　　　　　　　　　　　　　120,000円
〈その後〉
保育料（月額）　　　　　　　　　　29,000円
　＊各自治体から25,700円～の保育料無償化あり
教育充実費（月額）　　　　　　　　　5,000円
光熱・冷暖房費（年額）　　　　　　　9,500円
　＊ほかに4月に教育用品代を納入

このページの内容は、2024年度園児募集の際に配布された資料に基づいています。
来春入園を希望される方は2025年度園児募集要項（幼稚園配布）をご確認ください。

保育について

【教育目標】

◆明るく元気な子ども。

◆自分の思っていること、感じたことを様々な方法で、のびのび表現できる子ども。

◆お友だちと仲良く遊ぶ子ども。

◆人のおはなしをきちんと聞くことができ、自分の気持ちを言葉で表現できる子ども。

◆思いやりのある子ども。

◆自分のことは自分でし、工夫する子ども。

◆がまん強い子ども。

◆きちんとあいさつができ、けじめのある子ども。

 ## 園の特長

◆**豊かな環境による教育**

緑豊かな広い土の園庭、遊具を豊富に揃える明るい園舎（耐震補強工事済）。

◆**複数担任制（チーム・ティーチング）による保育**

全組に2～3名の教諭を配し、協力体制をとる。

◆**遊びを大切にした保育**

室内、戸外で、子どもたちが自由に遊びを選べるような環境設定をしている。

◆**「ひょうげん」（造形）の活動**

さまざまな画材を使い実体験を通して子どもたちの表現意欲が豊かになるよう工夫をしている。

◆**実体験を重視した教育（野菜作り、果物の収穫）**

種まきから収穫・料理までの食育活動を行う。

◆**発達をふまえた教材の活用**

思考力・手先の巧緻性を段階を踏んで養っていく。

◆**専門講師による教育**

体操・音楽・英語の教育を、専門の講師が行う。

◆**協同的な活動（プロジェクト型の活動）**

子どもの主体性、非認知能力、探究心、協同的な学びを育む。

 ## 安全対策

・周辺に防犯カメラ設置　・インターホン設置

・自動ロックシステム　・保護者ICカード携帯

・学校110番設置　・出入り門にて職員が警備

・避難訓練・防犯訓練

・園バス置き去り防止車内安全ブザー設置

・園バス内 空気清浄機設置

・交通安全指導等の実施

・救命講習受講優良証を東京消防庁より授与されています

 ## 主な行事

◇夏祭りごっこ　◇プール遊び　◇運動会

◇ハロウィーンごっこ　◇クリスマスお遊戯会

◇生活とひょうげん展

ほかに、春・秋の遠足、じゃが芋掘り、カレー作り、七夕、園外保育、やき芋、ロバの音楽座鑑賞会、節分豆まき、ドッチボール大会、お別れ音楽会、お別れ運動会、保護者参加の体操　など

 ## 進学と関連校

【小学校受験への対応】

課外で指導を行っており、相談にも応じている。

卒園児の20～30%が国・私立小学校に進学

【国・私立小学校への進学先例】

筑波大学附属、東京学芸大学附属大泉・小金井、成蹊、桐朋学園、学習院、慶應義塾、暁星、国立学園、聖徳学園、立教、立教女学院、日本女子大学附属豊明、白百合学園、宝仙学園、新渡戸文化、光塩女子学院、早稲田実業学校、東洋英和女学院など

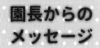

お陰様で本年で創立88周年を迎え、卒園児が1万人を越えました。

お子様は、ご家庭と幼稚園が一体となって育まれています。どの子どもも21世紀に生きる、日本にとっても世界にとってもかけがえのない大切な子どもたちです。幼稚園とご家庭が協力し合いながら、心身共に健やかな子どもをめざして育ち合いましょう。ワーキングマザー支援の預かり保育実施（月～金18時まで。長期休暇中も8時～18時まで）。ぜひHPやInstagram、FB等で保育の動画をごらんください。

たくさん笑おう、ママも、きみも。

新渡戸文化子ども園（幼稚園）

〒164-8638 中野区本町6-38-1
TEL：03-3381-1183
www.nitobebunka.ac.jp/y/

◇メトロ「東高円寺」「新中野」駅より徒歩7分
◇JR「中野」駅より徒歩15分
◇新宿駅よりバス「中野天神前」下車2分

入園までの流れ

2024年度入試（2023年秋実施）より〜

募集人数	3年保育　男女 約20名 2年保育　男女 約10名 1年保育　男女 9名
公開行事	公開保育 アフタープログラム見学会 運動会 新渡戸祭
説明会	＊要予約
願書配布	1次：10月15日〜 2次：11月7日〜
願書受付	1次：11月1・2日 2次：11月7日〜（WEB出願）
選考料	8,000円
選考	1次：11月1・2日 2次：11月23日 親子面接・行動観察
合格発表	1次：11月1・2日 2次：11月23日（WEB）
入園手続	1次：11月1日〜4日 2次：11月23日〜25日（WEB）

2025年度募集日程（予定）

【説明会】2024年6月20日、7月13日、9月7日、
　　　　　10月11・19日
【願書配布】① 2024年10月15日〜
　　　　　　② 2024年11月7日〜
【入園試験】① 2024年11月1・2日
　　　　　　② 2024年11月23日
　　　　　　＊HPよりご確認ください

☝ ここをチェック！

創立	1946年（昭和21年）
園児数	約140名
教員数	15名
送迎バス	なし
園庭	土・天然芝・菜園・ イングリッシュガーデン
保育時間	月火木金：9時〜14時 水：9時〜11時30分 ＊土曜日休園（年数回行事あり）
預かり保育	7時30分より／19時まで
未就園児クラス	1・2歳児保育
英語教育	あり
課外授業	バレエ、英会話、サッカー、クッキング、空手、体操、アート、ピアノ、ダンスなど、好きが見つかる充実のアフタープログラム
昼食	給食（月火木金）
服装	制服・制帽あり

諸費用

〈入園手続時〉
　入園料＊　　　　　　　　　　　3年保育 200,000円
　　＊保護者や兄弟姉妹が在卒園生である場合は30％減額
〈その後〉
　後援会入会金（4月納入）　　　　　　　　5,000円
　教育充実費（月額）　　　　　　　　　　8,000円
　保育料（月額）　　　　　　　　　　　40,000円
　給食費（月額）
　　　　　　年齢・保育タイプにより8,640円〜13,980円
　後援会費（月額）　　　　　　　　　　　5,000円
　施設費（月額）　　　　　　　　　　　10,000円

このページの内容は、2024年度園児募集の際に配布された資料に基づいています。
来春入園を希望される方は2025年度園児募集要項（幼稚園配布）をご確認ください。

東京23区

保育について

【子ども園の特徴】

1．全ての主語は子どもたち

子どもたちは、将来自分が社会を少しでもよくできるかもしれない、という期待感や希望を持って大人になって欲しいと思います。全ての主語は子どもたち。

2．未来をつくる幼児教育

先生が子どもたちの様々な感情を受容し、自己肯定感を養います。学園の目指す生徒像を「自律型学習者」と定義しています。自ら自律的に学び続ける人は、どんな時代においても道を切り拓いていくことができます。「自律型学習者」を育てる方法として、「プロジェクト保育」を行っています。年少頃まで日常生活で自己決定をし、年中頃から話し合う過程に入り、年長では興味を持ったことを選んで話し合い、作り上げることを目指します。

3．多彩なアフタープログラム

専門講師により、バレエ、英会話、サッカー、クッキング、チアリーディング、体操、絵画など多彩なプログラムを受講できます。

4．ペアレンツサポート

従来の幼稚園では難しかった、保護者をサポートする取り組みを実施。7時30分から19時までの預かり保育、長期休暇中も開園。1・2歳児から受け入れも実施しています。

5．食育

和食中心、野菜たっぷりで無添加の美味しい給食は園児に大人気で、自然と野菜嫌いゼロ。

6．学園連携

同じ敷地内に付属小学校もあり、小学校教師の出前授業や交流会の機会もあり、幼少連携の利点を享受できます。小学校併設のアフタースクールで引き続き多種多様なプログラムを受講できます。

 # 安全対策

・インターホン設置　・保育時間内は門を施錠
・避難訓練の実施　・登降園時の警備員配置
・緊急時のメール配信　・学校110番設置

 # 主な行事

◇運動会　◇発表会　◇新渡戸祭
◇移動動物園の人形劇
ほかに保育参観、秋の遠足、卒園記念遠足 など

 # 進学と関連校

【新渡戸文化小中高短大への進学】

新渡戸文化短期大学・同中学高等学校・同小学校

【国・私立小学校への進学先例】

慶應義塾、早稲田実業学校、日本女子大学附属、お茶の水女子大学附属、東京学芸大学附属小金井、学習院、白百合学園、国立音楽大学附属、豊明、立教女学院、成蹊、昭和女子大学附属昭和、玉川学園、光塩女子学院、桐朋、星美学園 など

【関連校】

新渡戸文化短期大学・同高等学校・同小中学校

園長からのメッセージ	学園初代校長の新渡戸稲造先生は以下のような言葉を仰っていました。「教育とは新しい知識を教えることでなく、新しい知識を得たいという気持ちを起こさせることである」「人づくりを行うために『学俗接近』つまり、学問と社会を結びつける教育を目指したい」このような新渡戸稲造先生のお言葉は、現在の学園の方針となり生き続けています。

明るく素直に　生き生きと伸びる　心豊かにたくましく

光塩幼稚園

〒166-0003 杉並区高円寺南5-11-35
TEL：03-3315-0512
www.koenyouchien.ed.jp

◇ JR・メトロ「中野」駅より徒歩10分
◇メトロ「東高円寺」駅より徒歩5分
◇中野駅よりバス「高円寺南五丁目」下車2分

入園までの流れ

2024年度入試（2023年秋実施）より～

募集人数	満3才児　男女20名 3年保育　男女55名 2年保育　男女35名 1年保育　男女 若干名
公開行事	園庭開放：6月19日、7月11日、 9月11日、10月6・26日、 2024年1月19日、2月16日、 3月5日 おひさまキッズ：6月17日、10月21日
説明会	6月1日、7月5日、8月5日、 9月7日、10月19日
願書配布	10月15日～11月16日
願書受付	11月1日（現地受付）
選考料	10,000円
選考	11月2日 ◇面接と遊びによる簡単なテスト
合格発表	選考日当日
入園手続	選考日当日

諸費用

〈入園手続時〉
　入園金　　　　　　　　　3年保育 120,000円
　　　　　　　　　　　　　2年保育 100,000円
　施設設備資金　　　　　　　　　　 30,000円
〈その後〉
　保育料（月額）　　　　　　　　　 29,000円
　教育充実費（月額）　　　　　　　　 3,000円
　給食費（月額）　　　　　　　　　　 4,500円
　保護者会費（月額）　　　　　　　　 1,000円
　＊ほかに寄付金（任意）1口 10,000円（2口以上）

ここをチェック！

創　　立	1955年（昭和30年）
園児数	年長40名・年中44名・年少36名 満3歳児18名
教員数	25名（常勤・非常勤）
送迎バス	なし
園　　庭	土
保育時間	月火木金：8時45分～14時 水：8時45分～11時30分 ＊土曜日休園（行事等で登園あり）
預かり保育	7時30分より／18時30分まで ＊長期休暇中　8時～18時まで （終了時刻は検討中）
未就園児クラス	あり（そら組）
英語教育	あり
課外授業	サッカー教室・体操教室・英語教室 チアダンス教室
宿泊行事	園内宿泊保育（年長）
昼　　食	給食（週2回）・弁当（週2回） ※アレルギー対応あり ※希望者には弁当の代わりに注文給食可能
服　　装	制服・制帽・スモックあり

2025年度募集日程 （予定）

【公開行事】オープンスクール、園庭開放、未就園児体験会 など

このページの内容は、2024年度園児募集の際に配布された資料に基づいています。
来春入園を希望される方は2025年度園児募集要項（幼稚園配布）をご確認ください。

保育について

【教育目標】

　キリスト教的世界観を土台とした、自己に厳しく他人には優しい人間性を養い、校名の由来ともなる「世の光、地の塩として社会に貢献できる」人間形成を、幼児期から培うことを目的とする。また、自主性に富み、正しい判断力、強い意志力、自己の行為に責任を持ち、しかも情緒豊かな感謝の心を持ち暖かい円満な人間として育つよう、幼稚園と家庭が一体となって保育を行う。

- ・日常生活の中でのけじめ、しつけを心がける。
- ・宗教・祈りを通して敬愛の心、感謝の心を、はぐくむ。
- ・世界的広い視野と自他に対しての理解を深めるため、"愛と奉仕"の実践の機会を持つ。

 ## 園の特長

- ◆一斉保育と自由遊びをバランスよく取り入れ、けじめのある生活を大切にする。
- ◆広い園庭での外遊びを積極的に取り入れる。
- ◆人を思いやる気持ちを、ていねいな言葉を遣って表現できるように心がける。
- ◆専門講師により体操、音楽、英語、宗教の指導が行われる。
- ◆1人ひとりの成長に必要なものを見つけ、園全体で細やかな保育を目指す。
- ◆子どもの日々の様子を伝え、家庭と園の連携をとる。

 ## 安全対策

- ・監視ビデオカメラ設置　・学校110番設置
- ・赤外線センサー設置　・正門に警備員の配置
- ・保育時間内は門を施錠　・避難訓練の実施
- ・防犯訓練の実施　・インターホン設置
- ・保護者への引き渡し訓練の実施

 ## 主な行事

◇マリアさまのお祝い日　◇運動会
◇学芸会（年長）◇クリスマス祝会　◇お別れ会
ほかに、入園式、全園児親子園外保育、親子遠足、お泊まり会（年長）、いも掘り遠足（年長・年中）、七五三子ども祝福式、KOENファミリーデー、お別れ遠足、発表会、誕生会、卒園式 など

 ## 進学と関連校

【光塩女子学院初等科への進学】

　内部進学試験と一般入学試験の両方を受験することができる。ただし、内部試験合格者の辞退を認めていない。女子の50～60％が進学する。

【国・私立小学校への進学先例】

お茶の水女子大学附属、筑波大学附属、東京学芸大学附属大泉・小金井・竹早、青山学院、カリタス、川村、暁星、国立学園、慶應義塾、晃華学園、自由学園、淑徳、昭和学院、昭和女子大学附属昭和、白百合学園、成蹊、成城学園、聖心女子学院、聖ドミニコ学園、星美学園、西武学園文理、玉川学園、東京三育、東京女学館、桐光学園、桐朋学園、東洋英和女学院、新渡戸文化、日本女子大学附属豊明、雙葉、宝仙学園、むさしの学園、目黒星美学園、立教女学院、和光、早稲田実業学校、学習院、聖徳学園、慶應義塾横浜、横浜雙葉 など

【関連校】

光塩女子学院高等科・同中等科・同初等科

園長からのメッセージ

未就園児親子クラス、満3歳児クラス、年少組、年中組、年長組の5つのクラスの子どもたちがそれぞれの成長のリズムに合わせて園内と広い園庭に神の子の命の輝きを放っています。一斉保育と自由保育をバランスよく取り入れ、丁寧できめ細やかな保育を通して1人ひとりの子どもの成長を支えています。保護者の皆さまと幼稚園とが共に手を携え、同じ方向に向かってお子さまの成長を見守っていくことが本園の願いです。

園でのたいせつな3年間。みんなでたからものをみつけよう！

國學院大學附属幼稚園

〒168-0082 杉並区久我山1-9-1
TEL：03-3334-4761
kokugakuinfuzoku.com/

◇京王井の頭線「久我山」駅より徒歩13分
◇千歳烏山駅よりバス「国学院前」下車0分

 ## 入園までの流れ

2024年度入試（2023年秋実施）より～

募集人数	3年保育　男女計45名
公開行事	未就児体験イベント：6月24日 ＊0～5歳 親子 いちごルーム：4月21日、5月12日・30日、6月5・23日、7月3・18日、9月11・26日、10月2・16日、11月7・27日、12月11日、2024年1月15・30日、2月8・26日、3月4日 運動会：10月8日 秋のお楽しみDAY：11月11日 久我山祭：10月28・29日
説明会	9月2日・22日
願書配布	10月16日～31日
願書受付	11月1日（現地受付）
選考料	5,000円
選考	11月1日 ◇面接：保護者と志願者
合格発表	11月1日
入園手続	11月1日

諸費用

〈入園手続時〉
　入園料　　　　　　　　　　　　150,000円
〈その後〉
　保育料（月額）　　　　　　　　35,000円
　教材費（年額）　　　　　　　　 1,200円
　施設費（月額）　　　　　　　　 4,000円
　特別保育費（月額）　　　　　　　 500円
　＊ほかに、制服代、用品代、父母の会費などあり

 ## ここをチェック！

創　立	1952年（昭和27年）
園児数	年長26名（2クラス） 年中24名（2クラス） 年少40名（3クラス）
教員数	12名
送迎バス	なし
園庭	土
保育時間	月火木金：9時～14時 水：9時～11時30分 ＊土曜日休園（年数回行事あり）
預かり保育	8時より／18時まで
未就園児クラス	0・1・2歳児対象クラス／ 2・3歳児対象クラス
英語教育	あり
課外授業	英会話、絵画造形、お習字、リズムダンス、バルシューレ、幼児学習
宿泊行事	お泊まり保育（年長）
昼食	弁当（月火木金） ＊パン・お弁当の注文可 ＊ランチ会（月1～2回）
服装	制服・制帽・スモックあり

2025年度募集日程（予定）

【説　明　会】未定
【願書配布】2024年10月16日～31日
【入園試験】2024年11月1日

このページの内容は、2024年度園児募集の際に配布された資料に基づいています。
来春入園を希望される方は2025年度園児募集要項（幼稚園配布）をご確認ください。

保育について

【教育理念】
日本の伝統・日本の心を大切に

【教育目標】
日本の四季折々に育まれた自然の恵みに、畏敬の念や感謝の心を抱き、伝統文化を大切に感じる心を育てる。また将来、国際社会の中でよりよい日本人として活躍できるような素地づくりの、自立心や意欲、豊かな感性や創造力を育てる。

【教育方針】
◆経験活動を多く取り入れた教育の中で、それぞれの個性を生かし、体力づくりと豊かな心を育み、幼児期に大切な心身の調和をはかる。
◆年少・年中・年長と三部にわけ、発達段階別に目標をたて、同年代の友だちとのかかわりの中で主体性や社会的態度が身につくよう指導する。

 # 園の特長

◆**よい環境**
緑多い武蔵野の台地にあり、国学院久我山中学高等学校の広いキャンパスの一角に位置する。
◆**国学院大学久我山付属園としての施設活用**
グラウンド、体育館、小講堂等の施設活用を実施。同校の教員が年間を通し体育、絵画指導を行う。
◆**社会性を育む**
発達段階に応じた躾を施し、集団の中で規律を守る習慣を養い、円満な人格の形成をめざす。
◆**コミュニケーション**
少人数制のもと、子どもの個性を大切にしながらきめ細かな保育を行い、人への愛情や信頼を育てる。
◆**教育の基本**
小学校進学に備え、集中力、持続力、行動力がつくよう指導する。

 # 安全対策

・正門施錠　・防犯カメラ設置　・警備員配置
・緊急地震速報受信装置設置　・ＡＥＤ設置
・附属中・高保健室の利用　・避難訓練の実施

 # 主な行事

◇久我山祭（展覧会）　◇運動会　◇バザー
◇保育発表会　◇買い物ごっこ
ほかに、こいのぼり会、子ども会、春季交歓遠足、交流授業（久我山中学生と）、父親参観週間、お泊まり保育（年長）、七夕会、吹奏楽鑑賞・盆踊り会、祖父母参観、秋季遠足、もちつき会、クリスマス会、クッキー作り交流授業（久我山高校生と）、豆まき会、ひな祭り会、お別れ遠足（年長）、お別れ会　など

 # 進学と関連校

【小学校受験への対応】
受験希望者にはアドバイスを行っており、卒園児の 15％程度が国・私立小学校へ進学している。國學院大學久我山中学高等学校に進学を希望する場合には優先入学制度が適用される。

【国・私立小学校への過去の進学先例】
明星学園、立教、早稲田実業学校、成蹊、筑波大学附属、東京学芸大学附属小金井、慶應義塾、東京都市大学付属　など

【関連校】
國學院大學・同大學院、同北海道短期大学部、同久我山中学高等学校、同高等学校、同栃木短期大學、同大學栃木中学校・同高等学校・同二杉幼稚園

**園長からの
メッセージ**

小さなお子様にとって、社会生活の始まりである幼稚園時代は、人やものとかかわりあいながら、個を失うことなく他と調和することを学び、たくさんの出来事を経験することで、豊かな感性をもった人として育っていく大切な時間です。「幼稚園が大好き」その言葉とともに、お子様とご両親にとって、幼稚園で過ごした瞬間が生涯の宝物になるようにと願っています。

遊びをとおして豊かな基礎づくりを

学習院幼稚園

〒171-8588 豊島区目白1-5-1
TEL：03-5992-9243
www.gakushuin.ac.jp/kinder/

◇ JR「目白」駅より徒歩5分
◇メトロ「雑司が谷」駅より徒歩7分

 ## 入園までの流れ

2024年度入試（2023年秋実施）より〜

募集人数	2年保育 男女各26名
公開行事	園舎見学会：5月27日
説明会	9月9日（動画配信）
願書配布	9月1日〜30日 （平日10時〜16時）
願書受付	① WEB登録期間：9月15日〜21日 ② 10月1日〜3日 ＊簡易書留速達（期間内消印有効）
選考料	30,000円
選考	◇考査 　11月5日〜10日のうち1日 ◇保護者面接 　10月下旬のうち1日
合格発表	11月13日　10時（予定） （WEB発表）
入園手続	11月16日

 ## 諸費用

〈入園手続時〉
　入園料　　　　　　　　　　　 300,000円
　維持費　　　　　　　　　　　 288,000円
〈その後〉
　保育料（年額）　　　　　　　 760,000円
　教材費（年額）　　　　　　　　 17,000円
　父母会費（年額）　　　　　　　　5,000円
　輔仁会費（年額）　　　　　　　　1,000円
　＊ほかに、寄付金1口100,000円（任意・5口以上）

 ## ここをチェック！

創　　立	1894年（明治27年）
園児数	104名（年長52名・年少52名）
教員数	常勤8名
送迎バス	なし
園庭	土
保育時間	◇年少 月水：9時30分〜11時30分 火木金：9時30分〜13時30分 ◇年長 月火木金：9時30分〜13時40分 水：9時30分〜11時40分 ＊土曜日休園
預かり保育	なし
未就園児クラス	なし
英語教育	なし
課外授業	なし
宿泊行事	お泊まり保育
昼　　食	弁当（曜日は学年により異なる）
服　　装	制服・制帽・スモックあり

2025年度募集日程（予定）

＊未定（2024年1月現在）
＊ HPにて2024年4月ごろ公開予定

このページの内容は、2024年度園児募集の際に配布された資料に基づいています。
来春入園を希望される方は2025年度園児募集要項（幼稚園配布）をご確認ください。

保育について

【教育のねらい】

幼稚園から大学までの一貫した教育理念のもと、教育組織の出発点として、また人間形成の出発点として、正しく明るくすこやかに幼児を育てることを目的とする。自由でのびのびとした中にも、正しい価値観と物事を成し遂げる自信を身につける教育を目指す。

◆正直で思いやりのある心

何よりも「正直」を尊重して、お互い同士が思いやりと尊敬の気持ちを持てるように。

◆正しい生活の習慣と態度

幼児であっても人として身につけなければならない礼儀を知り、正しい生活の習慣、態度をしっかりと身につけられるように。

◆自ら育とうとする力

心や体を使い夢中になって遊ぶ中で、自分から興味をもち、考えて行動する、「自ら育とうとする力」を伸ばしていけるように。

◆社会性の基礎作り

人とのかかわりの中でさまざまな思いを体験し、人の心を感じ、周りのことに気づく気持ちを大切にし、お友だちと仲良くすごせるように。

【教育の姿勢】

幼児期の特徴を踏まえた教育を行うことにより、初等科以降の教育の基礎を培う。幼児の自発的な活動としての遊びは、心身の調和のとれた発達の基礎となる重要な学習である。子どもとしての自然な生活、遊びを重視し注意深く見守りながら、教育的配慮、課題に即した指導を織り込んでいく。遊びの中で、幼児は人と人とのかかわり方を学び、人としての必要な知恵や知識を身につけ、情操が豊かになり、意思が鍛えられる。

 ## 安全対策

- ・インターホン設置　・監視ビデオカメラ設置
- ・正門に警備員の配置　・学校110番設置
- ・保育時間内は門を施錠
- ・避難訓練の実施（年6回）
- ・教員の防犯訓練の実施　・AED設置
- ・保護者への引き渡し訓練の実施
- ・緊急地震速報受信装置設置　・看護師常駐

2年間をひとつの流れとしてとらえ、1人ひとりの発達課題、特性を意識しながら、心身の豊かな成長を目指している。

 ## 主な行事

◇オール学習院の集い　◇お泊まり保育
◇おもちつき　◇おたのしみ会
ほかに、こどもの日の集い、春季遠足、父母講座、保育参観、園外保育、絵本に親しむ会、七夕、交通安全のお話、敬老の日、運動会、秋季遠足、音楽鑑賞会、クリスマス会、人形劇鑑賞会、幼初合同講演会、まめまき、ひなまつり、お別れ遠足、各月お誕生会　など

 ## 進学と関連校

【学習院初等科への進学】

園からの推薦を受け原則的に全員が進学

【関連校】

学習院大学、同大学院、同専門職大学院、同高等科、同中等科、同初等科、学習院女子大学、同大学院、学習院女子中・高等科

園長からのメッセージ

樹々に囲まれた四季折々の豊かな自然の中で、ゆったりとした自由感を味わいながら遊び楽しみ、温かく見守られる中で夢中になって過ごした経験が、いつの日か大きくなった時に、大切なよりどころの一つとして心の中に残るようにと願います。

伝統が培った細やかな保育を通じて、子どもたちの基礎を育みます

川村幼稚園

〒171-0031 豊島区目白2-20-24
TEL：03-3984-8321
www.kawamura.ac.jp/youchien/

◇ JR「目白」駅より徒歩7分
◇ JR・西武・東武・メトロ「池袋」駅より徒歩11分
◇ メトロ「雑司が谷」駅より徒歩6分

入園までの流れ

2024年度入試（2023年秋実施）より〜

募集人数	3年保育　男女30名 2年保育　男女10名
公開行事	幼稚園であそぼう：4月15日、5月13日、6月3日、6月24日、8月24日、9月16日、10月7日 園庭開放：4月〜10月 （月1〜2回） キンダーファミリーパーティー：10月1日 園舎見学：登園時間前 （8時30分〜9時）
説明会	7月17日、9月2日 オンライン個別相談（随時）
出願登録	9月1日〜11月4日（WEB）
願書受付	9月4日〜10月27日 ＊簡易書留（期間内消印有効） ※11月5日は提出書類持参
選考料	20,000円
選考	11月1・5日 ◇心身の発育状態等からの総合審査および親子面接 ＊面接は考査日前、もしくは11月5日に実施
合格発表	11月1・5日
入園手続	11月1・5日

2025年度募集日程 （予定）

【説明会】2024年6月22日、7月15日、9月14日
【願書配布】2024年9月1日〜
【入園試験】2024年11月1日

ここをチェック！

創立	1927年（昭和2年）
園児数	年長28名・年中22名・年少30名 満3歳児9名
教員数	常勤6名・非常勤2名
送迎バス	なし
園庭	土・人工芝
保育時間	月〜金：9時30分〜14時 ＊土曜日休園
預かり保育	16時まで（月〜木）
未就園児クラス	満3歳児保育
英語教育	あり
課外授業	英語、バレエ、ダンス、みんなでためしてみよう（制作活動）、水泳、リトミック
宿泊行事	あり（2泊3日・年長）
昼食	給食（月火木金）弁当（水）
服装	制服・制帽・スモックあり

諸費用

〈入園手続時〉
　入園料　　　　　　　　　　　　200,000円
〈その後〉
　保育料（月額）　　　　　　　　 31,000円
　施設費（月額）　　　　　　　　　 3,000円
　維持費（月額）　　　　　　　　　10,000円
　冷暖房費（月額）　　　　　　　　 2,000円
　給食費（月額）　　　　　　　　　 4,500円
　諸会費（月額）　　　　　　　　　 4,000円
＊保育料など、納入金は分納可
＊幼児教育無償化に伴う保育料等の還付方法等につきましては、お住まいの各市・区役所へお問い合わせください。

このページの内容は、2024年度園児募集の際に配布された資料に基づいています。
来春入園を希望される方は2025年度園児募集要項（幼稚園配布）をご確認ください。

保育について

【教育方針】

「感謝の心」をもとに、みんなと仲良く元気よくやさしい心を持てる子どもになることを目指す。

【教育目標】

- ◆豊かな「こころ」
- ◆のびやかな「からだ」
- ◆工夫する「あたま」

【教育目標達成に向けた取り組み】

◆集団のなかで伸びやかに

感謝の心を大切にした情操教育を基本に、日々の指導にあたる。家庭生活の延長線にある幼稚園を目指し、本人・家庭・園の三位一体の教育を行う。

◆はじめの一歩を緩やかに

親から離れて初めての集団生活であることを念頭に、ゆっくり、あたたかな環境を整える。子どもの心の安定をはかるとともに、個々の発達段階をよく見極めた援助をし、元気に1人で活動する力の基礎を作る。

◆行事を通して健やかに

日本の伝統と、その中にある礼節を体得するとともに、季節や自然に気づき、大事に思えるように、多くの行事を取り入れている。友だちとの協力や達成感を味わい、その過程で自分の存在や自分を支えてくれる人の存在を知ることで落ち着きのある豊かな心を持ち合わせた子どもの育成を目指す。

【保育の特色】

ゆったりと落ち着いた雰囲気のなかで、きめ細やかであたたかみのある保育を行う。

◆行事にかかわる製作活動、通常保育、園庭花壇での花や野菜の栽培を通し、表現する喜び、感性、自然を愛する心を育てる。

◆給食、外遊び、体操教室を通じ、健康な身体を育む。

◆異年齢のつながり、小学校とのつながり、保護者とのつながりを大切にし、子どもの育ちを支える。

◆保育終了後、16時まで預かり保育を実施。アフタースクール・セミナーでは、制作・英語・バレエ・

安全対策

- ・インターホン設置　・警備員常駐
- ・防犯カメラ設置　・AED設置
- ・保育時間内は門を施錠、学校110番設置
- ・日中、夜間警備員の巡回　・自家発電装置
- ・豊島区安全・安心メール
- ・防災訓練の実施（月1回）
- ・学園全体避難訓練の実施（年1回）
- ・緊急通報、安否確認システム

ダンス・水泳・リトミックを専門の講師が指導する。民間の幼児保育施設と連携して、送迎や保育などご家庭のニーズにこたえる体制があります。

主な行事

- ◇夏まつり　◇蓼科修養会（年長）
- ◇2泊3日のお泊り保育
- ◇キンダーファミリーパーティー（運動会）
- ◇ハロウィンパーティー　◇お別れ発表会

ほかに、母の日参観、春の遠足、土曜参観、お料理教室（年長）、七夕、親子安全教室、プール教室、秋の親子遠足、鶴友祭（学園祭）、お店やさんごっこ、クリスマス親子観劇会、豆まき、お別れ会食会、お別れ園外保育（年長）、ひなまつりなど

進学と関連校

【川村小学校への進学】

推薦を希望する卒園児の全員が進学

【条　件】

推薦入学制度

【併設校】

川村学園女子大学・同大学院、川村高等学校・同中学校・同小学校、川村学園女子大学附属保育園

園長からのメッセージ

幼稚園は子ども達にとって初めての集団生活の場であり、生涯にわたる人間形成の基礎を培う場です。園児達は、ゆったりと落ち着いた環境のなかで、お友だちと楽しく遊び、明るく伸々と生活をしています。子どもの「学び」は、「遊び」にあります。たくさん遊び楽しい幼稚園生活を過ごしてほしいと思います。

東京音楽大学付属幼稚園

〒171-8540 豊島区南池袋3-4-5
TEL：03-3982-3130
www.tokyo-ondai.ac.jp/kindergarten/

◇JR・西武線・東武線・メトロ「池袋」駅、JR「目白」駅より徒歩11分
◇メトロ「雑司が谷」駅より徒歩7分
◇都電荒川線「鬼子母神」駅より徒歩5分
◇池袋駅、目白駅よりバス「東京音楽大学前」下車3分

入園までの流れ

2024年度入試（2023年秋実施）より～

募集人数	3年保育　男女約40名 2年保育　男女約10名
公開行事	公開保育：9月20日 運動会：10月1日
説明会	7月28日、8月31日
願書配布	9月6日～10月18日
願書受付	10月3日～17日 ＊簡易書留郵送（期間内必着） ＊来園可（平日10時～17時）
選考料	15,000円
選考	10月24・25日のうち1日 ◇考査：心身の発育及び音感についての簡単なテスト ◇面接：保護者と志願者
合格発表	10月26日
入園手続	10月31日まで

2025年度募集日程（予定）

【説　明　会】2024年7月31日、8月30日
【願 書 配 布】2024年9月2日～10月18日
【入 園 試 験】2024年10月24・25日
【公 開 行 事】公開保育：2024年9月25日

　　　　　　　　運動会：10月5日
　　※2024年5月～12月まで園舎改修工事のため、旧豊島区立文成小学校に移転して保育を行う予定

ここをチェック！

創　立	1950年（昭和25年）
園児数	年長37名・年中49名・年少49名
教員数	17名
送迎バス	なし
園庭	ラバー
保育時間	月火木金：9時30分～14時 水：9時30分～11時30分 ＊土曜日休園
預かり保育	8時30分より／18時まで ＊長期休暇中は9時～18時
未就園児クラス	入園希望者対象の親子参加プログラムあり
英語教育	あり
課外授業	絵画造形教室、体育教室、英語、学研プレイルーム
宿泊行事	なし
昼食	給食（月火木金）
服装	制服・制帽・スモックあり

諸費用

〈入園手続時〉
　入園料　　　　　　　　　　　　　　　150,000円
〈その後〉
　保育料（年額）　　　　　　　　　　　396,000円
　給食費（年額）　　　　　　　　　　　 60,000円
　授業料（年額）年少（音楽）　　　　　106,200円
　　　　　　　　年中（音楽・英語）　　163,500円
　　　　　　　　年長（音楽・英語）　　215,000円
　維持費（年額）　　　　　　　　　　　 85,000円
　＊ほかに保護者会費、制服代などあり

このページの内容は、2024年度園児募集の際に配布された資料に基づいています。
来春入園を希望される方は2025年度園児募集要項（幼稚園配布）をご確認ください。

保育について

【特色】

1．学校教育法に基づき、専門的な知識と豊かな経験をもった音楽実技および、語学の教員による専門教育を行う。
2．音楽を取り入れた楽しい各種行事と併せて、きめ細かい保育を行い、社会性を育成する。
3．保育室、音楽室、図書室、遊戯室のほか、園庭、砂場、手足の洗い場、プールなどの諸設備を完備し、学校給食を実施する。
4．ピアノ、バイオリン、マリンバ、うた等の個人レッスンを、大学の教員も加わって指導する。
5．課外授業として体育教室・絵画造形教室・学研プレイルームを行う。
6．降園後は18時まで預かり保育を行う。

 ## 園の特長

【レッスン】

◆年少組は、リトミックの授業を週1回受ける。
◆年中組は、ピアノ、バイオリン、マリンバ、うたの中から一つを選び、個人レッスンを受ける。
◆年長組からは希望者について、年中組で選んだレッスンに加え、異なる実技レッスンを受けることも可能。
◆年中組・年長組の希望者は「付属音楽教室」のレッスンや聴音・ソルフェージュの授業を受けることができる。
◆卒園後、「付属音楽教室」に優先的に入室でき、さらに専門的な音楽の勉強ができる。
◆卒園後、「児童レッスン部」に在籍してレッスンを継続することもできる。

 ## 安全対策

・インターホン設置　・学校110番設置
・監視ビデオカメラ設置
・保育時間内は門を施錠
・避難訓練の実施（年3回）　・防犯訓練の実施
・保護者への引き渡し訓練の実施

 ## 主な行事

◇夕涼み会　◇運動会　◇クリスマス演奏会
◇卒園演奏会　◇ひなまつり演奏会
ほかに、園外保育、保育参観、給食参観、土曜参観、プール保育、作品展、バザー（中止）、夏祭り（人数制限）、おもちつき、おわかれ遠足　など
＊保護者の人数を制限する場合あり

 ## 進学と関連校

【小学校受験への対応】

受験希望者にはアドバイスを行う。
卒園児の40〜50%程度が国・私立小学校に進学

【国・私立小学校への進学先例】

筑波大学附属、東京学芸大学附属大泉、学習院、川村、慶應義塾、白百合学園、聖学院、淑徳、西武学園文理、東洋英和女学院、日本女子大学附属豊明、立教、聖心女子学院、浦和ルーテル、さとえ学園、星美学園　など

【関連校】

東京音楽大学・同付属高等学校

園長からのメッセージ

日常保育や行事の中で、幼児期に相応しい生活が展開できるよう、調和のとれたカリキュラムを組んでおります。音大の敷地の中にあり、音楽に包まれたきめ細やかな保育に加え、英語や体育も取り入れ、より充実した内容となっております。また、入園前の幼児を対象としたピッコロランドもご好評いただいております。公開行事と共にぜひご参加いただき、園児達の元気な笑顔溢れる本園の雰囲気を知っていただきたいと思います。

よく遊ぶ よく祈る

聖学院幼稚園

〒114-8574 北区中里3-13-2
TEL：03-3917-2725
https://kinder.seigakuin.ed.jp/

◇ JR・メトロ「駒込」駅より徒歩6分
◇ JR「上中里」駅より徒歩12分

入園までの流れ

2025年度入試（2024年秋実施）より〜

募集人数	3年保育　男女 約40名 2年保育　男女 若干名
公開行事	幼稚園見学ウイーク：6月3日〜7日、9月9日〜13日 聖学院フェア：9月21日 運動会：10月5日（午前中）
説明会	5月22日、9月7日（要予約）
願書配布	10月15日〜28日
願書受付	10月29日（窓口受付）
選考料	10,000円
選考	10月30日 ◇行動観察 ◇面接（保護者）
合格発表	10月31日（WEB）
入園手続	10月31日

諸費用

〈入園手続時〉
入園料　　　　　　　　　　　150,000円
施設拡充費　　　　　　　　　 50,000円
〈その後〉
保育料（月額）　　　　　　　 30,000円
施設費（月額）　　　　　　　　7,000円
保護者会費（月額）　　　　　　2,000円
給食費（実施月のみ）　　　　　3,700円位
預り金　　　　　　　　　　　　3,500円
＊寄付金（任意）1口100,000円・1口以上

ここをチェック！

創立	1912年（明治45年）
園児数	年長38名・年中39名・年少27名 （各2クラス）
教員数	20名
送迎バス	なし
園庭	土
保育時間	月火木金： 　（年少）9時〜13時40分 　（年中）9時〜13時50分 　（年長）9時〜14時 水：（年少）9時〜11時20分 　　（年中）9時〜11時30分 　　（年長）9時〜11時40分 ＊土曜日休園（年数回行事あり）
預かり保育	8時〜8時45分 保育後〜18時 ＊長期休暇期間中、実施なし
英語教育	あり（年長）
課外授業	キッズイングリッシュ（年中・年長）、サッカークラブ・スポーツクラブ（年中・年長）（年少は2学期より開始）
宿泊行事	お泊り保育（年長）
昼食	給食（月火金）・弁当（木）
服装	制服なし、制帽、園指定通園バッグあり

保育について

【教育方針】

「神を仰ぎ 人に仕う」の精神のもと、子どもたちが謙虚な心で神を礼拝し、生命の尊さを知り、感謝と奉仕の心を持てるように導く。集団生活の中で、「遊び」と「ことば」を大切に、発育段階に応じた保育を行い、1人ひとりの個性と能力を伸ばし、元気な子どもになるよう指導する。

【教育目標】よく遊ぶ　よく祈る

◆よく遊ぶ…人と人との関わりを大切にする保育

幼稚園の中で人との関わりがたくさん持てるよう、年齢に合わせた遊びや縦割り保育もおこない、異年齢の子どもたちが関わり共に育つように保育している。

◆よく祈る…こころを育てる保育

毎朝おこなう礼拝でさんびかを歌い、感謝することや欠席のお友だちを思いお祈りしている。目には見えない心の成長を大事にしている。

【カリキュラム】

発達段階に合わせたカリキュラムを組み、集団生活で出来ることを大切にし、子どもたちがたくさんのことに触れ、楽しく遊び、一緒に考え、笑い合える経験を多く持てるようにしている。保育の中には体育遊びの時間があり、元気に体を動かすうちに楽しくなり、チャレンジする気持ちや協調性が養われている。年長組は英語に親しむ時間やハンドベルの時間もあり、専門の教師による指導がある。

☆ 2013年1月に新園舎が竣工、子どもたちは明るく広い空間でのびのびと遊び、安全な設備に守られて過ごす。

 # 安全対策

・インターホン設置　・監視ビデオカメラ設置
・保育時間内は門を施錠　・学校110番設置
・避難訓練の実施（園児のみ／年6回以上）
・防犯訓練の実施（保護者参加）
・地震緊急速報装置　・警備員常駐
・防災食備蓄（非常食・飲料水の備蓄）
・緊急時用メール配信
・優良防火対象物認定

 # 主な行事

子どもの日お楽しみ会、母の日礼拝、春の遠足、花の日礼拝、夏のお楽しみ会、お泊まり保育（年長・幼稚園に宿泊）、聖学院フェア（小学校と合同）、運動会、創立記念礼拝、収穫感謝礼拝、点火式、クリスマス会、お餅つき、豆まき遊び、発表会、お楽しみ会（観劇）、お別れ遠足（年長）、お別れ会　など

 # 進学と関連校

【聖学院小学校への進学】

推薦により、70%〜80%程度が進学

【関連校】

聖学院大学・同大学院・同高等学校・同中学校・同小学校・同みどり幼稚園、女子聖学院高等学校・同中学校

園長からのメッセージ

聖学院はアメリカの宣教師により今から120年前に神学校として始まりました。その中にあって聖学院幼稚園は今年創立112年目を迎えます。100年を超える時代の中では数々の戦争や震災も経験しましたが、多くの方々に愛され、支えられ、多くの子どもたちが巣立っていきました。「よく遊ぶ　よく祈る」を通し、毎日の子どもたち同士の関わりの中から協調性や社会性を、そして自分以外の人たちのために思いをはせ、祈る心を育てます。

たのしいことがいっぱい

石川幼稚園

〒114-0024 北区西ヶ原1-48-16
TEL：03-3910-5411
www.ishikawa-kindergarten.ed.jp/

◇ JR・メトロ「駒込」駅より徒歩5分
◇ JR「上中里」駅より徒歩5分

入園までの流れ

2024年度入試（2023年秋実施）より〜

募集人数	2歳児クラス　20名
	3年保育　男女50名
	2・1年保育　男女若干名
公開行事	運動会：10月7日
	ふれあい動物園：10月13日
	体操の先生と体を動かそう：10月24日
	お餅つき：11月8日
	サイバードリーム：11月17日
	作って遊ぼう！：11月30日
	クリスマス集会：12月8日
説明会	7月19日、9月2日
願書配布	10月15日〜
入園受付	11月1日
面接	11月16日
入園手続	11月1日（親子同席面接終了後、順次手続きを行う）

2025年度募集日程（予定）

【説明会】2024年7月18日、9月2日
【願書配布】2024年10月15日〜
【入園試験】2024年11月1日
【公開行事】七夕の集い：2024年7月6日
　　　　　　夏まつり：2024年7月13日
　　　　　　運動会：2024年10月12日

ここをチェック！

創立	1951年（昭和26年）
教員数	常勤20名・非常勤6名
送迎バス	あり
園庭	土
保育時間	月〜金：9時55分〜14時 ＊土曜日休園（年数回行事あり）
預かり保育	7時30分より／18時30分まで ＊長期休暇中も実施
未就園児クラス	あり
英語教育	あり（毎日10分）
課外授業	バトン教室、バレエ教室、剣道教室、わんぱく教室、Eトレ（国・算）教室、英語教室、音楽教室、書道教室、美術教室、珠算教室、日本舞踊教室、学研かがくルーム
宿泊行事	山中湖お泊まりキャンプ
昼食	給食（月水金）、弁当（火木・給食の注文も可）
服装	制服・制帽・スモックあり

諸費用

〈入園手続時〉
申込料	5,000円
入園料	90,000円
設備費	30,000円

〈その後〉
保育料（月額）	34,000円
バス維持費（月額）	4,500円

＊ほかに、給食費・行事費・冷暖房費・教材費などの
　費用は、その都度納入する。

このページの内容は、2024年度園児募集の際に配布された資料に基づいています。
来春入園を希望される方は2025年度園児募集要項（幼稚園配布）をご確認ください。

東京23区

保育について

【教育目標】
◆純真な精神
園児を集団生活させ、社会生活に対する基本的な理解と態度の芽生えをうながし、その実践にあたっては、躾を重んじ、聞き分けのよい、他人を思いやる純真な精神を養う。

◆たくましい心身
常に園児の健康と安全に留意し、家庭と幼稚園とが連絡を密にして園児自ら健康で安全な生活ができるたくましい心身を養う。

◆情操教育と個性の尊重
小学校への就学準備として、その基本となる知育・徳育・体育はもちろんのこと、情操教育にも力を入れて指導し、1人ひとりの特徴や個性を理解し十分に力が発揮できる能力を養う。

【保育内容】
◆健康・人間関係・環境・言葉・表現に力を入れ、年齢に応じた保育を行う。その実践にあたり、整備された体育施設や鉄棒、跳び箱、縄跳び、バトン、プールなどを十分に活用して体力向上をはかる。また、ピアニカ、リトミックで音感を養い、リズム体操で機敏な判断力を育てる。

◆サイバードリームシステムによる毎日10分の「英語」「体操」「リトミック」「バトン」の専任講師による授業、また自由遊び、共同制作、動植物とのふれ合いや各行事などで自由に表現させて自立心と人間関係をよくする。さらに、文字あそび、ソロバンの指導を通して、読む、書く、計算の基礎をつくり、小学校への就学に備える。

 ## 主な行事

◇田植え・稲刈り（年長）　◇銭湯へ行こう（年中）
◇山中湖宿泊キャンプ（年長）　◇園児作品展
◇ひなまつり発表会

安全対策

・インターホン設置　・監視ビデオカメラ設置
・オートロック　・学校110番設置
・避難訓練の実施（園児のみ／年6回）
・防犯訓練の実施
・一斉送信メール　・バス運行情報メール

スクールバス安全対策

・置き去り防止システム
・バスキャッチシステムによる登園欠席の確認。連絡がなく登園がない場合は必ず電話する。

ほかに、遠足、園外保育、どろんこ遊び、やきそばパーティー、保育参観、親子スポーツデー、七夕集会、水遊び園外保育、スイカ割り、ポテトサラダ作り、夏祭り・盆おどり、お月見集会、運動会、創立記念日、カレーライスパーティー、もちつき、バザー、勤労感謝の日（警察・消防署訪問）、こども動物園、クリスマス集会、観劇会、おみせやさんごっこ、節分集会、豚汁パーティー、お別れ園外保育 など

 ## 進学と関連校

【小学校受験への対応】
受験希望者にはアドバイスを行うほか、受験体操教室を設けている。

【国・私立小学校への進学先例】
慶應義塾、早稲田実業学校、雙葉、日本女子大学附属豊明、立教女学院、光塩女子学院、立教、暁星、淑徳、星美学園、聖学院、川村、聖心女子学院、筑波大学附属、お茶の水女子大学附属、東京学芸大学附属竹早・大泉 など

【関連校】
芝園幼稚園、若葉台幼稚園

園長からのメッセージ

幼稚園という集団生活の中で、挨拶やけじめをつけることを学び、また、カリキュラムに沿った保育指導を通じて、自然にいろいろな力を身につけます。幼稚園と保護者の皆様が一体となってお子様を見守る環境のもと、親子で幼稚園生活を楽しみ、たくさんの思い出を作って頂きたいと思います。
次代を担う子どもたちに、英語を定着させるために、毎日10分、サイバードリームによる英語指導を行い、子どもたちの耳を育てていきます。

しぜんがいっぱい

道灌山幼稚園

〒116-0013 荒川区西日暮里4-7-15
TEL：03-3827-9269
www.doukanyama.ac.jp/doukanyamayouchien/

◇ JR・メトロ「西日暮里」駅より徒歩5分
◇日暮里・舎人ライナー「西日暮里」駅より徒歩7分

 ## 入園までの流れ

2024年度入試（2023年秋実施）より～

募集人数	3年保育　男女90名 2年保育　男女 若干名
公開行事	見学：随時　＊要予約 運動会：5月21日、10月15日 お店屋さんごっこ：10月17日 作品展：2024年2月
説 明 会	8月26日・9月16日
願書配布	10月15日～31日
願書受付	11月1日（現地受付）
選 考 料	5,000円
選 考	11月2日 ◇面接：保護者と志願者
合格発表	文書にて通知
入園手続	11月7日

 ## 2025年度募集日程（予定）

【説 明 会】日程未定
【願 書 配 布】2024年10月15日～31日
【入 園 試 験】2024年11月2日
＊見学随時（要予約）

 ## ここをチェック！

創 立	1952年（昭和27年）
園 児 数	年長56名・年中58名・年少67名
教 員 数	15名
送迎バス	なし
園 庭	土
保育時間	月～金：9時～14時 ＊月に1度土曜日保育あり。その週の（水）または（金）は午前保育（9時～11時30分）
預かり保育	8時より／18時まで ＊夏期・春期休暇中は就労による利用のみ
未就園児クラス	2歳児ひまわり保育　週1回
英語教育	なし
課外授業	ヤマハ音楽教室、健康教室、プール教室
宿泊行事	お泊まり保育（年長）
昼 食	弁当（月火水木金）
服 装	制服・制帽・スモック・かばん・体操着あり

 ## 諸費用

〈入園手続時〉
入園料	60,000円
施設費	3年保育 66,000円
	2年保育 44,000円

〈その後〉
保育料（月額）	27,500円
ひまわり会費（年額）	8,000円

＊ほかにプール代、保育誌費、牛乳代、冷暖房費等あり

このページの内容は、2024年度園児募集の際に配布された資料に基づいています。
来春入園を希望される方は2025年度園児募集要項（幼稚園配布）をご確認ください。

保育について

【教育方針】
◆情操豊かでやさしい心を育てる
◆健康で意志の強い子に育てる
◆社会性を身につけ知性を育てる
　「花を育て動物をかわいがる人は心の優しい人になります」を目標に、友だちとかかわる生活の中で社会性を育て、運動活動を通じて意欲のある子どもを育んでいく。子どもたちは、よい保育環境によって自立の道を少しずつ進み、「小さな作法」を通じて「話を聞く心」「返事・挨拶の大切さ」などの基本的生活習慣を身につける。

 ## 園の特長

◆**環境の教育**
　自然環境を取り戻すべく努力している。植物に親しみ、また自然の中で宿泊保育を行う。

◆**興味関心を持つ遊びの教育**
　1人ひとりの遊びを認め、表彰する（木登り・竹馬・コマ回し・お手玉・まりつき・なわとびなど）。

◆**工夫の教育**
　教材・教具・遊具の開発、手作り教材の製作と利用を心がける。また教師も園児も気付いてよいことを行うよう奨励。

◆**健康の教育**
　徒歩通園・薄着奨励・運動賞

◆**心の教育**
　「個人観察簿」「ほめる子集会」などを活用し1人ひとりの心に思いやり・やる気を育てる。

 ## 安全対策

・来園者に対し積極的に声かけを行う
・門の施錠　・学校110番設置
・ビデオカメラの設置
・職員室から来園者を確認する
・防災訓練の実施（月1回／園児のみ）
・保護者への引き渡し訓練の実施（年2回）

 ## 主な行事

◇宿泊保育（年長・新潟県六日町）
◇★ふれあいフェスティバル　◇★千人の合唱
◇★お店屋さんごっこ　◇ほめる子集会
ほかに、春の親子遠足、保育参観、発表会、敬老のお祝い会、★運動会、秋の遠足、やきいも集会、おもちつき、クリスマス会、豆まき集会、★作品展、お別れ遠足（年長）、お別れ会、誕生会（毎月）など　（★印の行事は、入園希望者も見学できる）

 ## 進学と関連校

【小学校受験への対応】
　保育時間に受験指導を行っている。希望の保護者にはアドバイスをする。

【関連校】
　道灌山学園保育福祉専門学校、高松幼稚園

園長からのメッセージ

いま幼児教育で大切なことは、家庭では躾の指導、園生活では身近な生活指導を行うことです。3歳、4歳、5歳は人生の内で神経系統（五感の視覚、聴覚、味覚、嗅覚、触覚）や運動感覚のよく発達する時でもあります。この感度のよい時に、たくさんの友だちや保育者と遊んだり、自然と触れ合ったりすることが大切です。子どもたちは遊びの中で、様々なことを学びます。幼稚園では、人的、物的な環境を整え、子どもたちの成長を援助し、心豊かな子を育てるように努力いたします。
◎家庭の三声：話し声・笑い声・歌い声　◎家庭の三行：外遊び・手伝い・躾

子どもたちの可能性を信じ、最善の教育環境を提供

淑徳幼稚園

〒174-0063 板橋区前野町5-32-8
TEL：03-5392-8877
www.daijo.shukutoku.ac.jp/kindergarten/index.html

◇東武東上線「ときわ台」駅より徒歩15分ま
　たはバス「前野小学校」下車2分
◇都営地下鉄「志村三丁目」駅より徒歩15分

 ## 入園までの流れ

2024年度入試（2023年秋実施）より～

募 集 人 数	3年保育　男女35名 ＊2歳児クラスからの内部入園者を含む
公 開 行 事	運動会：10月8日
説 明 会 （要予約）	6月15日、7月13日、9月21日、 10月12日、
願 書 配 布	10月17日～31日
願 書 受 付	11月1日（現地受付）
選 考 料	10,000円
選 考	11月1日 ◇考査：行動観察 ◇面接：保護者と志願者
合 格 発 表	11月1日
入 園 手 続	11月2日

 ## 2025年度募集日程 （予定）

【説 明 会】未定（2024年2月現在）
【願 書 配 布】2024年10月16日～31日
【入 園 試 験】2024年11月1日

 ## ここをチェック！

創 立	1948年（昭和23年）
園 児 数	約105名 （各年原則として35名1クラス）
送 迎 バ ス	あり（範囲：半径1.5km以内）
園 庭	天然芝
保 育 時 間	月～金：9時～13時30分 ＊土曜日休園（年数回行事あり）
預 か り 保 育	降園後～17時まで ＊長期休暇中も実施
未就園児クラス	2歳児クラス （週2日コース・週5日コース）
英 語 教 育	あり
課 外 授 業	英語教室・体操クラブ
宿 泊 行 事	お泊まり会（年長）
昼 食	自家給食（月～金）
服 装	制服・制帽あり、 通常保育中は指定の体操服

 ## 諸費用

〈入園手続時〉
　入園料　　　　　　　　　　　　　　200,000円
〈その後〉
　保育料（月額）　　　　　　　　　　 33,600円
　施設維持費（月額）　　　　　　　　　4,250円
　給食費（月額）　　　　　　　　　　　7,600円
　教材費（月額）　　　　　　　　　　　2,100円
　冷暖房費（月額）　　　　　　　　　　1,050円
　＊毎月の費用は年額を3期に分けて納入
　＊寄附金（任意）　　　　1口20,000円・2口以上

東京23区

このページの内容は、2024年度園児募集の際に配布された資料に基づいています。
来春入園を希望される方は2025年度園児募集要項（幼稚園配布）をご確認ください。

保育について

【教育方針】

子どもの旺盛な好奇心、興味、関心とあふれるエネルギーを受けとめ、心と体と知的好奇心を満たすことのできるさまざまな活動に子ども自身が自ら自主的に参加したい、チャレンジしてみたいと思えるようになることを大切に考えている。

心と体、そして知的好奇心を満たす毎日の活動は、快適に心地よいテンポをもって行われる。子ども同士が同じことに向かって互いに心を合わせ、楽しく生き生きと過ごす集団生活の時間が、喜びや感動の共通体験としてその後の明るい未来へのよいスタートとなる。

【テンポよくリズミカルに行われる日課活動】

日課活動は毎日規則正しく、子どもの発達を促し、子ども本来の欲求に基づくさまざまな活動が、テンポよくメリハリをもって設定される。子どもたちは、自ら喜んで参加し、気持ちよく、楽しい体験を日々積み重ねる。また、この時期に身につけるべき生活習慣を日常の生活体験の中で取り入れる。

◆ 徳 育

仏教的情操教育を行う。生まれたことや周囲への感謝の心を持ち、他者の幸せがあってはじめて自分も幸せになれるという「利他共生の心」を育む。

◆ 知 育

日課活動でことば（音読／暗唱／ことわざ／読み聞かせ）、音楽（発声／歌／鍵盤ハーモニカ）、ワーキングメモリ（脳の機能を鍛える各種カード遊び）、書道、英語に親しむ。

◆ 体 育

朝一番の「体育ローテーション」で、子どもの動きたいという欲求を満たす。遊びの中から何ごとにも取り組むやる気、友だちと力を合わせること、ルールや順番を守ること、我慢することを学ぶ。

 ## 安全対策

・インターホン設置　・監視ビデオカメラ設置
・正門に警備員の配置　・保育時間内は門を施錠
・学校 110 番設置　・避難訓練の実施

 ## 主な行事

◇花まつり　◇夏のお泊まり会　◇み魂まつり
◇夏まつり　◇おもちつき　◇成道会
◇卒園参拝　◇発表会　◇涅槃会
ほかに、遠足、淑小訪問交流会、夏まつり、運動会、保育参観、修正会、節分会、お誕生会（毎月）
など

 ## 進学と関連校

【小学校受験への対応】

卒園児の 10％程度が国・私立小学校（内部進学を含まない）に進学

【淑徳小学校への進学】

希望者は優先的に進学することができる

【国・私立小学校への進学先例】

暁星、立教、白百合学園、雙葉、聖心女子学院、立教女学院、日本女子大附属豊明、星美学園、川村、光塩女子学院、早稲田実業、東洋英和女学院、お茶の水女子大学附属、筑波大学附属、東京学芸大学附属大泉・竹早 など

【関連校】

淑徳大学・同大学院・同短期大学部・同高等学校・同中学校・同小学校、淑徳巣鴨高等学校・同中学校、淑徳与野高等学校・同中学校・同幼稚園

園長からのメッセージ

幼児期は、人としての基盤がつくられる最も大切な時期です。いわゆる三つ子の魂が満たされ、たくましく育つように、出来るだけの教育環境を整え、1人ひとりのお子様の生きる力を見守り、励まし、応援してまいります。

こころもからだも みのりおおく

みのり幼稚園

〒176-0003 練馬区羽沢1-8-10
TEL：03-3991-1058
www.minori-kinder.ac.jp/

◇西武有楽町線「新桜台」駅より徒歩2分
◇西武池袋線「江古田」駅より徒歩8分

 ## 入園までの流れ

2024年度入試 (2023年秋実施) より～

募集人数	3年保育　男女60名
公開行事	幼稚園見学：11月9・22・29日、12月7・14日
説明会	6月～10月に開催
願書配布	10月15日～
願書受付	11月1日
選考料	6,000円
選考	11月1・2日のうち1日 親子面接・行動観察・保護者アンケート
合格発表	11月6日（郵送）
入園手続	11月8日

 ## 2025年度募集日程 (予定)

【説　明　会】決定次第HPに掲載します
【見　　　学】日程追加ごとにHPに掲載します
【願 書 配 布】2024年10月15日～
【入 園 試 験】2024年11月1・2日
【公開行事】
　＊詳細はHPにて掲載

 ## ここをチェック！

創　　立	1950年（昭和25年）
園 児 数	年長56名・年中60名・年少58名
教 員 数	22名
送 迎 バ ス	あり
園　庭	土
保 育 時 間	月～金：8時40分～14時 ＊第1土曜日に午前保育を実施
預かり保育	7時40分より／18時40分まで
未就園児クラス	1・2歳児対象の親子教室
英 語 教 育	あり
課 外 授 業	英語教室、体操教室、空手教室、あそびの学校、ブックランド、特別教室、書道教室、サッカー教室、バイオリン教室
宿 泊 行 事	合宿（年長）
昼　食	弁当・給食弁当 希望者のみ（月～金）
服　装	制服・制帽あり、スモックなし

 ## 諸費用

〈入園手続時〉
　入園料　　　　　　　　　　　　　　　170,000円
　施設維持費　　　　　1口50,000円・1口以上
〈その後〉
　保育料（月額）　　　　　　　　年少 47,000円
　　　　　　　　　　　　　年中・年長 45,000円
　補助食費（月額）　　　　　　　　　　　860円
　冷暖房費（年額）　　　　　　　　　　5,500円
　図書費（年額）　　　　　　　　　　　6,000円
　災害備蓄費（年額）　　　　　　　　　1,000円
　＊ほかに教材費代、制服代などあり

このページの内容は、2024年度園児募集の際に配布された資料に基づいています。
来春入園を希望される方は2025年度園児募集要項（幼稚園配布）をご確認ください。

保育について

【教育理念】

自ら未来を切り拓き、知恵、人間性、体力を育てる「知・情・体」三位一体の教育

詰め込み式の早期教育やひとつの分野だけの英才教育ではなく、未来を切り拓くたくましい精神、困難に負けないたくましい体によって、これから生きていくのに人間として必要な「意義」「心情」「態度」を持った「たくましい脳」を育む。

【習得目標】

一．つねに腰骨を立てよう

一．あいさつは自分から先にしよう

一．返事は「はい」とはっきりしよう

一．はきものはそろえ椅子はいれよう

「姿勢」「挨拶」「返事」「所作」を習得目標として掲げ、教師と保護者がまずは手本となり、身につけていく。

【教育の特徴】

「知・情・体」に基づく教育法で、言語・音楽・体育活動を主軸に園児の主体性を尊重し、子どもたちの持っている本来の力を引き出す、総合的な教育を実践する。

◆体育ローテーション

登園後、体を動かすことで頭の働きを促進。

◆日課活動

漢字やカナの読み、詩や俳句、歌、外国人教師による英語等を継続的に行い、脳を育てる。

◆課題活動

図画工作等、じっくりと個人で取り組む活動。

◆正課活動

専任講師による指導。体育・空手・音楽・造形。

◆親子共育ち

さまざまな行事を親子で体験し、子どもの成長を保護者自身の成長へとつなげる。

 ## 安全対策

・防犯・見守りカメラ設置（各教室・外回り）
・学校110番設置　・AED設置
・避難訓練の実施　・オートロックの門扉
・安全教育（園児のみ／月1回）
・保護者への引き渡し訓練の実施（年1回）
・各保育室にトランシーバーを配置

🚌 スクールバス安全対策

・登園確認ができない場合は必ず電話確認

 ## 主な行事

◇高尾山遠足（年長）　◇軽井沢合宿（年長）
◇運動会◇オータムコンサート　◇生活発表会

ほかに、春の園外保育（年中・年少）、プール教室、秋まつり、祖父母の集い、1日動物村、芋掘り遠足（年長）、秋の園外保育、父母参観、保護者向けセミナー、クリスマス会、かるた大会　など

 ## 進学と関連校

【小学校受験への対応】

課外で受験指導を行う。

卒園児の40%程度が国・私立小学校に進学

【国・私立小学校への進学先例】

筑波大学附属、お茶の水女子大学附属、東京学芸大学附属、早稲田実業学校、青山学院、成蹊、学習院、暁星、立教、白百合学園、女子大学附属豊明、光塩女子学院、昭和女子、宝仙学園、淑徳、桐朋、聖学院、西武学園文理、開智 など

園長からのメッセージ

創立以来、園で行われるすべての活動は子どもの未来のためにあります。いつの時代でも、どこの国でも幸福に生き抜くことができる「多くの人に愛され、信頼され、必要とされる」人財に育つことを教育目標として丈夫な体作り、逞しい脳を育てる主体的に活動を毎日行っています。数値化できるI.Qや偏差値なではなく、認知能力と言われる人格を育てます。

「頭を垂れる稲穂かな」真摯な姿勢を向上心に育てたい

みずほ幼稚園

〒178-0063 練馬区東大泉5-27-8
TEL：03-3922-1208
www.mizuho.ac.jp/

◇西武池袋線「大泉学園」駅より徒歩3分

入園までの流れ

2024年度入試（2023年秋実施）より～

募集人数	3年保育　男女85名 2年保育　男女37名
公開行事	見学：6月19日～ 　＊随時受付（要予約） 　＊夏休み中・行事の日は見学不可 運動会：10月7日
説明会	6月7日、9月9日、10月15・18・26日
願書配布	10月15日～31日
願書受付	11月1日（現地受付）
選考料	3,000円
選考	11月1日 ◇考査：子どもの発達状況をみる ◇面接：保護者と志願者
合格発表	11月2日
入園手続	入園料納付関連書類の配布： 　11月2日 入園許可証等の交付： 　11月6日または7日

諸費用

〈入園手続時〉
　入園料　　　　　　　　　　　　　120,000円
〈その後〉保育料　　　　　　　　　 35,000円
　バス維持費（月額・利用者のみ）4,950円
　＊給食費1食400円（給食希望者のみ）
　＊行事・制服・用品・教材などは別途

ここをチェック！

創立	1954年（昭和29年）
園児数	年長73名・年中89名・年少69名
教員数	14名
送迎バス	あり
園庭	土
保育時間	月火木金：9時～14時 水：9時～13時 土：10時～12時　＊自由登園
預かり保育	7時45分より／18時30分まで ＊土曜日はなし ＊長期休暇中は8時～18時30分
未就園児クラス	2歳児対象キッズクラブ
英語教育	あり
課外授業	体操教室、サッカー教室、新体操教室、イングリッシュ・イマージョンクラス、ジャクパ英会話教室、学研プレイルーム、えんぴつランド、ピアノ教室
宿泊行事	お泊り保育（年長）
昼食	弁当（月～金） ＊火水木は希望者のみ給食あり
服装	制服・制帽・スモックあり

2025年度募集日程（予定）

【説明会】2024年6月5日、9月7日
【願書配布】2024年10月15日～31日
【入園試験】2024年11月1日
【公開行事】見学会：6月より電話での予約
　　　　　　運動会

このページの内容は、2024年度園児募集の際に配布された資料に基づいています。
来春入園を希望される方は2025年度園児募集要項（幼稚園配布）をご確認ください。

保育について

【教育方針】

幼児にふさわしい環境の中で、心身ともに健康で明るく、礼儀正しい子供を育てることを目的とする。

1. 正しいあいさつ　2. 感謝のこころ
3. きれいなことば　4. 強いからだ

【教育目標】

教育方針を基礎とし、自由と規律の双方を重んじ、調和の取れた総合的な教育を行う。

1. 自発性を育てる　2. 創造性を高める
3. 協調性を育てる

【教育の特徴】

技術より意欲を育てることを大切に。
楽しみながら学ぶ。楽しいから上達する。

◆読み書き

絵本の読み聞かせ、自分で絵本を読む習慣を身につけるための積極的な活動を行う。やがて自分でも書きたいという意欲が芽生えた子どもは、文字を書くことも習慣となる。

◆運動

日々、体力作りにも力を入れ、1人ひとりの目標に応じた適切な指導を行う。専任の体育講師による指導もある。

◆音楽

リトミックや楽器演奏など、子どもたちの感性や創造性を高める音楽に力を入れる。

◆英語

ネイティブスピーカーの外国人講師による英語の時間があり、子どもたちは自分たちとは違う国のことばや文化にふれる。

 # 安全対策

・インターホン設置　・監視ビデオカメラ設置
・保育時間内は門を施錠　・学校110番設置
・避難訓練の実施（園児のみ／学期毎に1回）
・防犯訓練の実施

スクールバス安全対策

・安全運転第一（アルコール検査）
・人数チェック（Wチェック）、除菌、清掃など

 # 主な行事

◇運動会　◇発表会

ほかに、遠足、移動動物園、園外保育、じゃがいも掘り（年少）、お泊まり保育（年長）、納涼大会、おもちつき、クリスマス会、お店やさんごっこ、節分（豆まき）、体操発表会、卒業遠足、お誕生会 など

 # 進学と関連校

【小学校受験への対応】

希望者にはアドバイスを行い、相談に応じる

【国・私立小学校への進学先例】

東京学芸大学附属大泉、筑波大学附属、東京学芸大学附属竹早、東京学芸大学附属小金井、日本女子大学附属豊明、聖心女子学院、雙葉、慶應義塾、暁星、早稲田実業学校、立教、白百合学園、光塩女子学院、成蹊、東洋英和女学院、淑徳、新渡戸文化、立教女学院、西武学園文理、川村　など

【関連校】

みずほスクール［国際バカロレア（IB）認定校］
⇒先進教育プログラムとモンテッソーリ・メソッドを取り入れた国際的スクール

【未就園児教室】

みずほキッズクラブ
⇒集団生活の中で、お子様の自立への第一歩を促す教室

園長からのメッセージ

園舎からは子どもたちの元気な声がいつも響き渡っています。あいさつをはじめ基本的な生活習慣を大切にし、自由と規律の双方を重んじた様々な保育と健康な体作りを行っています。是非一度、本園を見学にいらして、ご自分の肌でこの幼稚園を体感してみて下さい。元気な子どもたちが皆様のお越しをお待ちしております。

東京23区

しぜんがいっぱい

高松幼稚園

〒179-0075 練馬区高松6-16-28
TEL：03-3996-8101
www.doukanyama.ac.jp/takamatsu/

◇都営地下鉄「光が丘」駅より徒歩 15 分
◇成増駅よりバス「高松五丁目」下車 5 分

入園までの流れ

2024 年度入試（2023 年秋実施）より～

募集人数	3 年保育　男女 90 名 2 年保育　男女 若干名
公開行事	見学：随時　＊要問い合わせ 秋の運動会 お店屋さんごっこ 秋の発表会 作品展 保育参観：各学期ごと
説 明 会	8 月 26 日、9 月 16 日、10 月 7 日
願書配布	10 月 16 日～
願書受付	11 月 1 日
選 考 料	3,000 円
選 考	11 月 1 日 ◇面接：保護者と志願者
合格発表	文書にて通知
入園手続	11 月 8 日

✋ ここをチェック！

創 立	1960 年（昭和 35 年）
園 児 数	年長 46 人・年中 25 人・年少 26 人
教 員 数	14 名
送 迎 バ ス	なし
園 庭	土（一部 芝生）
保 育 時 間	月～金：9 時～14 時
預かり保育	7 時 30 分より／ 18 時 30 分まで ＊土曜・長期休暇中も同時間で実施
未就園児クラス	0～3 歳児「おやこおはなしかい」 2～3 歳児「ひまわり保育」
英 語 教 育	なし
課 外 授 業	ピアノ教室、体操教室、 絵画造形教室
宿 泊 行 事	お泊まり保育（年長）
昼 食	弁当（月～金）
服 装	制服・制帽・スモックあり

2025年度募集日程 （予定）

【説　明　会】2024 年 8 月下旬、9 月中旬
【見　　　学】随時
【願 書 配 布】2024 年 10 月 15 日～
【入 園 試 験】2024 年 11 月 1 日
【公 開 行 事】運動会：2024 年 5 月、10 月
　　　　　　　発表会：2024 年 6 月、11 月
　＊詳細は HP にて掲載

諸費用

〈入園手続時〉
　入園料　　　　　　　　　　　　　　50,000 円
　施設費　　　　　3 年保育 70,000 円
　　　　　　　　　2 年保育 60,000 円
　　　　　　　　　1 年保育 50,000 円

〈その後〉
　保育料（月額）　　　　　　　　　　25,700 円
　父母の会費（年額）　　　　　　　　 9,000 円
　教材費（年額）　　　　　　　　　　 8,000 円
　用品代（制服など）　　　　　　　約 30,000 円
　学用品代　　　　　　　　　　　　約 7,000 円

このページの内容は、2024年度園児募集の際に配布された資料に基づいています。
来春入園を希望される方は2025年度園児募集要項（幼稚園配布）をご確認ください。

保育について

【めざす幼児像】

　『花を育て動物をかわいがる人は心のやさしい人になります』を理念に幼児教育を進めています。心を育てることは人間性を育てることにつながり、人間性とは「思いやりとやる気」のある幼児を育てます。

【教育目標】

◆情操を豊かにし、やさしい心を育てる（思いやり）

◆健康で意志の強い子に育てる（やる気）

◆友のいたみややさしさを知り、社会性を身につけ、知性と考える力を育てる（園生活を友と楽しむ）

【教育方針】

　か：環境の教育　き：興味関心を持つ遊びの教育

　く：工夫の教育　け：健康の教育

　こ：心の教育

以上の領域に配慮し、幼児教育の推進を行う。

 ## 園の特長

　めざす幼児像へ向けての教育上の取り組みとして、下記の活動を行う。

◆園内保育活動

　緑豊かな自然に囲まれた広い園庭に、専用のグラウンドと専用の大きな室内遊技場（バスケットボール・コート1面の広さ）を活用し、運動を通じた体力とやる気の醸成をする。そのために、運動賞、家族コマ回し賞など、ユニークな目標を与えて、各々が自己目標へのチャレンジを通じて、やる気と思いやりを育て家庭内での自活を促す。

◆適期教育

　子どもたちの成長に合わせた見聞、体験を通じての教育が大切であり、感受性豊かな、幼児期でなければ身につかないことを、保育や遊びの中で身につけるように取り組む。

 ## 安全対策

・園舎は完全耐震補強工事完了

・監視TVカメラ設置　・保育時間内は入口施錠

・避難訓練の実施（園児のみ／月1回）

　　　　　　　　　（保護者参加／年1〜2回）

・防犯訓練の実施　・防災訓練の実施

・学校110番設置　・緊急地震速報受信システム

◆グローバル教育

　異質との共存「みんなちがって、みんないい」の世界観で、他を認め合い共存することが、自己を認めてもらえる基本であることを体得することから、『思いやりとやる気』のある子どもに育てたい。

 ## 主な行事

◇★年2回の運動会　◇褒める子集会（月1回）

◇★年2回の発表会　◇★おもちゃ祭

◇東京幼年美術研究会

ほかに、誕生会（毎月）、春の遠足、保育参観、お泊り保育（年長）、金魚すくい、夏季保育（プール遊び）、敬老お楽しみ会、いも掘り遠足、★お店屋さんごっこ、やきいもの会、クリスマス会、豆まき集会、★作品展、お別れ遠足（年長）　など

（★の行事は入園希望者も見学できる）

 ## 進学と関連校

【関連校・関連施設】

　道灌山学園保育福祉専門学校（幼稚園教員・保育士・介護福祉士の養成認可校）、道灌山幼稚園、道灌山保育園、学童クラブ　など

園長からのメッセージ

　幼児教育で大切なことは、家庭では躾の指導、園生活では生活指導です。3・4・5歳の子ども時代は、神経系統（視覚・聴覚・味覚・嗅覚・触覚）が大きく発達し、これに伴って運動神経がよく発達するときでもあります。この感度のよいときに、友だちや保育者と遊んだり、自然と触れ合うことは、健全な成長にきわめて大切です。幼稚園では、人的、物的によい環境を整え、子どもたちの成長を援助し、心豊かな子どもが育つように努力しています。家庭では、家庭の3声「話し声、笑い声、歌い声」と家庭の3行（行い）「友との外遊び、手伝い、躾」のある家庭をお願いしています。

教育は早期からが鍵。

保育園2歳児クラスから質にこだわった学びの幼稚園！

聖徳幼稚園

〒180-0023 武蔵野市境南町2-11-8
TEL：0422-31-3839
kg.shotoku.ed.jp/

◇ JR・西武多摩川線「武蔵境」駅より
　徒歩5分

 ## 入園までの流れ

2024年度入試（2023年秋実施）より〜

募集人数	3年保育　男女 約56名 2・1年保育　男女 約10名
公開行事 と 説明会	体験入園と説明会（二部制）： 公開研究発表会： 保育参観と説明会： 園庭開放： 親子で楽しむ集い：2024年1月24日
入園相談	随時（要電話申込）
願書配布	10月17日〜
願書受付	10月31日、11月1日（現地受付）
考査料	20,000円
考査	◇3年保育：11月1日 ◇2・1年保育：11月2日 考査：知能検査・遊びの観察 面接：保護者
合格発表	考査当日
入園手続	考査当日〜翌日

 ## 2025年度募集日程 （予定）

【体験説明会】2024年5月18日、6月29日、9月7日

【願書配布】2024年10月17日〜

【入園試験】3年保育　2024年11月1日
　　　　　　1年・2年保育　2024年11月2日

【公開行事】保育参観・説明会：2024年9月17日、10月17日
　　　　　　公開研究発表会：2024年6月15日

 ## ここをチェック！

創　立	1950年（昭和25年）
園児数	年長56名・年中53名・年少52名
教員数	18名
送迎バス	あり
保育時間	月火木金：9時〜14時 水：9時〜13時30分 ＊土曜日休園。但し、園行事等の関係で登園になる場合もあります
預かり保育	7時45分より／18時30分まで ＊春・夏・冬休みは株式会社セリオによる預かり
未就園児クラス	英才教室（週2回）、 おひさま組（月1回程度）
英語教育	あり
課外授業	英才教室、剣道教室、 英語教室（ECC 12の単語）、 レゴスクール（STEAM Campus）
宿泊行事	自然体験教室（1泊2日・年長）
昼食	給食（火〜金）弁当（月）
服装	制服・制帽・スモックあり

 ## 諸費用

〈入園手続時〉

入園料	150,000円
設備費	120,000円

〈その後〉

保育料（月額）	36,200円
教材費（月額）	2,200円
給食費（月額）	3歳児 4,650円 4歳児 4,990円
図書・玩具費（月額）	800円
バス通園費（月額）＊利用者のみ	6,000円

＊ほかにPTA会費、保健衛生費、冷暖房費あり

このページの内容は、2024年度園児募集の際に配布された資料に基づいています。
来春入園を希望される方は2025年度園児募集要項（幼稚園配布）をご確認ください。

保育について

【教育目標】
　豊かな環境と豊かな教育内容を整え、その中で子どもたちを自由に伸び伸びと活動させる「自由遊び」と専門的な「選択制のカリキュラム遊び」を通し、
◆1人ひとりの子どもの個性を育てる
◆知能を伸ばし、創造性豊かな人間性を育てる
◆正しい心、優しい心、たくましい心を育てる
ことをねらって、日々の教育活動を行う。

【教育課程】
◆自由あそび
　自分の好きな遊びを見つけて遊ぶ（意欲と集中力の育成）
◆カリキュラムあそび
　知能、造形・絵画、リトミック、体育、英語（年中・年長）、理科（年長）
◆特別活動（園行事等）　◆人間関係
◆徳育（心の教育）　　　◆健康に関する指導

【教育内容の特色】
　１．知能教育
　　独自の教育システムによるパズルやゲーム等の遊びを通し、大脳を活性化させ、学習能力、応用能力、変化に対応する能力、自分の頭で考え正しく判断する能力を育成する。
　２．各自の個性と能力に応じた指導システム
　　少人数クラス編成、複数担任制、カリキュラム担任制、自由保育形式（自由あそび、選択制のカリキュラムあそび）
　３．幼稚園と小学校の連携システム
　　興味・関心を伸ばす自由あそび、知能教育の合同研究と教材開発、小学校教員による園児の指導（知能・体育・造形・絵画・PC・読み聞かせ）

 主な行事

◇花まつり・成道会　◇自然体験教室（年長）
◇収穫体験（芋掘り）◇運動会　◇おゆうぎ会

 安全対策

・インターホン設置　・監視ビデオカメラ設置
・赤外線センサー設置　・正門に警備員を配置
・保育時間内は門を施錠　・学校110番設置
・避難訓練の実施（園児のみ／学期毎に1回）
・防犯訓練の実施

🚌 スクールバス安全対策

・バス運行マニュアルに則り、毎日複数人で乗降車の確認
・アプリでの出欠連絡、当日バスを利用するかの確認・管理

◇おすもうさんとのお楽しみ会
ほかに、親子遠足、七夕まつり、秋の遠足、おもちつき会、節分の豆まき会、ひなまつり会 など

🏫 進学と関連校

【小学校受験への対応】
　受験指導のために実施しているわけではないが、知能教育が大きな成果を上げており、卒園児の75％程度が国・私立小学校に進学している。特に、近々2〜3念は増えています。
【聖徳学園小学校への進学】
　内部生推薦入学考査により優先的に入学を許可
【国・私立小学校への進学先例】
　筑波大学附属、東京学芸大学附属小金井、成蹊、慶應義塾、早稲田実業学校、成城学園、桐朋学園、桐朋、学習院、立川国際（2名）など
【関連校】
　聖徳学園高等学校・同中学校・同小学校

| 園長からのメッセージ | 「幼児期に、あそび、体験を通して考える力を伸ばし、一生の財産にする」それが聖徳幼稚園の願いです。先行き不透明なこれからの時代をたくましく生き抜く力、その土台を築いていきます。 |

のびのび、すくすく、元気よく

武蔵野東 第一幼稚園・第二幼稚園

第一幼稚園　〒180-0014 武蔵野市関前 3-29-8　TEL：0422-51-3640
第二幼稚園　〒180-0014 武蔵野市関前 3-37-10　TEL：0422-53-4367
www.musashino-higashi.org/kg/
◇三鷹駅、吉祥寺駅よりバス「関前三丁目」「八幡町三丁目」「新町一丁目」下車 5 分

入園までの流れ

2024 年度入試（2023 年秋実施）より～

募集人数	3 年保育　男女 111 名 2 年保育　男女 若干名 学齢 2 歳・満 3 歳児　54 名
公開行事	運動会：5 月 21 日（通園者のみ） 見学（＊要予約）：5 月 17 日～ わくわくデー（＊要予約）： 　6 月～　計 6 回 なかよしクラブ（＊要予約）： 　6 月～　計 6 回
説　明　会	10 月 8・13 日（全 2 回）
願書受付	11 月 1 日（WEB）
選　考　料	5,000 円（WEB 決済）
選　　考	11 月 1 日 　◇面接：保護者と志願者
合格発表	11 月 1 日（WEB）
入園手続	11 月 6 日まで（WEB）

2025年度募集日程 〈予定〉

【説　明　会】2024 年 10 月 5・10 日
【願 書 配 布】WEB 出願
【入 園 試 験】2024 年 11 月 1 日
【公 開 行 事】保育見学案内：2024 年 5 月中旬～

ここをチェック！

創　　　立	1964 年（昭和 39 年）
園　児　数	年長 167 名・年中 160 名・年少 156 名 学齢 2 歳・満 3 歳児 33 名
教　員　数	57 名
園　　庭	砂・土山・ラバー・総合遊具
送迎バス	あり
保育時間	月火木金：9 時～14 時 10 分 水：9 時～12 時 10 分 ＊土曜日休園
預かり保育	平日：14 時～17 時 水曜：12 時～17 時 ＊新 2 号認定の方、8 時～18 時 ＊長期休暇中は 8 時～17 時
未就園児クラス	未就園児対象プログラムあり
英語教育	あり
課外授業	体育、ダンス、ピアノ、英語、 サッカー
宿泊行事	昨年はコロナの影響で、園内で の楽しい企画を実施（分散・日帰）
昼　　食	給食（月火木金）
服　　装	制服・制帽・体操服あり

諸費用

〈入園手続時〉
　入園料　　　　　　　　　　　　　　　　75,000 円
　施設維持費　　　　　　　　　　　　　　70,000 円
〈その後〉
　保育料（月額）　　　　　　　　　　　　27,500 円
　教材費（月額）　　　　　　　　　　　　 1,600 円
　後援会費（月額）　　　　　　　　　　　　 800 円
　給食費（月額）年長・年中 5,300 円　年少 5,000 円
　通園バス費（月額）＊利用者のみ　　　　 4,500 円
　共同購入図書費（月額）　　　　　　　　　 600 円
　冷暖房費（月額）　　　　　　　　　　　　 600 円
　個人用品代（年額）　　　　　　　　　約 2,500 円

このページの内容は、2024年度園児募集の際に配布された資料に基づいています。
来春入園を希望される方は2025年度園児募集要項をご確認ください。

保育について

【保育の目標】

「みんななかよし」「すなおなこころ」「こんきのよさ」を園訓として、生活の自立を図るとともに基本的な生活習慣を身につけ、子どもの感じ方、見方、考え方などを伸ばして、1人ひとりの好ましい発達を促す。

【保育の特色】

◆「遊び」からの「学び」

主体性、社会性、協調性、創造性など人生の土台となる大切なことを学ぶため、「遊び」を中心にしてより楽しく充実した活動になるよう工夫する。

◆混合教育

自閉的傾向のある幼児とともに過ごし、分け隔てなく一緒に生活する中で、「友だちを受け入れる広い心」「誰とでも仲良く遊ぼうとする心」を育みながら、好ましい人間関係を作る力を身に付けていく。

◆いろいろな保育活動

・絵画と造形

自分の思いをのびのびと描き、作ることで創造力を高める。

・幼児音楽（専門の教師とともに）

豊かな音楽経験を重視し、歌ったり合奏したりして広がりのある音の表現を経験する。

・幼児体育とダンス（専門の教師とともに）

楽しい雰囲気の中で身体をたくさん動かす。体育ではさまざまな遊具を経験し、ダンスではリズム感と表現力を養う。衣装をつけて役になりきる喜びも経験。

・英語（専門の教師とともに／年中より）

歌や絵本の読み聞かせを通して英語に親しむ。

 ## 主な行事

◇運動会　◇盆おどり　◇学園祭　◇発表会

安全対策

・インターホン設置　・センサーライトの設置
・保育時間内は門を施錠　・学校110番設置
・避難訓練の実施（年3回）　・防犯訓練の実施
・保護者IDカード　・AED設置
・防犯カメラ設置

 ### スクールバス安全対策

・登降園時の乗車名簿確認
・バスに無線搭載　・安全装置設置
・運行後の清掃・消毒

ほかに、野菜の栽培、交流（武蔵野東小学校と武蔵野東中学校のお兄さん、お姉さんと）、ふれあいデー（敬老参観）、親子遠足、おいもほり、保育参観、もちつき、地域交流日、年長送る会 など

進学と関連校

【小学校受験への対応】

課外で受験指導を行っている

【武蔵野東小学校への進学】

一般と同様に試験を行い、30%が進学

【国・私立小学校への進学先例】

東京学芸大学附属小金井、早稲田実業学校、桐朋学園、成蹊、雙葉、立教女学院、国立音楽大学附属、晃華学園、国立学園、東京創価、聖徳学園

【関連校】

武蔵野東高等専修学校、武蔵野東中学校・同小学校、ボストン東スクール

園長からのメッセージ

子どもの人生の幸せは、いつも「いま、ここ」にあるのです。同時に子ども達が生き生きと精一杯に自分の興味や関心に向かって取り組んでいる時間は、ご家族の幸せに重なります。幼稚園生活では目標に向かうまでのプロセスの中にある喜怒哀楽や感動など自分の心が動いている時間そのものです。それぞれの子ども達のかけがえのない人生。今日がとても楽しく、明日はもっと楽しいことが待っているのだと、未来に向かって喜びがもてる子どもたちが育つようにと願っています。幼稚園はみんなで一緒に成長するところ。保護者の皆様も一緒になって子どもの「いま、ここ」を楽しんでいただければと思います。

ひだまりの中、子どもたちの楽しそうな声がする

武蔵野学園ひまわり幼稚園

〒183-0002 府中市多磨町1-19-1
TEL：042-361-9655
www.himawari-musashino.com/

◇西武多摩川線「多磨」駅より徒歩3分
◇JR「三鷹」駅、京王線「飛田給」駅よりバス「多磨駅」下車3分

入園までの流れ

2024年度入試（2023年秋実施）より〜

募集人数	3年保育 男女15名 2・1年保育 男女 若干名
公開行事	見学：随時 ＊要予約 運動会：9月30日 施設開放： 　月1回（4・8・12月を除く）、 　土曜日に開放
説明会	6月25日、9月17日
願書配布	10月15日〜
願書受付	11月1日 ＊予約した時刻に出願
選考料	5,000円
選考	11月1日 約30分の自由遊びによる行動観察
合格発表	11月1日（考査終了後に通知）
入園手続	11月1日

ここをチェック！

創立	1968年（昭和43年）
園児数	年長9名・年中13名・年少10名
教員数	7名
送迎バス	なし
園庭	土
保育時間	月火木金：9時〜14時 水：9時〜11時30分
預かり保育	月火木金：14時〜16時30分
未就園児クラス	施設開放、子育て支援講座、おひさまのへや
英語教育	なし
課外授業	お花あそび（フラワーアレンジメント）、ボールあそび（サッカー）、クラシックバレエ
宿泊行事	夏季臨海合宿（年長・希望者）
昼食	弁当（月火木金）
服装	制服なし、制帽あり

2025年度募集日程 （予定）

【説明会】2024年6月25日、9月17日
【願書配布】2024年10月15日〜31日
【入園試験】2024年11月1日
【公開行事】運動会：2024年9月28日
　　　　　　施設開放：月1回程度（土曜日）
　　　　　　＊2024年5月〜10月(要WEB／電話予約)
　　　　　　見学：随時（要電話連絡）
　　　　　　＊ほか、未就園児親子のための講座や子育て支援のワークショップ等もあります

諸費用

〈入園手続時〉
　入園料
　　　　　　　　　　3年保育　120,000円
　　　　　　　　　　2年保育　 90,000円
　　　　　　　　　　1年保育　 60,000円
〈その後〉
　保育料（月額）　　　　　　　 32,000円
　　　　　　　＊無償化は各自治体の対応に則って実施
　ひまわり会（保護者会）費（年額）　5,500円
　臨海合宿積立金（月額）　　　　　 5,500円
　　　　　　　　　　（年中の9月から1年間）
　　　＊ほかに通園バッグ、帽子など指定品の購入あり

東京市部

このページの内容は、2024年度園児募集の際に配布された資料に基づいています。
来春入園を希望される方は2025年度園児募集要項（幼稚園配布）をご確認ください。

保育について

【保育方針】

キリスト教の教えのもと、「遊び」を中心にした保育を実践する。緑に囲まれた園庭で、子どもたちは遊びを通して健康な身体を作り、互いを思いやる心を培う。教師はそのような子どもたち1人ひとりを大事に見つめ、笑顔と個性を育てていく。

【保育の特色】

◆聴く力を育てる保育<読書>

優れた絵本約2000冊が、いつでも手にとれるようになっている。子どもたちに毎日絵本を読み聞かせ、聴く力を養うとともに想像力も育む。家庭への絵本の貸し出しも行っている。

**◆自ら考え工夫する力を育てる保育
<潜在能力を　引き出す玩具>**

思考力や表現力を育成するため、木製玩具などを多数揃える。子どもたちは楽しく遊びながら、柔軟に考えて表現する力を身につける。

◆音楽性を培う保育<リトミック>

音楽を聴き、リズム感を養うとともに、潜在的な能力（集中力・思考力・判断力・記憶力など）を伸ばす。リトミックを取り入れ、身体全体で「楽しさ」や「喜び」を表現する力を培っている。

◆健康な心身を育む保育<戸外活動>

園庭で全身を使った遊びを充分にする中で、心も身体も健やかに育っていくよう援助する。年中・年長の子どもたちは、園近くの広大な緑地へ歩いて行き、思い切り体を使って遊ぶ。

 # 安全対策

・インターホン設置　・監視ビデオカメラ設置
・保育時間内は門を施錠
・学校110番設置　・正門に警備員配置
・幼小合同避難訓練の実施（園児のみ／月1回）
・防犯訓練の実施
・全職員が上級救命救急の技能資格を取得
・各保育室と事務室が内線電話で結ばれている
・同敷地内の小学校と合同で安全管理部を組織し、
　マニュアルの作成、訓練、研修などを行っている

 # 主な行事

◇花の日こどもの日礼拝　◇徒歩遠足
◇おたのしみの夕べ（年中・希望者）
◇臨海合宿（年長・希望者）　◇収穫感謝祭
◇クリスマス
ほかに、親子ピクニック、運動会、観劇会 など

 # 進学と関連校

【むさしの学園小学校への進学】

付属関係にはないため、進学希望者は一般の受験生と同様に試験を受ける

【関連校】

むさしの学園小学校

園長からのメッセージ

学童期に入る前の"今"しかできない子どもらしくいられる時間を大切に。あそびや活動を通してたくさんの経験とそこに基づく知恵を得、自らの足で立ち歩んでいけるよう願いながら保育をしています。

和の精神のもと、世界に貢献する人を育成する

明星幼稚園 学校法人明星学苑

〒183-8531 府中市栄町1-1
TEL：042-368-5110
meisei.ac.jp/kg/

◇ JR・西武国分寺線・多摩湖線「国分寺」駅よりバス7分
◇ 京王線「府中」駅よりバス7分

入園までの流れ

2025年度入試（2024年秋実施）より～

募集人数	3年保育　男女60名 1年保育　男女若干名
公開行事	保育見学：5月9日、6月4日、 7月8日、8月29日、9月27日 星まつり：7月6日 明星祭：9月15日 運動会：10月12日
説明会	5月18日、7月27日、8月31日、 9月21日、10月19日
願書配布	10月15日～29日
願書受付	10月15日～29日（WEB）
選考料	5,000円
選考	11月1日 面接：保護者と志願者
合格発表	11月1・2日（WEB）
入園手続	11月2日（WEB）

諸費用

〈入園手続時〉
入園料　　　　　　　　　　　　　200,000円
〈その後〉
保育料（月額）　　　　　　　　　42,000円
教材費（月額）　　　　　　　　　　1,500円
教育充実費（月額）　　　　　　　　3,000円
施設維持費（月額・冷暖房費含む）　2,250円
諸経費（注）（年額）　　　　　　49,000円
（注）諸費用にはPTA（星座会）会費・絵本代・給食費・
行事費・卒園対策費（年長のみ）等が含まれます。
【幼児教育無償化について】
府中市に住民票を置く場合は、月額上限32,000
円まで無償（25,700円＋東京都と市の補助）。

☝ ここをチェック！

創立	1949年（昭和24年）
園児数	年長71名・年中60名・年少50名
教職員数	25名（内保育補助教員15名）
送迎バス	あり（範囲：半径5km以内）
園庭	土・一部天然芝
保育時間	月火木金：9時～14時 水：9時～11時30分 ＊学年により異なる　＊土曜日休園
預かり保育	7時45分より／18時30分まで ＊給食（水曜）・おやつあり ＊長期休暇中は7時45分～18時30分
未就園児クラス	ぴよぴよクラスⅡ（親子）月2回程度 ぴよぴよクラスⅠ（親子）年7回程度 ひよこクラス　　　　　　年6回程度
英語教育	あり
課外授業	サッカー、新体操、英語、臨床美術
宿泊行事	お泊まり保育（1泊2日・年長）
昼食	給食（週2回）　弁当（週2回）
服装	制服・制帽・通園カバン・スモックなど指定

2025年度募集日程 （予定）

【説　明　会】第1回2024年5月18日～第5回10月19日
　　　　　　　（全5回開催）＊HPからお申込みください
【願書配布】2024年10月15日～29日
【入園試験】2024年11月1日
【公開行事】星まつり：7月6日
　　　　　　明星祭：9月15日（入園相談あり）
　　　　　　運動会：10月12日

このページの内容は、2024年度園児募集の際に配布された資料に基づいています。
来春入園を希望される方は2025年度園児募集要項（幼稚園配布）をご確認ください。

保育について

■教育目標
「多様性を認め、未来を切り開く子の育成」
【ビジョン】
- すべての園児が自信をもって生活できる幼稚園
- 自分だけでなく、友だちを大切にできる幼稚園
- 好奇心を育み、自分の「好き」をたくさんみつけられる幼稚園

【保育内容】
- ◆新たな気づき・発見を促す探究活動 "3つの柱"
  2023年度より探究活動を以下の3つの柱を軸とした「めばえの時間」として保育の中に本格的に位置づけ、体験を重視して知的好奇心を育み、他者との関わりを大切にできる子どもの育成を図っていく。
- 伝える力を身に付ける「コトバ」体験
  劇遊び発表会を1年間の集大成の場と捉え、読む、聞く、話す、表現することへの好奇心を育むカリキュラムに則り、3年間の成長を実感できる保育を実践。
- 科学の心を養う「なぜだろう」体験
  数量、図形、身近な自然に目を向け、「なぜ?」という気持ちを育む体験を体系化。
- 豊かな感性を養う「創造」体験
  アートやデザインの鑑賞や体験を通じて、表現する自信を高めさせ、豊かな感性や共感力を育成。
- ◆豊かな教員力
  幼稚園を選べても担任は選べない。誰が担任になっても、最良の保育をお子様に提供できるよう、保育研究を充実させ、教員相互に高め合う機会を定期的に位置付けている。子どもたちとの関わりを日々振り返りながら、一人ひとりの伴走者になれるよう自分自身を高めている。
- ◆小学校へのなだらかな接続を目指す幼小連携の充実
  一貫校ならではの幼小接続カリキュラム（アプローチカリキュラムとスタートカリキュラム）を策定し、なだらかな就学前後の環境づくりを推進。幼小教員相互の研究、研修に積極的に取り組み、小学校との一貫性を重視している。

 ## 主な行事

◇運動会　◇劇あそび発表会
◇お泊まり保育（年長）　◇卒園式

安全対策

- 感染防止対策の徹底
- 市役所、警察署、消防署の指導による災害避難訓練（月1回）
- 交通安全指導、防犯指導、職員研修の実施
- 看護師1名が常勤　・警備員が常駐
- 防犯カメラ設置　・保護者IDカード
- 有資格専門業者による遊具点検を定期的に実施
- 緊急通報、安否確認メールシステム
- 広い学苑内が散歩コースで安心・安全

スクールバス安全対策

- 園内のよく見える位置に駐車し、扉・窓を開放
- バス内に救急車と同様の空気除菌器を設置
- アプリによる乗車人数の把握・管理
- 降車時は添乗職員、運転手、学苑の関係者のトリプルチェック
- バスにGPS搭載

ほかに、星まつり、明星祭、春・秋の遠足、年少組かくれんぼ参観（春・秋）、保育参観（毎学期）、おいもほり、親子遠足、親子卒園お楽しみ会（年長）、卒園遠足（年長）、おもちつき、焼きいも大会、明星小学校合同活動「にこにこの日」「のびのびタイム」、誕生会（毎月）など

 # 進学と関連校

【小学校受験への対応】
就学前教育カリキュラムを実施
【明星小学校への進学】
優先入学制度あり、入試体験会あり（年4回）
【国・私立小学校への進学先例】
明星、東京学芸大学附属小金井、早稲田実業学校、桐朋、国立音楽大学附属、国立学園、帝京大学、カリタス、晃華学園　など
【関連校】
明星大学、同大学院、同中学校・高等学校、同小学校

| 園長からのメッセージ | 大切なお子様の、小学校就学前のかけがえのない3年間。明星幼稚園では、お子様が就学したのちも、自ら考え、何事にも興味をもって取り組めるよう、「めばえの時間」を設定し、好奇心を大きく育んでまいります。さらに、教員や子ども同士、異年齢との関わりを積み重ね、思いやりや自制心、やり抜く力といった、学ぶ力の基礎となる非認知能力を育みます。 |

神を敬い 人を愛し マリアのように 正しく 強く 美しく

晃華学園マリアの園幼稚園

〒182-8550 調布市佐須町5-28-1
TEL：042-485-0040
www.maria.kokagakuen.ac.jp

◇つつじヶ丘駅・調布駅よりバス「晃華学園」
　下車5分
◇三鷹駅よりバス「晃華学園東」下車5分

入園までの流れ

2024年度入試（2023年秋実施）より〜

募集人数	3年保育　男女 約50名 2年保育　男女 約10名
公開行事	園庭開放：5月〜翌3月実施 （雨天時はホールにて実施）
説 明 会	6月15日、9月15日
願書配布	10月15日〜30日（WEB）
面接資料提出	10月15日〜30日
選 考 料	6,000円
選 考	11月1日 ◇考査：小集団遊び ◇面接：保護者と志願者
合格発表	11月1日（WEB）
入園手続	11月2・3日

2025年度募集日程（予定）

【説 明 会】2024年6月13日、9月17日（公開保育）
　　　　　　＊公開保育も開催
【願 書 配 布】2024年10月15日〜31日
【入 園 試 験】2024年11月1日

ここをチェック！

創 立	1950年（昭和25年）
園 児 数	年長55名・年中56名・年少52名
教 員 数	14名
送迎バス	あり（4コース）
園 庭	土・芝生
保育時間	月火木金：9時30分〜13時40分 水：9時30分〜11時30分 ＊土曜日 不定期で行事などあり
預かり保育	8時より／18時まで ＊長期休暇中は9時〜18時
未就園児クラス	2歳児親子教室
英語教育	あり
課外授業	スポーツクラブ、サッカークラブ
宿泊行事	お泊り保育（年長）
昼 食	弁当（月火木金）注文弁当 可
服 装	制服・制帽あり、スモックなし

諸費用

〈入園手続時〉
　入園料　　　　　　　　　3歳児 150,000円
　　　　　　　　　　　　　4歳児 100,000円
〈その後〉
　保育料（月額）　　　　　3歳児 34,000円
　　　　　　　　　　　　　4歳児 31,000円
　　　　　　　　　　　　　5歳児 31,000円
　維持費（月額）　　　　　　　　 7,000円
　冷暖房費（年額）　　　　　　　 10,000円
　施設費（年額）　　　　　　　　 42,000円
　＊ほかに寄付金（任意）1口 100,000円、1口以上あり

このページの内容は、2024年度園児募集の際に配布された資料に基づいています。
来春入園を希望される方は2025年度園児募集要項（幼稚園配布）をご確認ください。

保育について

【教育目標】

　キリストの教えに基づき、豊かな心・考える心を備えた、たくましく生きる子どもを育てる。

【教育方針】

①神様から与えられたかけがえのない存在として、子どもたちの人格を尊重し、愛情をもって育てる

②子どもたちひとりひとりがもっている良いものに気づき、伸ばしていく

③子どもたちの自主性を大切にし、ひとりひとりに寄り添う

④幼稚園と家族が、心をひとつにして教育にあたる

【目指す幼児像】

①すべてのことに感謝し、他者のために祈ることができる子ども

②自ら考え行動し、ねばり強くやり抜く子ども

③自然と共存し、命を大切にできる子ども

④多様性を受け入れ、互いの違いを認め合う子ども

⑤困難に立ち向かい、乗り越え、たくましく生きる子ども

 ## 園の特長

◆暁星学園（千代田区）姉妹校

◆宗教教育

　キリスト教の精神を学び感謝する豊かな心を育む。

◆自然とのふれあいを大切にのびのび遊ぶ

　裸足で遊べる園庭、四季を体験できる広い芝生や林で感受性や表現力を育む。

◆絵本による情操教育

　読み聞かせを通じて愛を感じ、確かな絆を結ぶ。

◆毎日の絵本貸し出し

　1万冊以上の蔵書を自由に借りられる。

◆体育指導

　専門教師の指導のもと健やかな身体を育成する。

◆縦割り保育

　異学年との活動でコミュニケーションの基礎を学ぶ。

 ## 安全対策

・インターホン設置　・学園正門に警備員の配置

・保育時間内は幼稚園門を施錠　・防犯カメラ設置

・避難・防犯訓練の実施　・学校110番設置

・スクールバス途上避難場所マップ

・安全装置設置　・非常食・備蓄食完備

◆幼小中高連携プログラム

　一貫校ならではの充実したプログラムを実現。

◆お仕事コーナー

　モンテッソーリの流れをくむ活動環境。

◆にこにこクラブ　週5日希望者（有料）

　子ども同士、自由に遊ぶ時間をゆったりとるために週5回、希望者の預かり保育を行う。

◆スポーツクラブ、サッカークラブ　希望者（有料）

　体育教師による課外体操教室。

 ## 主な行事

◇マリア祭　◇夏まつり　◇運動会

◇小学校との交流会　◇クリスマスのつどい

 ## 進学と関連校

【晃華学園小学校への進学】

内部進学推薦制度あり

他の国公私立小学校への進学も相談に応じる

【国・私立小学校への進学先例】

暁星、白百合学園、雙葉、東京女学館、日本女子大学附属豊明、立教、早稲田実業学校、明星、カリタス、桐朋、桐蔭学園、東京学芸大学附属小金井、筑波大学附属、都立立川国際中等教育学校附属小学校 など

【関連校】

晃華学園高等学校・同中学校・同小学校、晃華学園暁星幼稚園

園長からのメッセージ

人は「愛されている」と感じることができれば、「自己肯定感」をもつことができます。豊かな自然と、おともだちとの交わりの中で、こどもたちひとりひとりが、神さまから愛されていることを実感し、自分自身を、そして周りの人たちを愛することのできる人間に成長していくように、教職員一同、こどもたちに寄り添い、見守ってまいります。

「生きるために必要な根」を育てます。

桐朋幼稚園

〒182-8510 調布市若葉町1-41-1
TEL：03-3300-2111
yochien.toho.ac.jp/

◇京王線「仙川」駅より徒歩5分
◇成城学園前駅よりバス「仙川駅入口」下車徒歩1分
◇吉祥寺駅、三鷹駅よりバス「仙川」下車徒歩8分

 ## 入園までの流れ

2024年度入試（2023年秋実施）より〜

募集人数	3年保育　男女 26名
公開行事	お庭で遊ぼうの会： 　4月24日、5月29日 オンライン交流会：8月26日
説明会	5月26日、9月2日
願書配布	桐朋幼稚園HPより請求
願書受付	10月1日〜5日 （郵送／期間内必着）
選考料	20,000円
選考	11月1日〜3日のうち1日 ◇遊びによる考査（親子2名） ◇保護者と志願者の面接 　＊保護者は父、母、お2人でも可
合格発表	11月4日（発送）
入園手続	11月7日

 ## 諸費用

〈入園手続時〉
　入園料　　　　　　　　　　　300,000円
〈その後〉
　保育料（月額）　　　　　　　 49,600円
　施設維持費（月額）　　　　　 10,500円
　園児諸料（年額）　　　　　　 24,000円
　PTA入会金（入園時）　　　　　2,000円
　PTA会費（年額）　　　　　　　4,400円
　予納金（学級活動費・補助教材費／年額）
　　　　　　　　　　　　　　　 20,000円
　寄付金（任意）　　1口100,000円・2口以上

 ## ここをチェック！

創　立	1955年（昭和30年）
園児数	年長26名・年中26名・年少26名
教員数	9名
送迎バス	なし
園庭	土
保育時間	火木金：9時〜14時 月水：9時〜11時30分 ＊土曜日休園 ＊季節によって調整あり
預かり保育	14時〜16時 ＊土曜日休園
未就園児クラス	なし
英語教育	なし
課外授業	なし
宿泊行事	合宿あり（年長）
昼食	弁当（火木金）
服装	制帽・かばんあり 活動着として指定ズボンあり

 ## 2025年度募集日程 （予定）

【説　明　会】2024年5・6・9月
【願 書 配 布】2024年10月上旬
【入 園 試 験】未定

※2024年2月末現在

このページの内容は、2024年度園児募集の際に配布された資料に基づいています。
来春入園を希望される方は2025年度園児募集要項（幼稚園配布）をご確認ください。

保育について

【保育の方針】

◆保育の原点は子ども
　子どもが地に足をつけて育っていくことを願い、人間として自分の力で生きていける「根」をしっかりと根づかせることを、最大の目標とする。

◆園は、子どもの生活の場
　自分の探し物を自分でみつける。自分の靴下を自分で探してはくことができる。このような生活をする力が大切と考え、子どもの自発性を導き、社会生活の基礎を少しずつ身につけていくことを励ます。

◆園は、ぶつかり合い、むすび合いの場
　子どもが積極的に仲間をつくり、その生活を楽しめる機会、活動をいくつも用意し、保育者も参加する。他人と交流できる力を持ち、積極的に仲間と生活することを楽しめる子どもを育てる。

◆「生活」「遊び」「題材活動」が園生活の柱
　身の周りのことを行う「生活」。園舎や園庭での「遊び」。そして制作や表現などの「題材活動」。これらの日々の繰り返しにより、子どもたちのいろいろな側面が豊かに育っていく。

 園の特長

【家庭とのつながり】
　当園は、家庭とのつながりを最も大切にする。その子その子の力を引き出しながら「生きていくための力」を育てるため、保護者と協力し合い、子どもたちの育ちを考えていく。

◆保育参加参観
　保護者が保育に「参加」する、「保育参加参観」を行う。保育活動に参加し、子どものしていることを深く知ることが、わが子だけにとらわれない、広い観点の子育てにつながっていく。

◆クラス懇親会
　保育参加参観の後に開かれ、保育活動や子どもの育ちへの理解を深める。通常は学期に1回ほど。

 安全対策

・インターホン設置　・防犯カメラ設置
・防犯ブザーあり　・守衛が常駐・巡回している
・来園者はIDカードを携帯
・保護者が子どもの送り迎えをしている
・避難訓練の実施
　（園児のみ／月1回、保護者参加／年2回）
・小学校と合同防災訓練（年3回）

◆個人面談
　子どもの育ちを見つめ、変化を受け止め、成長に必要な課題や目標を保護者と保育者が一緒に考える。

◆学ぼう会
　子どもの育ち、子育ての理解を深めるため、年に数回、時には専門分野の講師を招き、学習会を行う。

◆日常の連絡
　家庭との個人連絡帳を大事な手だてとし、日々変化する子どもの状態を共有する。さらに「クラス通信」や「園だより」で、クラスの様子や行事などを定期的に家庭に知らせる。

 主な行事

◇プレイデー（子どものみ・親子　計2回）
◇音楽を楽しむ会
◇合宿（年長）　◇もちつき　◇進級・修了式
ほかに、春の遠足、みそ汁パーティー、おいも掘り、秋の遠足、保育参加参観日、カレーパーティー等

 進学と関連校

【桐朋小学校への進学】
　推薦制度があり、ほぼ全員が進学する。

【関連校】
　桐朋学園大学・同大学院大学（富山）・同芸術短期大学、桐朋女子高等学校・同女子中学校、桐朋小学校、桐朋高等学校・同中学校、桐朋学園小学校

園長からのメッセージ

桐朋幼稚園は、子ども1人ひとりが現在（いま）を充実させて生きること、その子らしく生きることを大切にしています。1人ひとりの幸せな子ども時代のための幼稚園です。子どもが自分の人生の主人公、社会の主人公として生きることを大切にします。生きるために必要な根っこは何かを考え、必要な時間と手間をていねいにかけます。子も、親も、保育者も、ともに育ちます。

きれいな心・よい頭・つよい体を育む

玉川学園幼稚部

〒194-8610 町田市玉川学園6-1-1
TEL：042-739-8931
www.tamagawa.jp/academy/kindergarten/

◇小田急線「玉川学園前」駅より徒歩約10分
◇東急田園都市線「青葉台」駅よりバス約17分
　「奈良北団地」下車約10分

入園までの流れ

2024年度入試 (2023年秋実施) より～

募集人数	3年保育　男女35名 2年保育　男女若干名
公開行事	見学： 　5月11日～6月29日の木曜日 　9月11日～9月29日 　10月2日～10月5日 オンライン入試相談会： 　5月9日～6月27日の火曜日 プレキンダー体験教室： 　5月24・26・31日、6月2・ 　7・9・14・16・21・23・28・ 　30日 体育祭：10月14日
説明会	5月13日、9月16日（WEB）
願書配布	4月17日～
願書受付	10月10日～10月20日 （郵送／消印有効）
選考料	30,000円
選考	11月1・2日のうち1日を選択 ①考査：行動観察（子供面接） ②面接：保護者同伴
合格発表	11月2日（WEB）
入園手続書類交付	11月3日
入園手続	11月3日～8日（郵送）

2025年度募集日程 (予定)

＊2024年4月公開予定

ここをチェック！

創　立	1929年（昭和4年）
園児数	1クラス20～25名程度
送迎バス	なし
園　庭	土・人工芝
保育時間	年少：9時30分～13時45分 　　＊1学期水曜日は13時30分降園 年中：9時30分～13時45分 年長：9時30分～14時00分 　　＊2学期以降は14時30分降園 ＊土曜日休園（年数回行事あり） ＊全学年金曜日のみ13時45分降園
預かり保育	18時まで ＊19時まで延長可能（別途追加料金） ＊長期休暇中はなし
未就園児クラス	なし
英語教育	あり
課外授業	なし
宿泊行事	なし
昼　食	弁当（月～金）
服　装	制帽あり、制服・スモックなし

諸費用

〈入園手続時〉
　　入園料　　　　　　　　　　　　　　　200,000円
〈その後〉
　　授業料（年額・4期分納可）　　　　　792,000円
　　教育諸料（年額・4期分納可）　　　　129,500円
　　施設設備金（年額・4期分納可）　　　130,000円
　　父母会費（年額・4期分納可）　　　　　7,200円
　　＊寄付金（任意）100,000円、2口以上

このページの内容は、2024年度園児募集の際に配布された資料に基づいています。
来春入園を希望される方は2025年度園児募集要項（幼稚園配布）をご確認ください。

保育について

【玉川学園幼稚部の教育】

◆きれいな心 よい頭 つよい体

毎日の生活を通して、礼拝を通して、遊びを通して、集団での活動を通して学ぶ。自立から自律にむけてのたゆまぬ教育が進められる。

◆幼稚園は「学校」

義務教育につながる「生きる力」が1人ひとりに十分芽生えるよう、唯一無二の個性に視点をあてながら、同時に全人教育という共通の価値観のもとで、意図的に、組織的に、効果的に教育を行う。

◆多様で調和的な活動の重視

子供自身が育っていく時間と仲間と空間を、遊びの中に多様に、かつ調和的に用意し、子供たちに「意味のある経験」を提供する。

◆キャンパスすべてが学びのフィールド

最先端のテクノロジーに触れる体験から畑での栽培体験まで。キャンパスに点在する幼稚園から大学院までの人材や施設すべてが、子供たちに良質な学びを提供する。

◆日本語（国語）と英語による
バイリンガルプログラム「BLESプログラム」

3年間を通して英語に触れる活動を行う。日本語（国語）と英語のバイリンガル教育を通じて、子供たちが日本語と英語の両方を身につけるとともに、国際社会で必要な学力と学習習慣を育てることを目標とする。

◆延長教育プログラム

放課後に、希望者を対象に行う教育プログラム（有料）。Study Hallと講座の2種類のプログラムから、それぞれ選択したり、組み合わせたりできる。

安全対策

・インターホン設置　・正門に警備員の配置
・保育時間内は門を施錠　・学校110番設置
・避難訓練の実施　・防犯訓練の実施
・IDカード使用　・登下校確認システム
・教職員による「自衛消防隊」編成
・職員救命救急講習会受講

【玉川学園の一貫教育】

総合学園としての特性を生かし、一貫教育を実践。それぞれの学年の特長を踏まえつつ次の学年へのステップアップを考えた独自のカリキュラムを構築する。学習内容は年齢が上がるにつれてより高度で専門的になるが、情操の基礎を築く幼稚部・小学部では、道徳・宗教・芸術の時間を多く設け、きれいで豊かな心をじっくり育む。

 ## 主な行事

◇幼稚部運動会　◇体験活動　◇こども会
◇玉川学園体育祭　◇クリスマス礼拝
ほかに、ファミリーデー、丘めぐり、水遊び、音楽祭 など

 ## 進学と関連校

【小学校受験への対応】

受験希望者にはアドバイスを行う

【玉川学園小学部への進学】

優先的に進学できる（推薦条件あり）

【関連校】

玉川大学・同大学院、同中学部・同高等部、玉川学園小学部（幼稚部から高等部までは一貫教育）

園長からのメッセージ

玉川学園は、幼稚園から大学・大学院までが同じキャンパスにあります。年代を超えた交流が盛んで、子どもたちも大いに刺激されています。大学での研究活動・教育活動の成果も幼稚園の教育に反映されています。幼稚部から高等部までの教育（K-12）を一貫したものとして進めつつ、それぞれの時期に最も相応しい環境を設定し、知的好奇心を刺激し、豊かな情緒を育てるカリキュラムを構築しています。さらに、Society5.0に向けて、母国語を中心としてもう1つの言語（英語）に触れる有用性からBilingual教育を進めています。子どもたちの成長に合わせた2つの言語の「日常性」を重視し、学年が進行するにつれて日本語と英語のバランスを変化させます。小学生からのBilingual教育への連携も視野に入れています。また、放課後の延長教育プログラム（有料）も実施しています。（正課終了後から18時まで）

「自分っていいな」と思える子どもに
　　―かけがえのないその子自身の体験を土台につくる幼稚園生活―

和光鶴川幼稚園

〒195-0051 町田市真光寺町1271-1
TEL：042-735-2291
wakok2.wako.ed.jp/

◇鶴川駅、若葉台駅からバス「和光学園前」
　下車6分

東京市部

 ## 入園までの流れ

2024年度入試（2023年秋実施）より～

募集人数	3年保育　男女48名 2年保育　男女8名 1年保育　男女4名
公開行事	夏まつり：7月22日 親子教室「はらっぱ」： 　2023年5月～2024年2月火曜日 　と木曜日（8月と一部を除く） みんなで遊ぼう広場と幼稚園紹介： 5月20日、6月11日 保育見学会：9月5・15・19・29日、 　10月3・11・26日 運動会：10月22日 冬まつり：12月2日
説明会	7月15日、8月27日、9月9日
願書配布	10月16日～30日
願書受付	10月26日・27日・30日（現地受付）
選考料	15,000円
選考	11月1日 発達調査・親子面接
合格発表	11月1日（窓口及び郵送）
入園手続	11月2・6日

2025年度募集日程 （予定）

【説　明　会】2024年6月29日、8月25日、9月7日
【願　書　配　布】2024年10月15日～30日
【入　園　試　験】2024年11月1日
【公　開　行　事】夏まつり：7月20日
　　　　　　　　運動会：10月20日
　　　　　　　　冬まつり：12月

 ## ここをチェック！

創　立	1969年（昭和44年）
園児数	年長33名・年中27名・年少23名
教員数	8名
送迎バス	あり
園庭	土・芝生
保育時間	月：8時30分～11時20分 火～金：8時30分～14時50分 ＊土曜日休園
預かり保育	8時より／18時30分まで ＊長期休暇中は8時～18時 ＊土曜日はなし
未就園児クラス	はらっぱ（1・2歳児）親子参加
英語教育	なし
課外授業	なし
宿泊行事	合宿（5歳児）
昼食	火・金　給食、水・木　弁当、 木　手づくりおやつ
服装	制帽あり、制服・スモックなし

 ## 諸費用

〈入園手続時〉
　入園料　　　　　　　　　　3年保育 150,000円
　　　　　　　　　　　　　　2・1年保育 130,000円
　施設設備資金　　　　　　　　　　　 50,000円
　親和会（PTA）入会金　　　　　　　　2,000円
〈その後〉
　保育料（月額）　　　　　　　　　　 28,620円
　教育充実費（月額）　　　　　　　　 11,500円
　学級費（月額）　　　　　　　　　　　　700円
　親和会費（月額）　　　　　　　　　　　500円
　　スクールバス料（月額）　　　往復 6,000円
　　　　　　　　　　　　　　　　片道 3,000円
＊給食費（月額2,000円）・学校債・建設寄付金あり（任意）

このページの内容は、2024年度園児募集の際に配布された資料に基づいています。
来春入園を希望される方は2025年度園児募集要項（幼稚園配布）をご確認ください。

保育について

【子どもへの願い】
- ◆自分っていいなと思える子どもに
- ◆自分の好きなことを、とことんやれる子どもに
- ◆つまずきや失敗から学べる子どもに
- ◆人と一緒に何かをすることが楽しい、心地いいと感じられる子どもに
- ◆違う人と関わり合うことを楽しめる子どもに
- ◆主体的・能動的に生き、人とつながろうとする子どもに
- ◆夢を持って生きていく子どもに

 ## 園の特長

◆自然の中で実体験をしながら五感を育てる
幼稚園の隣地（800坪）を借り、畑と野原として使う。畑では土作り、野菜作りを行い、収穫した野菜をみんなで食べ「みんなで食べるとおいしいね！」という体験を重ねることを大切にしている。自然の中に出かけていく散歩、遠足も、季節のよい時には週に1～2回行っている。

◆さまざまな文化・本物との出会いを大切にする
体育・ものづくり・描画・うた・おどり・絵本物語・劇・尺八・琴・こま・パーカッション・食などさまざまな文化に触れる機会が用意される。

◆他者との関わりを育てる
友だちと関わり合う中で、自分の気持ちや自分と違う友だちの存在に気づき、お互いを知り、認め、他者と共感する力をつけていくことを大切にする。同時に、大人と子どもとの関わりについて、保護者とともに考えていくことを大切にする。

◆協同的な学びに取り組む
担任と子どもたちの興味・関心に沿ってその年のテーマを決め、全員で取り組む協同的活動を行い、仲間と共に未来を作り出す力を育てる。

◆親和会
親と教師が子どもの成長をともに見つめる、意見交流をし、考え合うことを大切にする。

 ## 安全対策

- ・学園警備員常駐　・防災倉庫設置
- ・災害用電話　　　・メールによる緊急連絡
- ・避難訓練の実施（園にいる全員／月1回）
- ・保護者への引き渡し訓練の実施（年1回）
- ・防災対応マニュアルを全家庭に配布

🚌 スクールバス安全対策

- ・専門の添乗員が同乗し、毎回必ず降車確認
- ・添乗員の降車確認の後、バスの清掃のため運転手が車内をすべて確認
- ・担任は園で子どもたちを迎えることを大事にしているため、バスの添乗は行わない
- ・子どものバスの中での過ごし方、関わり方について、適宜添乗員とミーティング
- ・バスにGPS搭載
- ・バスに置き去り防止装置を設置

◆共同教育
多様な発達要求を持った子どもたちが一緒に生活し、遊ぶ中でともに育ち合うことを大切にしている。

 ## 主な行事

◇夏まつり　◇運動会　◇異年齢交流（あそび会）
◇冬まつり　◇美術展
ほかに、子どもの日集会、合宿（年長）、焼き芋の会、劇の会（年長）、星組（年長児）を送る会 など

 ## 進学と関連校

【和光鶴川小学校、和光小学校への進学】
　優先入学制度あり

【関連校】
　和光大学・和光高等学校・和光中学校・和光小学校・和光幼稚園、和光鶴川小学校

園長からのメッセージ

子どもたちは「憧れる力」「感じる力」「探求する力」「仲間とともに育つ力」「失敗を乗り越える力」を持っています。こうした子どもの力を信じて伸ばすことを大事にしています。そして、子どもたち自身が「自分っていいな」と思える感覚を持って成長していってほしいと願っています。

愛され　守られ　たくましく

晃華学園暁星幼稚園

〒189-0012 東村山市萩山町2-17-1
TEL：042-391-0433
kindergarten.kokagakuen.ac.jp/

◇西武拝島線・多摩湖線「萩山」駅より徒歩7分
◇西武新宿線「久米川」駅より徒歩15分
◇西武新宿線・拝島線「小平」駅より徒歩15分

入園までの流れ

2024年度入試（2023年秋実施）より〜

募集人数	満3歳児保育　男女20名 3年保育　男女50名 2年保育　男女20名 1年保育　男女若干名
公開行事	園庭開放： 毎朝8時30分〜10時 月火木金：14時〜16時（夏時間） 14時〜15時30分（冬時間）
説明会	5月20日、6月7日、9月9日
願書配布	10月15日〜30日
願書受付	1次：11月1日 2次：11月6日 ＊現地受付
選考料	5,000円
選考	1次：11月1日 2次：11月9日 ◇面接：保護者と志願者
合格発表	試験当日
入園手続	1次・2次共通：11月13日

諸費用

〈入園手続時〉
入園料　　　　　満3歳児・3歳児 100,000円
　　　　　　　　　4・5歳児 90,000円
制服用品一式　　　　　　約40,000円
〈その後〉
保育用品一式　　　　　　約15,000円
施設費（年額）　　　　　　20,000円
保育料（月額）　　　　満3歳児 33,000円
　　　　　　　　　　　3歳児 31,000円
　　　　　　　　　　　4・5歳児 29,000円
維持費（月額）　　　　　　3,000円
＊ほかにバス費用, 冷暖房費, 父母会費, 卒園積立金あり

ここをチェック！

創立	1958年（昭和33年）
園児数	年長39名・年中27名・年少27名・満3歳児11名
教員数	10名
送迎バス	あり
園庭	土
保育時間	月〜金：8時30分〜14時 水：8時30分〜12時30分 ＊土曜日休園（年数回行事あり）
園庭解放	毎朝：8時30分〜10時 月火木金：保育終了後〜16時
預かり保育	7時30分〜8時30分 ＊長期休暇中　8時30分〜18時
未就園児クラス	満2・3歳児クラス
英語教育	あり
課外授業	スポーツクラブ、サッカークラブ、ピアノ、英会話、ダンス
宿泊行事	ロング保育（夏の行事／年長）
昼食	月・火・木・金：給食 水：弁当or給食
服装	制服・制帽・体操服あり

2025年度募集日程 （予定）

【説明会】2024年5月18日、6月7日、9月7日
【願書配布】2024年10月1日〜31日
【入園試験】2024年11月1日
【公開行事】移動動物園：6月2日
　　　　　　運動会：10月12日
＊見学は随時受け付けております。

このページの内容は、2024年度園児募集の際に配布された資料に基づいています。
来春入園を希望される方は2025年度園児募集要項（幼稚園配布）をご確認ください。

保育について

【晃華学園暁星幼稚園】

子どもたちが愛につつまれ、神さまから見守られながら、いきいきと大切な幼児時代が過ごせる幼稚園。

幼い子どもたちが、たくさんの友だちとの触れ合いを通して、身も心もたくましく育っていく。1人ひとりの中にある神さまからいただいた生命・魂・心をしっかりと見守りながら、大切な幼児時代を過ごすことができるように全力をつくす。

 ## 園の特長

子どもたちが毎日、安心して過ごせる場となるように、たくさんの「たのしいこと」「すてき！と感じること」に出会えるように、「私たちはたくさんの見えない力に生かされている」と感じられるように、子どもたちのすばらしい感性に寄り添いながら大切な時間を共に過ごす。

◆宗教教育

キリスト教の精神を学び感謝の心を育む。神さまからいただいた命を大切に生きることを、日々の保育の中で伝え、人としての基礎を育成する。

◆絵本と子ども

蔵書5,000冊を超える絵本との出会いの中で、ドキドキやワクワクを体験する。絵本の貸出も行う。

◆クラス編成

縦割り保育にしている。クラスでは生活の時間を異年齢で過ごすことにより、幼稚園生活の伝承が自然な形で行われる。年齢別に分かれて、カリキュラムに沿った保育も日々行っている。

◆満3歳児保育

社会生活の第一歩を幼稚園から始めることにより、日々の生活の中で自信を持って成長していけるように見守っていく。

 ## 安全対策

・インターホン設置　・赤外線センサー設置
・保育時間内は門を施錠
・学校110番設置　・避難訓練の実施
・防犯訓練の実施　・AEDの設置

 ## 主な行事

◇マリア祭　◇七五三のお祝い　◇クリスマス会
◇移動動物園　◇ロング保育（年長）
◇夕涼み会　◇運動会

ほかに、遠足、おいもほり、ハロウィン、おみせやさんごっこ、作品展示会、お別れ会、観劇 など

 ## 進学と関連校

【小学校受験への対応】

受験希望者にはアドバイスを行う

【晃華学園小学校への進学】

内部進学制度あり

【国・私立小学校への進学先例】

東京学芸大学附属大泉・小金井、国立学園、サレジオ、桐朋、明星 など

【関連校】

晃華学園高等学校・同中学校・同小学校、
晃華学園マリアの園幼稚園
暁星高等学校・同中学校・同小学校

園長からのメッセージ

「生まれてきてくれてありがとう」そんな気持ちで大切にお育てになったお子様をおあずかりする責任を感じながらも、出会うことができた幸せを大切に毎日の保育を展開しております。

思いっきり遊ぶ　友だちとかかわる
心ゆたかに　ここちよく生活するために

みふじ幼稚園　学校法人みふじひかりの丘学園

〒185-0034 国分寺市光町1-5-2
TEL：042-572-0147
www.mifuji-k.ed.jp/

◇ JR「国立」駅より徒歩5分

入園までの流れ

2024年度入試（2023年秋実施）より〜

募集人数	3年保育　男女60名
公開行事	見学：5月中旬受付開始（要予約） 親子体操教室：5月27日、6月24日、7月8日、9月9日、11月11日、2025年1月20日、2月17日、3月3日 ミニ運動会：8月27日 どうぶつむら：10月23日
願書配布	10月15日
願書受付	11月1日
出願料	5,000円
選考	11月1日 簡単なテストと親子面接
合格発表	11月1日
入園手続	11月1日

東京市部

諸費用

〈入園手続時〉
入園料	90,000円
施設費	10,000円

〈その後〉
保育料（月額）	30,000円
教材費（月額）	1,000円
空調費（月額）	700円
給食費（1食）	300円
通園バス維持費（月額）＊利用者のみ	4,600円
保育用品費	約30,000円

ここをチェック！

創立	1949年（昭和24年）
送迎バス	あり（2台）
園児数	年長85名・年中75名・年少59名 満3歳児17名
教員数	17名
園庭	石灰ダスト
保育時間	月〜金：9時40分〜14時 ＊土曜日休園
預かり保育	7時30分より／18時まで ＊長期休暇中は7時30分〜18時
未就園児クラス	未就園児プレスクール
英語教育	なし
課外授業	ピアノ、バレエ、絵画、体操、剣道、サッカー、英会話、フリースタイルダンス（ヒップホップ）
宿泊行事	お泊まり保育（年長）
昼食	給食（月火水）弁当（木金） ＊アレルギー対応あり ＊6月〜10月中旬は給食（月〜金）
服装	制服・制帽・スモックあり

2025年度募集日程 （予定）

【願書配布】2024年10月15日〜31日
【入園試験】2024年11月1日
＊2023年度より満3歳児クラスを開設
　2024年度（9・10・11月入園）
　　願書配布：2024年6月3日〜　　入園手続：2024年6月20日
　2025年度（5・6月入園）
　　願書配布：2025年2月3日〜　　入園手続 2025年2月22日
（入園料や保育料はHPをご確認ください）

このページの内容は、2024年度園児募集の際に配布された資料に基づいています。
来春入園を希望される方は2025年度園児募集要項（幼稚園配布）をご確認ください。

保育について

【教育目標】

◆素直な人格の形成

子どもを育てる上で大切なこととして、おおぜいの友だちとの遊びを基本としながらその発達の時期に応じて、1人ひとりの幼児が興味や欲求を十分に満足できるよう適切な援助をしていくことを挙げる。当園における保育も、子どもの発達の特性に応じて、無理のないよう親身になってすすめられる。

 ## 園の特長

◆体育指導（毎週1回の正課）

体育専門の先生の指導のもと、走る・跳ぶなどの基本的な運動や、跳び箱などの器具を用いた運動を行い、子どもの運動機能の発達をはかる。グループ指導の中で、自然に協調性と規律性などを身につけていく。

◆縦割り保育（定期的に実施）

年齢の異なった子どものクラスをつくり、遊びや製作を通して、小さい子への思いやりや、おにいさん・おねえさんへの尊敬の気持ちなどを育てる。

◆器楽合奏

保育の中で"ピアニー（鍵盤ハーモニカ）"を楽しく指導し、表現能力を伸ばす（年中より）。

◆製作

絵具や折り紙、紙粘土などさまざまな素材を使って工作、自由画、ボディーペインティング、版画などを楽しみながら、自由な発想を育てる。

◆あいさつ

『おはようございます』『こんにちは』のあいさつ、何かをしてもらった時に自然と『ありがとうございました』と言えること。あいさつなどの基本的生活習慣について、正しいお手本を示し、しっかりと身につけるよう指導する。

 ## 安全対策

・インターホン設置　・監視ビデオカメラ設置
・保育時間内は門を施錠　・防犯訓練の実施
・避難訓練の実施（園児のみ／月1回）
・学校110番設置　・園舎耐震補強工事実施済

 ## スクールバス安全対策

・原則、各自の家の前まで送迎
・出欠確認は原則電話

 ## 主な行事

◇どうぶつむら　◇おとまり保育（年長）
◇運動会　◇クリスマス会　◇作品展
ほかに、春の遠足、うめもぎ、うめジュース作り、たなばたまつり、秋の遠足、おみせやさんごっこ、お楽しみ会、おいもほり（年長）、おいもパーティー、クリスマスパーティー、もちつき大会、まめまき、おわかれ遠足（年長）、各月お誕生会、おわかれ会 など

進学と関連校

【小学校受験への対応】

特に受験指導は行っていないが、卒園児の10%程度が国・私立小学校に進学

【国・私立小学校への進学先例】

東京学芸大学附属小金井、桐朋、国立音楽大学附属、早稲田実業学校、国立学園 など

園長からのメッセージ

本園は国立駅より徒歩5分の丘の上にあります。閑静な住宅地の中に囲まれ、冬には美しい富士山を見ることができます。園庭にはオーストラリア製の全長26メートルの総合遊具をはじめ、平成27年（2015年）に完成した全長17メートルのスウェーデン製のアスレチック遊具や大型砂場、ブランコ、ミニハウス、三輪車、鉄棒など子どもたちが楽しく遊べる施設が充実しています。また、平成24年（2012年）に完成したおいも畑では、年長児がさつまいもを育て、たくさんのさつまいもを収穫する事が出来ました。

保育は芸術なり　音楽、舞踊などの芸術より一段と高い偉大なる芸術なり

国立音楽大学附属幼稚園

〒186-0004 国立市中1-8-25
TEL：042-572-3533
onyo.ed.jp/

◇ JR「国立」駅より徒歩3分
◇バス「国立駅南口」下車3分

 ## 入園までの流れ

2024年度入試（2023年秋実施）より〜

募集人数	3年保育　男女 35名 2年保育　男女 若干名 1年保育　男女 若干名
公開行事	園庭開放： 　5月10日、10月25日、 　2024年3月21日 見学会：9月7・8日
説 明 会	6月28日、9月6日
願書配布	10月16日〜31日
願書受付	11月1日
選 考 料	11,000円
選 考	11月1日 考査：遊び観察 面接：保護者と志願者
合格発表	11月2日（発送）
入園手続	11月6日

 ## 2025年度募集日程（予定）

【説 明 会】2024年6月26日、9月4日
【願書配布】2024年10月16日〜31日
【入園試験】2024年11月1日
【公開行事】見学会：9月5・6日
　　　　　　運動会：10月12日
　　　　　　夏のコンサート：7月10日
　　　　　　冬のコンサート：12月13日
　　　　　　子育て園庭開放：5月15日、9月25日、
　　　　　　2025年3月19日

 ## ここをチェック！

（2023年1月現在）

創 立	1950年（昭和25年）
園 児 数	年長32名・年中37名・年少28名 満3歳6名
教 員 数	14名
送迎バス	なし
園 庭	土
保育時間	月火木金：9時〜14時 水：9時〜11時45分 ＊降園時刻は年齢や季節により異なる ＊土曜日休園
預かり保育	月火木金　降園後16時30分まで
未就園児クラス	あり ＊1歳児親子リトミッククラスもスタート
英語教育	あり　＊外国人講師が週1回来園し、一緒に遊んだりお弁当を食べたりして過ごす
課外レッスン	ピアノ、バイオリン
宿泊行事	よるのようちえん（年長） ＊宿泊はしませんが、花火などを楽しむ
昼 食	弁当（月火木金）
服 装	指定なし

※子育て支援事業：園庭開放＆遊び会等開催（予約不要）

諸費用

〈入園手続時〉
　入園料　　　　　　　　　　　　160,000円
　保育料（4月分）　　　　　　　　39,500円
〈その後〉
　保育料（月額）　　　　　　　　　39,500円
　＊教材費、遠足代及び宿泊保育などの行事費、冷暖房
　　費を含む

このページの内容は、2024年度園児募集の際に配布された資料に基づいています。
来春入園を希望される方は2025年度園児募集要項（幼稚園配布）をご確認ください。

保育について

【教育目標】

◆**仲良くあそぼう　元気にうたおう**

・子どもたちは自発性を発揮し、自己充実できる環境の中でのびのびと遊び、豊かな感性を育む。

・自由に表現するとともに、外からの情報を選択して取り入れる柔軟な心と体、思考力を養う。

・集団の育ち合いの中で1人ひとりの特性が輝き、自分以外の人と協同する喜びを培う。

園の特長

◆**自我の形成期を大切にする保育**

子どもの思いをしっかり受け止め、子どもの気持ちに添いながら、子どもと共につくる保育を大切にする。

◆**総合リズム教育による**
心身の感覚機能を助長する保育

リトミックによって音やリズムに対する感覚を培い、音楽する喜びや表現能力を養うとともに、精神の集中力、機敏な動作、仲間との協調性などを育む。

◆**自然との対話を通して生きる知を育む保育**

自然の風景や人々のざわめき、昆虫の生態や草花の生長など、見ること、聞くこと、感じることのすべてが心象風景として幼児の内面に織り込まれ、豊かな表現が生まれてくる。自然の中での体験を通じ、生きているという実感を伴った経験ができるように導く。

主な行事

◇創立記念の集い　◇夏の親子コンサート　◇造形展
◇運動会　◇表現の集い　◇冬の親子コンサート
ほかに、親子遊び会、子どもの日の集い、親子遠足、七夕の集い、よるのようちえん（年長）、附属小運動会参加、秋の遠足、やきいも会、豆まきの集い、修了遠足、ひなまつりの集い、修了祝い会　など
※感染対策のため2022年度は以下のように変更
　卒園式：在園児不参加（前日にお別れの会）
　運動会：学年ごと開催　宿泊保育：夜の幼稚園
　遠足：バス遠足　表現の集い：学年ごと開催

安全対策

・電子錠インターホン設置　・監視カメラ設置（24H）
・防犯システム導入　・学校110番設置
・保育時間内は門を施錠　・AED設置
・避難訓練の実施（園児のみ／月1回）
・保護者への引き渡し訓練の実施（年2回）
・防犯訓練の実施
・行事がある時は、正門に警備員配置、それ以外は教員が正門に立ち受け入れている

進学と関連校

【小学校受験への対応】

特に受験指導は行っていないが、卒園児の20%〜30%程度が国・私立小学校に進学

【国立音楽大学附属小学校への進学】

推薦入学制度があり、30%〜40%が進学

【関連校】

国立音楽大学・同大学院・同附属高等学校・同附属中学校・同附属小学校

保護者からの「声」

☆子どもの成長を、急がすことなく1人ひとりに寄り添い見守ってくださいます。子どもの「なぜ、どうして」にすぐに答えを用意するのではなく、共に悩み、驚き、喜んでくれます。おかげで、子どもも安心して自分の考えを言葉にできるようになりました。

☆子どもにとって"本当の自由"がある園です。子ども自身が考え、深めることを大切にします。日常の遊びも、積み木や絵の具、おままごと、季節の行事に合わせた工作など、それぞれ自分の興味がある遊びに取り組みます。社会性を学び始めた子どもたち、友人関係はうまくいくこともあれば、そうでないこともあります。しかし、先生方がいつも愛情深く、しっかりと見守ってくださるので親子共に安心して園生活を楽しんでいます。

☆1年中、園庭には季節の花が咲いて、花をつぶしてジュース屋さんや、むくろじの実を泡立ててビール屋さん。遊びの中に、自然がいっぱいの幼稚園です。

気づき、考え、行動する子ども

国立学園附属かたばみ幼稚園

〒186-0004 国立市中2-6
TEL：042-572-4776
www.kunigaku.ac.jp/kindergarten/

◇ JR「国立」駅より徒歩12分またはバス3分
◇国立駅まで　府中駅からバス25分、聖蹟桜
　ケ丘駅からバス30分

東京市部

 ## 入園までの流れ

2024年度入試（2023年秋実施）より～

募集人数	A日程	3年保育 男女 約24名 2年保育 男女 約5名 1年保育 男女 約5名
	B日程	3年保育 男女 約8名 2年保育 男女 約3名 1年保育 男女 約3名
公開行事		幼稚園見学（要予約）： 　6月8・9・12・13・15日 　10月4・5・6・10・11日 運動会：9月30日 お遊戯会：12月7日 作品展：2024年2月17日
説明会		6月3日、9月2日
願書配布		A日程　9月1日～10月19日 B日程　11月6日～12月5日
願書受付		A日程　10月17日～24日 B日程　11月20日～12月3日
選考料		15,000円
選考		A日程 　3年保育選考　11月1日または2日 　　　　　　　　どちらかの午前中 　2年保育選考　11月1日午後 　1年保育選考　11月2日午後 B日程　12月6日
合格発表		A日程　11月3日　B日程　12月7日
入園手続		AB日程とも合格発表当日

 ## 2025年度募集日程 （予定）

【説　明　会】2024年6月3日、9月2日
【願書配布】2024年9月1日～（WEB）
【入園試験】2024年11月1・2日、12月6日
　　　　　　　2025年3月5日

 ## ここをチェック！

創　立	1954年（昭和29年）
園児数	年長38名・年中17名・年少28名
教員数	11名
送迎バス	なし
園庭	土
保育時間	月火木金：9時～14時 水：9時～12時30分 ＊土曜日休園
預かり保育	7時30分より／18時30分まで ＊長期休暇中も同様
未就園児クラス	園庭開放（月に1回） 2歳児クラス（プレ保育・週3回）
英語教育	ECCジュニア（週1回／希望者）
課外授業	体操、サッカー（週1回／希望者）
宿泊行事	お泊まり遠足（年長）
昼食	弁当（月～金） 希望制給食（月～金）
服装	制服（冬のみ）・制帽あり、 園内着あり

 ## 諸費用

〈入園手続時〉
　入園料　　　　　　　　　　　　　　200,000円
〈その後〉
　保育料（年額／3期分納）　　3年保育 522,000円
　　　　　　　　　　　　　　2年・1年保育 498,000円
　＊ほかにクラス費、後援会費などあり

このページの内容は、2024年度園児募集の際に配布された資料に基づいています。
来春入園を希望される方は2025年度園児募集要項（幼稚園配布）をご確認ください。

保育について

【教育理念】
◆教育目標
・豊かな人間性を培う
「個性的で創造的な行動ができる子ども」「協調的で愛情のある行動ができる子ども」を目指す子ども像とし、「自ら考えて学ぶ子」「友と助け合って活動する子」「元気いっぱいに遊ぶ子」を育成する。

◆家庭と園とのつながり
保育の様子や子どもたちの生活を、参観や保護者会、お便り、送迎時の挨拶を通して適宜知らせる。また、いずみ活動委員会（保護者の会）が中心となり、園のさまざまな活動や行事を保護者が支えている。

【教育課程】
子どもたちを健やかに育てる極意
◆クラス集会（朝の会・帰りの会）
クラスの友だちとの絆を深めることにより、一日の活動を豊かにする。

◆課題遊び
発達段階に応じた遊びを通して、探求する心や行動することの大切さを感じとる心を育む。

◆チャレンジ遊び
遊びながら、挑戦する心、やり遂げる力、粘り強く取り組む力を身につける。

◆自由遊び
遊びの過程で、集団生活のルールや友だちとのかかわり合いを学ぶ。

 # 安全対策

・防犯カメラ設置　・インターホン設置
・保育時間内は門を施錠　・学校110番設置
・避難訓練の実施（園児のみ／月1回）
・防犯訓練の実施　・AED設置
・保護者への引き渡し訓練の実施（年1回）
・災害伝言ダイヤル訓練の実施（学期毎に1回）
・通園の際の保護者用自転車置場設置

主な行事

◇新しい友だちを迎える会　◇年長お泊まり遠足
◇運動会　◇お遊戯会　◇作品展
ほかに、春の遠足、節句の会、七夕、いも掘り遠足、観劇会、豆まき、春待ちレストラン、卒園遠足 など
※感染対策のため2022度年は以下のように変更
　入園式・卒園式：在園児は不参加（ビデオメッセージ作成）
　遠足：昼食なし　お泊り保育：日帰りに変更
　行事に参加する保護者は一家庭2名まで

 # 進学と関連校

【国立学園小学校への進学】
単願制度があり、希望者は進学できる
（他の小学校との併願は認められない）

【国・私立小学校への進学先例】
東京学芸大学附属小金井、学習院、暁星、成蹊、桐朋学園、立教女学院、早稲田実業学校 など

【関連校】
国立学園小学校

園長からのメッセージ

創立70周年を迎える歴史ある幼稚園です。評価いただいていることは、課題保育を行っていることです。年間のカリキュラムを立てて、制作や運動などバランスよく課題に取り組ませています。その中で「自ら気づき、考え、行動すること」を大切にしています。課題保育の延長線にチャレンジ遊びがあったり、異年齢交流を目的としたコーナー活動を行ったりしています。課題保育の間には、それぞれが思い思いに取り組める自由遊びの時間もあります。

人間の土台を創る一貫教育

自由学園幼児生活団幼稚園

〒203-0021 東久留米市学園町1-11-17
TEL：042-422-3118
www.jiyu.ac.jp/kindergarten

◇西武池袋線「ひばりヶ丘」駅より徒歩8分
◇ひばりヶ丘駅まで　田無駅よりバス13分、武蔵境駅・三鷹駅よりバス30分、朝霞台駅・志木駅よりバス35分

 ## 入園までの流れ

2024年度入試（2023年秋実施）より〜

募集人数	3年保育　男女35名
公開行事	園庭開放：毎月3回 体験会：4月29日、6月12日、9月25日、10月16日 体操発表の日：10月7日
説明会	9月11日、10月2日
願書配布	10月15日〜31日
願書受付	11月1日
選考料	6,000円
選考	11月1日
合格発表	11月2日（速達郵便にて通知）
入園手続	11月6日

 ## 2025年度募集日程 （予定）

【説　明　会】2024年9月9日
　　　　　　　10月13日
【願 書 配 布】2024年10月15日〜31日
【入 園 試 験】2024年11月1日

 ## ここをチェック！

創　　立	1939年（昭和14年）
園 児 数	年長18名・年中30名・年少25名
教 員 数	15名
送 迎 バ ス	なし
園　　庭	土・芝生
保 育 時 間	月火水金：9時〜14時 木：9時〜11時30分 ＊土曜日休園
預かり保育	8時より／18時まで ＊長期休暇中は9時〜18時
課 外 授 業	なし
英 語 教 育	あり
宿 泊 行 事	なし
昼　　食	給食（月火水金）
服　　装	制帽あり、制服・スモックなし

 ## 諸費用

〈入園手続時〉
　入園料　　　　　　　　　　　　　　　100,000円
〈その後〉
　教育充実費（月額）　　　　　　　　　　8,000円
　維持費（月額）　　　　　　　　　　　　3,000円
　光熱衛生費（月額）　　　　　　　　　　1,500円
　保護者会費（月額）　　　　　　　　　　1,000円
　食費（月額）＊8月は不要　　　　　　　6,500円
　＊ほかに学期ごとに雑費（5,000円程度）あり
　＊自由学園協会費1口3,000円（任意）あり

東京市部

このページの内容は、2024年度園児募集の際に配布された資料に基づいています。
来春入園を希望される方は2025年度園児募集要項（幼稚園配布）をご確認ください。

保育について

【沿　革】

　自由学園は羽仁吉一・もと子によってキリスト教精神に基づいて知識のつめこみでなく、真の人間教育の基礎を創ることを目指して創立された。幼児生活団は、「その生活からよき頭脳をつくる」「その生活からよき人情をつくる」「その生活からよき手腕をつくる」「その生活からよき健康をつくる」「その生活からよき国民をつくる」をモットーに、昭和14年に創設された。

 ## 園の特長

「自分のことは自分でする」…生活の基礎を幼いうちに身に付けるため「生活講習」を行う。

「友だちと力を合わせる」…動植物のお世話などを友だちと協力し合いながら行うことで、子どもなりにお互いのことを理解し、精いっぱいの力を出す経験を積んでいく。

「体験から感じる」…歌、合奏、お絵描き、粘土細工などの体験を通し、子どもたちの、自然の美しい色や形、音に感じる心と、それを表現しようとする心を育む。

 ## 主な行事

　遠足、運動会、美術工芸展覧会、体操会、クリスマス、収穫感謝祭、音楽発表会、卒園式、お誕生会 など

 ## 安全対策

・インターホン設置　・保育時間内は門を施錠
・避難訓練の実施（学期毎に1回）
・監視ビデオカメラ設置
・学校110番設置　・AED設置（学園内設置）

 ## 進学と関連校

【小学校受験への対応】

　受験希望者には相談に応じる

【自由学園初等部への進学】

　試験はあるが、内部生は考慮

【関連校】

　自由学園最高学部（大学部）・自由学園男子部高等科・同中等科・自由学園女子部高等科・同中等科・自由学園初等部

 ## 保護者からの「声」

　1年を通じて子どもたちの成長に合わせた生活習慣を身に付けます。先生に言われてやるのではなく、子どもたち自身が5歳、6歳のお兄さん、お姉さんに教わり、組の仲間と励まし合いながら繰り返すことで、自分のものにしていきます。先生方は子どもたちの主体性を重んじ、幼くとも1人の人として尊重し接してくださいます。子どもたちを、幼稚園と家庭、組のお母さま方が一緒に見守り、励み合うことで、子どもたちだけでなく母親も成長できる場です。

園長からのメッセージ

　幼児生活団では子どもたち1人ひとりが神様から授かっている生命（いのち）の力を育てるために、ご家庭と協力し合って教育を進めています。自分のことは自分でできるように生活の基礎を身に付け、友だちと楽しく元気に遊び励み合う中で、1つの社会を作る個人の大切さもわかってきます。豊かな自然に恵まれた環境の中、「生活」を大事にする教育を行っています。

私立幼稚園

神奈川県

根っこを育て、生きるちからを育みます

横浜英和幼稚園

〒232-8580 横浜市南区蒔田町124
TEL：045-731-2864
www.yokohama-eiwa.ac.jp/kindergarten/

◇横浜市営地下鉄「蒔田」駅より徒歩8分
◇京急「井土ヶ谷」駅より徒歩18分
◇磯子駅・保土ヶ谷駅よりバス「通町一丁目」下車
　10分

 ## 入園までの流れ

2024年度入試（2023年秋実施）**より〜**

募集人数	3年保育　男女計30名
公開行事	保育ミニ説明会： 　6月26・30日、7月6日、9月7日 えいわであそぼう： 　4月22日、5月24日、6月3・17・24日
説明会	5月29日、6月19日、9月3日
願書配布	10月15日〜29日
願書受付	11月1日
選考料	20,000円
選考	11月1日 親子面接
合格発表	11月2日
入園手続	11月2日

 ## 諸費用

〈入園手続時〉
　入園料　　　　　　　　　　　150,000円
　施設費　　　　　　　　　　　 50,000円
〈その後〉
　保育料（月額）　　29,300円（実費負担額）
　PTA会費（月額）　　　　　　　　 900円
　給食費（月額）　　　　　　　　6,780円
　　＊年少9月より
　教育充実費（月額）　　　　　　4,000円
　卒業積立金（月額）　　1,500円×30か月
　バス利用者（月額）（片道利用）　3,600円
　　　　　　　　　　　（往復利用）　6,000円

 ## ここをチェック！

創立	1880年（明治13年）
園児数	年長30名・年中30名・年少30名
教員数	14名
送迎バス	あり（範囲：半径6km以内）
園庭	土
保育時間	月火木金：9時〜14時 水：9時〜11時15分 ＊土曜日休園
預かり保育	8時より／17時まで ＊土曜日・長期休暇中なし
未就園児クラス	なし
英語教育	あり
課外授業	ECC英会話
宿泊行事	お泊まり保育（年長）
昼食	年長・年中：給食（月火木金） 年少：弁当（月火木金／2学期から給食）
服装	制服なし・制帽あり

2025年度募集日程（予定）

【説明会】2024年10月15日
【願書配布】2024年10月15日〜
【入園試験】2024年11月1日
【公開行事】保育説明会：5月29日、6月19日、9月3日
　　　　　　えいわであそぼう：4月20日、5月22日、6月1・15日
　　　　　　シオン祭：2024年11月

神奈川

このページの内容は、2024年度園児募集の際に配布された資料に基づいています。
来春入園を希望される方は2025年度園児募集要項（幼稚園配布）をご確認ください。

保育について

【大切にしている３つの方針】
- **◆安心して自分らしく**
  ありのままの自分を受け入れられる、安心できる穏やかな環境のなかで、自分らしくいること。
- **◆人や物にかかわり、表現する**
  どうしてかな？やってみよう！と思える環境をつくること。
- **◆仲間と共に創り出す喜びを味わう**
  一緒にやろうよ！見ててね！と、共感できる仲間に出会うこと。

 ## 園の特長

- **◆キリスト教教育**
  聖書の人間観に基づく教育。
- **◆給食と食育**
  食に関する正しい知識と食習慣を身につけるため、学院の管理栄養士が栄養バランス満点のおいしい献立を調理する。衛生・安全面への配慮も行き届く。
- **◆園文庫**
  園文庫には、スタッフが厳選した質の高い絵本やお話の本が豊富に揃う。園だけでなく家庭でも楽しめるように貸し出しも行う。
- **◆学院に連なる幼稚園として**
  内部進学必要条件を満たすと、青山学院横浜英和小学校、青山学院横浜英和中学高等学校への進学の道が開かれる。一貫教育の中でキリスト教教育を受け続けることができる。また、学院のグラウンド、ホール、礼拝堂を使用して、教育活動や小学校との交流活動、ネイティブ教師による英語教育や小学校体育専科教師による楽しい運動などの幅広い活動が行われる。

 ## 安全対策

- ・出欠席はレーザーキッズにて管理
- ・警報発令時等はレーザーキッズにて連絡
- ・保育時間内は門を施錠　・インターホン設置
- ・園舎ドアの施錠　・AED設置
- ・緊急時引き取りカード
- ・ＩＤカード運用　・災害用備蓄品
- ・避難訓練の実施（園児のみ／年３回）
- ・保護者への引き渡し訓練の実施（年１回）

 ### スクールバス安全対策

- ・有資格者が１名必ず添乗　・安全装置設置
- ・バス到着後、添乗員と運転手でバス内の確認

 ## 主な行事

◇年長お泊まり保育　◇プレーデー　◇シオン祭
◇感謝祭礼拝　◇クリスマス
ほかに、イースター礼拝、遠足、花の日子どもの日礼拝、創立記念礼拝、園児招待会、アドヴェント、保育参観、卒業前遠足、お店屋さんごっこ、ありがとうパーティ、１年生招待会 など

進学と関連校

【青山学院横浜英和小学校への進学】
内部進学考査により、約30名弱が進学
【小学校受験への対応】
受験を目的とした指導はないが、考える力・自主性・自律性を重視した教育をしている。
【関連校】
青山学院横浜英和中学高等学校・青山学院横浜英和小学校

神奈川

園長からのメッセージ

幼児期は人生の「根っこ」が育つ時、目には見えなくても、栄養を吸収し、風雨に耐える力を持つ根の育ちを大切にしています。神様に愛されていることを知り、自分らしさを大切にして互いを認め合う信頼感。安心できる穏やかな環境の中で、人と出会い、共に心を動かすことで生まれる共感。よく見る、よく聴く、よく考える。好きなことを見つけて取り組む中で育つ探究心。…笑顔あふれる園生活を是非ご覧になってください。

自ら考え 判断し 行動できる子どもたち

桐蔭学園幼稚園

〒225-8502 横浜市青葉区鉄町1614
TEL：045-972-2223
toin.ac.jp/knd/

◇市が尾駅・青葉台駅・柿生駅よりバス「桐蔭学園前」下車
◇あざみ野駅・新百合ヶ丘駅よりバス「もみの木台」下車10分

 ## 入園までの流れ

2024年度入試 (2023年秋実施) より～

募集人数	3年保育 男女 約30名
公開行事	公開保育：5月9・10日 個別見学会：5月18日、6月8・22日 園庭開放：5月24日、6月14・28日、9月6・27日 公開保育・説明会：6月1・2日 ようちえんであそぼう・個別相談：6月24日、8月26日 オープンスクール：7月8日 説明会：9月9日
入園説明会・入試体験会	10月15日
要項配布	10月15日～（WEB）
願書受付	11月1日（WEB）
選考料	15,000円
選考	11月2日 ◇集団行動観察 ◇面接：保護者面接
合格発表	11月2日～3日（WEB）
入園手続	11月7日まで

 ## 諸費用

〈入園手続時〉
　入園料　　　　　　　　　　　　　120,000円
〈その後〉
　施設設備費（年額）　　　　　　　125,000円
　保育料（月額）＊年4回で分納　　 35,300円
　教育活動費（月額）＊年4回で分納　 5,000円
　給食費（月額）＊年4回で分納　　　 5,200円
　バス代（月額）＊年4回で分納　　　 5,200円
　教育振興寄付金（1口以上）＊任意 1口 100,000円
　空調費（年額）＊年2回で分納　　 16,900円
　　＊ほかに保護者会費などあり
　　＊物価の変動により改定することがあります

 ## ここをチェック！

創　立	1969年（昭和44年）
園児数	年長28名・年中30名・年少23名 （2024年1月現在）
教員数	19名
送迎バス	小田急線 柿生駅、東急田園都市線江田駅 藤が丘駅
園庭	土
保育時間	月～金：9時30分～14時10分 ＊土日休園
預かり保育	18時まで ＊土日休園
未就園児クラス	なし
英語教育	あり（全学年）
課外授業	なし
宿泊行事	あり（年長）
昼食	給食（月火木金） 　一部アレルギー対応 弁当（水）
服装	制服・制帽・スモックあり

 ## 2025年度募集日程 (予定)

【募集要項掲載開始】2024年10月15日～
【入園試験】2024年10月15日公表
【公開行事】公開保育・施設見学会：5月8・9日
　　　　　個別見学会：5月16・30日、6月13・27日、9月12・26日
　　　　　園庭開放：5月22日、6月19日、9月4・18日
　　　　　ようちえんであそぼう・個別相談：6月22日、8月31日
　　　　　プレ・幼稚園デー！：7月6日　など

このページの内容は、2024年度園児募集の際に配布された資料に基づいています。
来春入園を希望される方は2025年度園児募集要項（WEB掲載のみ）をご確認ください。

神奈川

保育について

【桐蔭学園幼稚園の教育】

◆桐蔭学園幼稚園　教育の特徴
「チャレンジする力」
「ともだちとつながる力」
「まなびにむかう力」

●絵本に触れる

絵本コーナーや園舎内のちょっとした場所に、自分で手にとりやすいようにレイアウトし、日常的に絵本に触れることができる環境を整えています。「絵本の世界を楽しんでほしい」願いがあります。

●異学年交流

たくさんの異学年交流があります。2学年や3学年での活動をとおして、お兄さん、お姉さんの姿は憧れのロールモデルになり、小さい子とのかかわりをとおして、社会的承認、自尊感情の芽生えにつながります。

●自然を感じる

園舎のまわりは自然に溢れ、四季折々に姿を変えていきます。発見、驚き、不思議など心動かされる体験がたくさんあり、季節ごとに変化する自然は子どもたちの好奇心を刺激し、豊かな感性が育まれていきます。

●スピーチ活動

となりのおともだちに、クラスのおともだちに、その日のできごとや自分の気持ちを伝えることを大切にしています。人前で話す機会を設定し、言葉で伝える、話を聞いて理解する力を養います。

●主体的に遊ぶ

自分で遊びたい遊びを見つけ、選択し、思う存分に遊び込むことを大切にします。試行錯誤を繰り返し、自分でやりとげた達成感を存分に味わえることができる環境を整え、幼児期ならではの遊びをサポートします。

 # 安全対策

・監視カメラ設置　・警備員の立哨警備
・学園職員の校内巡視　・警察直通電話あり
・保育時間内は門を施錠
・保護者への引き渡し訓練の実施
・防災訓練の実施（園児／学期毎に1回）
・保護者に入校証を発行 など

スクールバス安全対策

・学園の運転部職員と外部委託業者（バス会社）による運行
・添乗教員と運転手による降車後の車内チェック
・運行後すぐに車内消毒・清掃（毎日）
・置き去り防止システム設置

●挑戦する

ひとり一人の「やってみようかな」のきっかけを大事にして「チャレンジする力」を育みます。「やってみる」と一歩踏み出した子どもたちを認め、頑張っているプロセスを励ます、やり抜いたことを褒めていきます。

 # 主な行事

入園式、親子遠足、保育参観、造形遊びの日、七夕子ども会、お泊まり保育（年長）、防災降園訓練、運動会、おいもほり、秋の遠足、クリスマス子ども会、おゆうぎ会、お別れ会、卒園式 など

 # 進学と関連校

【桐蔭学園小学校への進学】

本園年長児の桐蔭学園小学校への内部進学については、ご家庭からの希望に対し、在園中の記録に基づいて幼稚園が推薦を行います。その推薦内容を基に小学校が入学の可否を判定します。

【関連校】

桐蔭横浜大学・同大学院、桐蔭学園高等学校、桐蔭学園中等教育学校、桐蔭学園小学校

園長からのメッセージ

子どもたちのやってみたい、やってみようかなという気持ちを引き出す環境を整えて「チャレンジする力」を育むことを教育目標としています。チャレンジする力とともに、「ともだちとつながる力」「まなびに向かう力」の3つの力を育み、桐蔭学院の一貫教育を見据えた幼稚園教育を実践しています。

生きる力と好奇心、もっともっと大きくなあれ。

森村学園幼稚園

〒226-0026 横浜市緑区長津田町2695
TEL：045-984-0046
www.morimura.ac.jp/youchien/

◇東急田園都市線「つくし野」駅より徒歩5分

入園までの流れ

2024年度入試（2023年秋実施）より～

募集人数	3年保育 男女 約40名 2年保育 男女 約20名
公開行事	園庭開放：5月10日・17日・24日 公開見学会：6月20日、9月12日 親子運動会：9月30日 親子で遊ぼう：6月17日、7月1日、9月9日
説明会	6月3日、10月14日
願書配布	10月16日～20日
願書受付	10月18日～20日 （郵送・期間内必着）
選考料	25,000円
選考	親子面接：受験日に実施 考査：集団遊び 　2年保育：11月1日 　3年保育：11月2・3日 　のうち1日
合格発表	2年保育：11月1日 3年保育：11月3日
入園手続	11月8日

2025年度募集日程（予定）

【説 明 会】2024年6月29日、10月14日
【願書配布】2024年10月中旬
【入園試験】2年保育：2024年11月1日
　　　　　　3年保育：2024年11月2・3日のうち1日
【公開行事】見学会5月22・29日、6月18日、9月10・17日
　　　　　　親子であそぼう：5月8・15日、6月1・15日、9月7・21日

ここをチェック！

創　　立	1910年（明治43年）
園 児 数	年長41名・年中29名・年少24名
教 員 数	11名
送迎バス	なし
園　　庭	土
保育時間	月～金： 　8時50分～14時 ＊土曜日休園
預かり保育	8時より／18時まで ＊長期休暇中も実施
未就園児クラス	あり（ひまわりぐみ）
英語教育	あり
課外授業	体操、プール（年中・年長）
宿泊行事	林間保育（年長）
昼　　食	お弁当または給食を選択
服　　装	通園ユニフォームあり

諸費用

〈入園手続時〉
　入園料　　　　　　　　　　3年保育 200,000円
　　　　　　　　　　　　　　2年保育 180,000円
　施設設備資金　　　　　　　　　 100,000円
〈その後〉
　保育料（月額）　　　　　　　　　 47,000円
　教育環境維持費（月額）　　　　　　 7,000円
　施設設備資金（年額）　　　　　　　75,000円
　ＰＴＡ会費（年額）　　　　　　　　 4,000円
　預かり金（年額）　　　　　　　　　35,000円
＊寄付金1口50,000円、4口以上

　このページの内容は、2024年度園児募集の際に配布された資料に基づいています。
　来春入園を希望される方は2025年度園児募集要項（幼稚園配布）をご確認ください。

保育について

【校訓】
- ◆正直「素直に自分の思いを表すこと」
- ◆親切「思いやりの気持ちを持つこと」
- ◆勤勉「一生懸命やること」

【教育方針】
日々の「あそび」の中で、子どもたちの「非認知能力」を育てる。

【教育目標】
「知育、徳育、体育のバランスのとれた子ども」
「知的好奇心の旺盛な子ども」
「コミュニケーション能力の豊かな子ども」

●あそびは学び
日々の「あそび」の中で、子どもたちの「非認知能力」を育てます。

●豊かな自然の中で元気いっぱい
自然に囲まれた環境の中で、柔軟な発想と思考力を育てます。

●ことばを大切に育てます
「言語技術教育」「英語あそび」を通じて、「聞く力・表現する力」を育てます。

 ## 安全対策

- ・監視ビデオカメラ設置
- ・学園内に守衛を配置、常勤
- ・入構証携帯　・インターホン設置
- ・緊急時警察連絡システム
- ・避難訓練の実施（園児のみ／年４回）
- ・非常食、水の用意
- ・プールの水の飲料化装置設置

 ## 主な行事

◇林間保育（年長）　◇運動会
◇クリスマス会　◇たてわり活動　◇お誕生会
ほかに、子どもの日の会、春の遠足、保護者保育参加日、七夕の会、お月見の会、おいもほり遠足、まめまきの会、おもちつき、ボール大会（年長）、ひなまつりの会　など

進学と関連校

【森村学園初等部への進学】
内部推薦制度あり

【関連校】
森村学園中高等部・同初等部

園長からのメッセージ

森村学園にはたくさんの木々や四季の花々があり、虫や鳥たちがにぎやかに集まってくる自然環境があります。子どもたちはその中で、日々豊かな心と考える力を育んでいます。子どもにとって「あそびは学び」です。お友だちといっしょに主体的な活動を楽しむ中で、豊かなコミュニケーション能力を養い、将来は自分の力で道を切り拓き、進んでいける人になってほしいと願っています。

保育ではない教育が やまゆり学園の願いです。

湘南やまゆり学園

横浜マドカ幼稚園　横浜あすか幼稚園
横浜みずほ幼稚園　横浜黎明幼稚園

＊湘南やまゆり学園各幼稚園の詳細については、P.256 〜 P.259 をご覧ください。

 保育について

【学園概要】

当学園は、神奈川県下に8園（すべて認定こども園）、その他、健康給食センター（本学園幼児専用／伊勢原市）、自然体験宿泊施設（長野県伊那市）を有する幼児教育総合学園で、総園児数約2,400名、教職員数170名を数える。

【教育理念】

教育は心を育てること、躾は幼児期に育むもの

人と人の触れ合い、人格を尊ぶ「心の教育」に重点を置き、「心身の調和のとれた健全な人格」の土台の育成を目指す。

【教育目標】

礼節を重んじ、思いやりがあり、友だちと仲良く遊べる力を育て、判断力・考える力を養い、生涯、自分から学んでいける子どもに育てる。

◆**泣かない子**

すぐ弱音を吐かず、我慢し、何が駄目だったか考える力を養う。

◆**負けない子**

自分自身に負けない気持ちを持たせ、意欲のある子に育てる。

◆**嘘をつかない子**

誠実で正義感のある子に育て、善悪の区別を判断する力を養う。

◆**友だちを大切にする子**

寛容・思いやりのある子に育て、友だちを大事にする優しい心を伸ばす。

◆**元気な子**

明るく、元気いっぱいな子どもに育て、友だちと仲良く遊べる力を養う。

【教育内容】

日々進化する「遊んで学ぶ」カリキュラム

◆**日課指導**

α波が出るといわれる朝の時間帯に、フラッシュカードや百玉計算機などを使って五感や脳を刺激して集中力や積極性を養う活動を行う。

◆**日本語教育（言葉を育む）**

かな・漢字まじりの絵本を使うことで、言葉の意味を正しく理解する。

◆**英語教育（言葉を育む）**

外国人講師の言葉に触れ、楽しくコミュニケーションをとりながら、自然に英語を学んでいく。

◆**回遊サーキット（健康を育む）**

毎朝、平均台や鉄棒、雲梯、吊り輪などの遊具に触れることで、運動能力を十二分に引き出す。

◆**健康給食（健康を育む）**

調味料（塩・砂糖・しょう油など）にもこだわり、なるべく子どもの身体に良いものを作っている。バランスのよい給食が健康な体をつくり、意欲的な子どもを育てる。

◆**剣道（健康を育む）**

声を出し体を動かすことで、心身の健全な発達を目指すとともに、礼節の基本を身につける。

◆**音楽表現（表現を育む）**

友だちと合唱や合奏することで集団の中での自己表現力を引き出し、また発表の場を設けることで子どもたちの意欲を引き出す。

◆**造形表現（表現を育む）**

発達に合わせた造形遊びを通し、自己の表現や自由な心を養う。

◆**発表会・演奏会・絵画展（表現を育む）**

子どもたちのモチベーションを高め、責任感や友だちと協力する心を養い、また観てもらう喜びと友だちの作品を観る経験を通して柔軟な心を養う。

神奈川

このページの内容は、2024年度園児募集の際に配布された資料に基づいています。
来春入園を希望される方は2025年度園児募集要項（幼稚園配布）をご確認ください。

◆ **体験学習・自然体験教室（社会性を育む）**
親もとを離れ、大自然の中でしか味わえないさまざまな体験を積む。＊年長のみ

◆ **体験学習・茶道教室（体験値を上げる）**
静かな空間で茶を点て集中することで、精神を高める。＊一部の園のみ

◆ **体験学習・収穫体験（体験値を上げる）**
春はじゃがいも、秋はさつまいも。直接土に触れて収穫し、自然の恵みに感謝する心を育てる。

◆ **体験学習・行事体験（体験値を上げる）**
年間を通して行われる幅広い行事を、楽しみながら自然に社会性を育んでいく。

◆ **未就園児教室（未就園児を育む）**
同年齢のお友だちと仲良く遊んで集団生活の術を習得する未就園児教室を開室する。

◆ **ハッピー教室（4年保育で育む）**
2歳からの通園で、時間をかけて自然に幼稚園での生活習慣を身につける。

【学園施設】

◆ **健康給食センター" やまゆりキッチン"**
学園運営の広く明るく清潔な健康給食センター。栄養重視の健康給食を提供する。

◆ **専用宿泊施設および専用営火場**
長野県伊那市の日本幼稚園村に、宿泊施設やホールなどを整備。

【地域子育て支援事業】

◆ **アフタークラブ（預かり保育）**
保育時間終了後や時間外だけでなく長期休暇中にも保育活動を行う。

◆ **講座の実施**
地域のお母さんと未就園児を対象に、専門家による講座を行い、お母さん同士の交流や子育て情報の交換の場を設ける。

◆ **課外活動**
以下の各スクールが園内にてレッスンを行う。
パルスポーツクラブ、凸凹積木算数教室、ぴのきおスクール、読み書きビブリ、こども英会話教室、協栄スイミングクラブ、ムサシサッカーアカデミー、キッズダンスクラブ、造形絵画教室ぱすてろなど
＊横浜の各園では行っていません。

 ## 進学と関連校

【系列園】

- 湘南やまゆり幼稚園（茅ヶ崎市）＊
- 湘南やまゆり第二幼稚園（茅ヶ崎市）＊
- 湘南マドカ幼稚園（茅ヶ崎市）＊
- 中央マドカ幼稚園（伊勢原市）＊
- 横浜マドカ幼稚園（横浜市緑区）＊
- 横浜あすか幼稚園（横浜市緑区）＊
- 横浜みずほ幼稚園（横浜市都筑区）＊＊
- 横浜黎明幼稚園（横浜市都筑区）＊
  - ＊……幼稚園型認定こども園
  - ＊＊…幼保連携型認定こども園

理事長からのメッセージ

幼児期に非認知能力をきちんと育んでおくことが、子どもたちの将来を大きく左右します。非認知能力とは要するにやりぬく力、我慢できる力、譲り合える心です。考えれば当学園では何十年も前からそのような力を伸ばす教育を続けてまいりました。そして、集中と発散を繰り返す教育内容を実践しておりメリハリのある生活を送ります。知育的な内容と運動面の内容を毎日行うことで「一日一日の積み重ねを大切にする年輪教育」を念頭に子どもたちの成長に職員一同全力で邁進しております。

湘南やまゆり学園　横浜マドカ幼稚園 _{認定こども園}

〒226-0016 横浜市緑区霧が丘6-14
TEL：045-922-0797
yokoma.yamayuri.com/

◇十日市場駅よりバス「霧が丘公園前」「若葉台車庫前」下車3分

入園までの流れ

2024年度入試 (2023年秋実施) より～

募集人数 （1号認定）	3年保育　一般募集男女15名 2年保育　一般募集男女 若干名 ＊在園・卒園児の弟妹、関係者は別途
公開行事	見学会・園庭開放・運動会・演奏会など ＊今年度実施日程は、HPでご確認ください。
願書配布	10月16日～
願書受付	11月1日
検定料	5,000円
検定	11月1日
入園手続	検定日の案内に従う

進学と関連校

【小学校受験への対応】

　日常の教育活動をしっかり取り組んでおり、特別な受験指導は行っていない。集中と発散を繰り返す学園の教育を受けることで、自然に受験対応となっている。相談があればその都度アドバイスを行っている。

2025年度募集日程 _{予定}

【説 明 会】2024年6月26日、7月8日
【願書配布】2024年10月15日～
【入園試験】2024年11月1日

ここをチェック！

創　立	1980年（昭和55年）
園児数	年長68名・年中45名・年少62名
教員数	22名
送迎バス	あり（範囲：半径5km以内）
園庭	土
保育時間	月～金：8時45分～13時40分 ＊土曜日休園
預かり保育	平日：7時30分～18時30分 土：7時30分～15時30分 ＊長期休暇中　7時30分～18時30分 ＊P.255参照
未就園児クラス	未就園児教室 （週1・3回コース～毎日コース）
英語教育	あり　＊P.254参照
課外授業	あり　＊P.255参照
宿泊行事	自然体験教室など　＊P.255参照
昼食	給食（月～金）アレルギー対応あり
服装	制服・制帽・体操服・スモックあり

諸費用

〈入園手続時〉
入園準備金	30,000円
入園料	3歳児 90,000円
	4歳児 80,000円

〈その後〉
授業料	無償化によりなし
教育充実費（月額）	5,500円
施設費（月額）	1,750円
牛乳・給食費（月額）	4,800円
バス代（月額）	4,000円

＊バス希望者は、別途バス入会金5,000円

神奈川

このページの内容は、2024年度園児募集の際に配布された資料に基づいています。
来春入園を希望される方は2025年度園児募集要項（幼稚園配布）をご確認ください。

湘南やまゆり学園　横浜あすか幼稚園 _{認定こども園}

〒226-0016 横浜市緑区霧が丘3-18-1
TEL：045-921-0603
asuka.yamayuri.com/

◇十日市場駅よりバス「遊水池前」「中丸入口」下車3分

入園までの流れ

2024年度入試（2023年秋実施）より〜

募集人数 （1号認定）	3年保育　一般募集男女8名 ＊在園・卒園児の弟妹、関係者は別途
公開行事	見学会・園庭開放・運動会・演奏会など ＊今年度実施日程は、HPでご確認ください。
願書配布	10月16日〜
願書受付	11月1日
検定料	5,000円
検定	11月1日
入園手続	検定日の案内に従う

進学と関連校

【小学校受験への対応】

　日常の教育活動をしっかり取り組んでおり、特別な受験指導は行っていない。集中と発散を繰り返す学園の教育を受けることで、自然に受験対応となっている。相談があればその都度アドバイスを行っている。

2025年度募集日程 （予定）

【説　明　会】2024年9月10日、10月8日
【願書配布】2024年10月15日〜31日
【入園試験】2024年11月1日

ここをチェック！

創立	1984年（昭和59年）
園児数	年長98名・年中96名・年少82名
教員数	27名
送迎バス	あり（範囲：半径5km以内）
園庭	人工芝
保育時間	月〜金：8時45分〜13時40分 ＊土曜日休園
預かり保育	平日：18時30分まで 土：7時30分〜15時30分 ＊長期休暇中　7時30分〜15時30分 ＊P.255参照
未就園児クラス	未就園児教室 （週1・毎日コース）
英語教育	あり　＊P.254参照
課外授業	あり　＊P.255参照
宿泊行事	自然体験教室など　＊P.255参照
昼食	給食（月〜金）アレルギー対応あり
服装	制服・制帽・体操服・スモックあり

諸費用

〈入園手続時〉
入園準備金	30,000円
入園料	3歳児 105,000円
	4歳児 90,000円

〈その後〉
授業料	無償化によりなし
教育充実費（月額）	5,500円
施設費（月額）	1,750円
牛乳・給食費（月額）	4,800円
バス代（月額）	4,000円

＊バス希望者は、別途バス入会金5,000円

神奈川

湘南やまゆり学園　横浜みずほ幼稚園
認定こども園 やまゆりキッズ

〒224-0021 横浜市都筑区北山田3-25
TEL：045-591-8120
mizuho.yamayuri.com/

◇横浜市営地下鉄「北山田」駅より徒歩5分

入園までの流れ

2024年度入試（2023年秋実施）より～

募集人数 （1号認定）	3年保育　一般募集男女25名 ＊在園・卒園児の弟妹、関係者は別途
公開行事	見学会・園庭開放・運動会・演奏会など ＊今年度実施日程は、HPでご確認ください。
願書配布	10月15日～
願書受付	11月1日
検定料	5,000円
検定	11月1日
入園手続	検定日の案内に従う

進学と関連校

【小学校受験への対応】

日常の教育活動をしっかり取り組んでおり、特別な受験指導は行っていない。集中と発散を繰り返す学園の教育を受けることで、自然に受験対応となっている。相談があればその都度アドバイスを行っている。

2025年度募集日程（予定）

【説 明 会】通年実施
【願書配布】2024年10月15日～
【入園試験】2024年11月1日

ここをチェック！

創　　立	1997年（平成9年）
園 児 数	年長103名・年中97名・年少80名
教 員 数	25名
送 迎 バ ス	あり
園　　庭	人工芝
保 育 時 間	月～金：8時45分～13時30分 ＊土曜日休園
預かり保育	平日：18時30分まで 土：7時30分～15時30分 ＊長期休暇中　7時30分～15時30分 ＊P.255参照
未就園児クラス	未就園児教室 （週1回コース～毎日コース）
英 語 教 育	あり　＊P.254参照
課 外 授 業	あり　＊P.255参照
宿 泊 行 事	自然体験教室など　＊P.255参照
昼　　食	給食（月～金）アレルギー対応あり
服　　装	制服・制帽・体操服・スモックあり

諸費用

〈入園手続時〉
入園準備金	30,000円
入園料	3歳児 140,000円
	4歳児 130,000円

〈その後〉
授業料	無償化によりなし
教育充実費（月額）	6,500円
施設費（月額）	1,750円
牛乳・給食費（月額）	4,800円
バス代（月額）	4,100円

＊バス希望者は、別途バス入会金 5,000円

神奈川

このページの内容は、2024年度園児募集の際に配布された資料に基づいています。
来春入園を希望される方は2025年度園児募集要項（幼稚園配布）をご確認ください。

湘南やまゆり学園　横浜黎明幼稚園

認定こども園　れいめい

〒224-0023 横浜市都筑区東山田1-27-5
TEL：045-594-3636
reimei.yamayuri.com/

◇横浜市営地下鉄「北山田」駅より徒歩8分
◇鷺沼駅よりバス「稲荷坂」下車6分

入園までの流れ

2024年度入試（2023年秋実施）より～

募集人数 （1号認定）	3年保育　一般募集男女25名 2年保育　一般募集男女若干名 ＊在園・卒園児の弟妹、関係者は別途
公開行事	見学会・園庭開放・運動会・演奏会など ＊今年度実施日程は、HPでご確認ください。
願書配布	10月15日～
願書受付	11月1日
検定料	5,000円
検定	11月1日
入園手続	検定日の案内に従う

進学と関連校

【小学校受験への対応】

日常の教育活動をしっかり取り組んでおり、特別な受験指導は行っていない。集中と発散を繰り返す学園の教育を受けることで、自然に受験対応となっている。相談があればその都度アドバイスを行っている。

2025年度募集日程 （予定）

【説 明 会】2024年5月30日、6月13・24日、
　　　　　　7月3日、9月19日、10月1・17日
【願書配布】2024年10月15日
【入園試験】2024年11月1日
【公開行事】M & B（まみー＆べべ）、豆しばの日（園庭開放）
　　　　　　＊詳細はHPをご覧ください

ここをチェック！

創　立	2000年（平成12年）
園児数	年長73名・年中65名・年少83名
教員数	29名
送迎バス	あり（範囲：半径5km以内）
園庭	人工芝
保育時間	月～金：8時45分～13時40分 ＊土曜日休園
預かり保育	平日：18時30分まで 土：7時30分～15時30分 ＊長期休暇中　7時30分～15時30分 ＊P.255参照
未就園児クラス	未就園児教室 （週1回コース～毎日コース）
英語教育	あり　＊P.254参照
課外授業	あり　＊P.255参照
宿泊行事	自然体験教室など　＊P.255参照
昼食	給食（月～金）アレルギー対応あり
服装	制服・制帽・体操服・スモックあり

諸費用

〈入園手続時〉
　入園準備金　　　　　　　　　　　30,000円
　入園料　　　　　　　　3歳児　140,000円
　　　　　　　　　　　　4歳児　130,000円
〈その後〉
　授業料　　　　　　　　　無償化によりなし
　教育充実費（月額）　　　　　　　6,500円
　施設費（月額）　　　　　　　　　1,750円
　牛乳・給食費（月額）　　　　　　4,800円
　バス代（月額）　　　　　　　　　4,100円
　＊バス希望者は、別途バス入会金5,000円

神奈川

このページの内容は、2024年度園児募集の際に配布された資料に基づいています。
来春入園を希望される方は2025年度園児募集要項（幼稚園配布）をご確認ください。

元気いっぱい!!　子どもが子どもらしい幼稚園

金の星幼稚園

〒224-0001 横浜市都筑区中川1-3-2
TEL：045-911-7000
kinnohoshi.com

◇横浜市営地下鉄「中川」駅から徒歩3分

入園までの流れ

2025年度入試（2024年秋実施）より〜

募集人数	3年保育　英語クラス 60名 2年保育　英語クラス若干名 1年保育　英語クラス若干名
公開行事	保育見学：WEB予約 大運動会：10月12日 ちびっこ運動会・説明会：8月31日 月に1回イベント（絵本で子育て、親子体操、縁日遊び、造形教室、ハロウィンイベント、クリスマス会、親子サッカー、リズム遊び） （参加自由／HP参照／WEB予約）
願書配布	8月31日
入園審査	WEB予約 両親・子ども
願書受付	両親面接時
選考料	5,000円
入園手続	選考後、随時

諸費用

入園料	170,000円
保育料（月額）	3,800円
	＊無償化 25,700円を引いた金額です
施設費（月額）	3,000円
諸経費（月額）	6,000円
特別教育費（月額）	8,500円
給食（月額）＊選択制	4,050円
バス（月額）＊選択制	4,500円
英語クラス特別教育費（月額）	20,000円
英語メソッド利用費（月額）	2,000円

＊ほかに服代、学用品代、遠足代等あり

ここをチェック！

創立	1950年（昭和25年）
園児数	年長64名・年中58名・年少48名
送迎バス	あり（HPバス路線記載） ＊夕方便（東急・市営地下鉄各駅）
園庭	土
保育時間	月火木金：8時30分〜14時 水：8時30分〜11時15分 ＊土曜日休園（土日預りあり）
預かり保育	平日：7時30分〜何時まででも 土曜：7時30分〜15時30分 長期休暇中：上記と同じ
未就園児クラス	満3才保育料 25,700円減額 無料親子英語コース（毎週）
正課教育	体操・英語・算数・国語・文字・絵画・鼓笛・リズム・ピグマリオン・ダンス・論理エンジン
英語教育	外国人と日本人のW担任 朝のマンツーマンから終日、外国で生活するように英語にふれる。 LCAメソッドとサイバードリーム
課外授業	サッカー・体操・新体操・英語・空手・ミュージカル・ピアノ・バレエ・ピグマリオン・論理エンジン・囲碁・バトン・演劇・英語プログラミング など
宿泊行事	お泊まり保育（年長）
昼食	弁当・給食選択制 給食には、にぼしと牛乳付き
服装	夏季期間の裸足裸はランニング可 制服・制帽・体操服あり

このページの内容は、2024年度園児募集の際に配布された資料に基づいています。
来春入園を希望される方は2025年度園児募集要項（幼稚園配布）をご確認ください。

保育について

【建学の精神】

創立70周年。子どもたちの個性と創造性を伸ばし、健やかな人間性と協調の社会性を育み、心豊かに伸び伸びとした元気一杯の子どもたちを育てる。将来、各々の分野で日本の未来を担い、世界の人々の心を優しく繋いでくれるような美しい星に育ってくれることを祈りとし、設立された。

 # 園の特長

外国人と日本人のW担任制

【正課に組み込まれている専門講師保育】

体　操：困難を乗り越える力を育む、高度な組体操や跳び箱6段以上。

英　語：ケンブリッジ大学認定英語講師のご本読みを通して英語独特の表現力を学ぶ。

絵　画：想像力豊かに発想した内容を表現する。

鼓　笛：人とリズムを合わせ、演奏する喜びを知る。

算　数：数を遊び、得意にする。

国　語：美しい日本語の文章に触れ、集中力を養う。

文　字：美しいひらがなの特徴を理解し、美しい文字が書けるようになる。

リズム：子どもの本能をひきだし、楽しいリズムでやる気と自信をつける。

ピグマリオン：
　子理科的感覚を養い「考える力」「推理する力」「想像し組み立てる力」を育てる。

論理エンジン：
　言語・論理・思考・表現・文法を刺激し、「論理的に考える力」を養う。

ダンス：ヒップホップダンスでリズムを楽しむ。

 # 安全対策

・32台の警備カメラと警備員常勤
・放射線物質も除去する浄水器8台を設置
・園庭に紫外線遮断大型ネット（裸・裸足保育期間）
・防災訓練の実施（年2回）
＜コロナウイルス除去の対策や感染防止＞
・床・壁・机など全てに次世代光触媒塗布
・家庭用の1,000倍のプラズマクラスター全館設置

スクールバス安全対策

・置き去り防止装置設置
・17時の夕方便運行

 # 特徴ある行事・取り組み

◇夜遅くまで随時頼める預かり保育
　預かり保育後、自宅まで送迎バスあり（希望者）
◇保護者がクラスに1人で行う「1日先生体験」
　（我が子のありのままを見る事ができます）
◇父子遠足（年中沢釣り・年長地引網）
◇鼓笛隊（全日本マーチング、地域イベント
◇公会堂でのお遊戯会（好きな演目で取り組みます）
◇大運動会（小学校レベルの組体操と鼓笛隊）
◇成人を祝う会（卒園者・保護者・当時の職員）
◇友だちバザー（自由参加の出店方式）
◇保護者の係はすべてボランティア

進学と関連校

【私立小学校への進学】

卒園児の10%程度が私立小学校に進学

【国・私立小学校への進学先例】

※毎年慶應義塾進学実績あり

慶應義塾、筑波大学附属、横浜国立大学教育学部附属横浜、横浜雙葉、洗足、桐光学園、青山学院、白百合学園、サレジオ、LCA国際、森村学園、清泉、帝京大学、関東学院 など

園長からのメッセージ

園庭いっぱいをドロドロにして遊ぶ当園は、私立だからこそできる教育の革新に力を入れています。鼓笛隊や理科的感覚を育てるピグマリオンなど、日本語で行う11教科の専門講師指導は興味・自信・集中力がつき、子どもたちにも人気です。外国人と日本人のW担任制で自然に英語が身に付きます。朝の英語マンツーマン、LCA国際学園メソッド、美しい発音が身に付くサイバードリームの英語教育を行っています。

未来を担う子どもたちが、神様の愛を感じ、神と人に愛されるように。
感謝・喜び・希望をもって世界にはばたいていくように。

上星川幼稚園

〒240-0042 横浜市保土ケ谷区上星川1-12-1　　◇相鉄線「上星川」駅より徒歩5分
TEL：045-381-0705
www.kamihoshikawa.ed.jp/

入園までの流れ

2024年度入試（2023年秋実施）より〜

募集人数	3年保育　男女60名 2年保育　男女若干名 1年保育　男女若干名
公開行事	作品展示会：9月1・2日 運動会：10月14日
説明会	9月26日・29日
願書配布	10月16日〜
願書受付	11月1日
選考料	5,000円
選考	11月1日 面接：保護者と志願者 子どもは先生と遊ぶ、保護者 には通園方法・健康状態・家 庭の様子などを聞く
合格発表	11月1日
入園手続	11月1日

諸費用

〈入園手続時〉
　入園料　　　　満3歳児・3年保育120,000円
　　　　　　　　2年保育110,000円
　　＊兄弟姉妹で同時入園の場合は兄または姉分、免除
　施設設備費　　　　　　　　　　　10,000円
〈その後〉
　保育料（月額）　　　　　　　　　30,000円
　通園バス費（利用者・月額）　　　 3,000円
　教材費（年額）　3歳7,909円・4歳7,295円
　アルバム制作費等実費徴収金（年額）
　　　　　　　　　3歳6,103円・4歳6,103円
　＊ほかに制服代などあり
　＊助成あり（無償化補助額25,700円）

ここをチェック！

創立	1949年（昭和24年）
園児数	年長73名・年中49名・年少69名 満3歳児19名
教職員数	21名
送迎バス	あり
園庭	土・芝生
保育時間	登園：8時30分〜10時 降園：13時30分〜15時 ＊登降園時刻はクラスにより異なる ＊水曜日1時間短縮・土曜日休園
預かり保育	7時30分より／18時まで ＊就労に関わらず受け入れています
未就園児クラス	0〜3歳児対象プログラムあり ＊満3歳児保育については、直接幼 　稚園にお問い合わせください。
満3歳児保育	あり
英語教育	あり
課外授業	絵画、書き方、体操、バレエ、 ピアノ、ヴァイオリン
宿泊行事	なし
昼食	弁当（月〜金）＊希望者は給食可
服装	制服・制帽・スモックあり

2025年度募集日程（予定）

【説明会】未定
【願書配布】2024年10月15日〜31日
【入園試験】2024年11月1日

神奈川

保育について

【教育方針】

◆キリスト教精神に基づく愛の教育を行う。

◆幼児の個性を尊重し生命の尊さを知り、集団生活を通して規律を守り情操豊かな人間形成をする。

◆幼稚園教育要領に基づき、望ましい幼児の経験や活動を通し、適切な指導ができるような環境を心掛ける。

 ## 園の特長

◆保育は祈りをもって始め、素直に感謝できる心を育てる。

◆音楽、体操、英語（ネイティブスピーカー）は、専門教師による指導を行う。

◆図形遊び（プレートパズル、マジックブロック）、幼年教育のはじめてあそびの教材を使用し、楽しく遊びながら集中力や創造力を伸ばす。

◆在園生の弟妹（〜2歳）と保護者が一緒に歌って踊って笑って過ごすことのできる「どんぐりコロコロ」活動など、子育て支援を行っている。また、保護者を対象とした課外教室（茶道、ピアノ）も開設されている。

◆小・中・高校生や地域の方との交流の機会を持つなど、家庭と地域の人々が協力し合い信頼できる環境をつくる活動を行う。

 ## 安全対策

・インターホン設置　・監視ビデオカメラ設置
・赤外線センサー設置　・正門に職員の配置
・保育時間内は門を施錠　・学校110番設置
・避難訓練の実施（園児のみ月1回）
・防犯訓練の実施　・職員全員が常時無線携帯

 ## スクールバス安全対策

・添乗職員2名（園児の数に関わらず）
・降車後、添乗職員と運転手による車内確認
・バス内に無線設置
・アプリによるバスの現在地確認

 ## 主な行事

◇遠足　◇いもほり遠足　◇音楽会　◇運動会
◇作品展示会　◇クリスマス　◇発表会
◇収穫感謝祭　◇卒園記念礼拝

ほかに、じゃがいも掘り、バザー、交通安全指導、球根植付け、ドッジボール大会・ボールゲーム大会、じゃがいも植付け、お別れ会、カレーパーティー など

※感染対策のため2023年度は以下のように変更
　運動会：午前で終了
　音楽会・クリスマス：参加保護者は一家庭2名
　展示会：例年通り2日間に分けて開催したが登園日の指定はしていない

進学と関連校

【国・私立小学校への進学】

受験指導あり（月に1回、園長の話を聞く会があり、その中でも行っている）

【国・私立小学校への進学先例】

捜真、横浜雙葉、精華、清泉、関東学院、湘南白百合学園、横浜国立大学教育学部附属横浜、慶應義塾横浜、青山学院横浜英和、聖ヨゼフ学園、日本大学藤沢、早稲田実業学校、暁星、玉川学園、桐蔭、鎌倉女子大 など

園長からのメッセージ

平和な明るい家庭には、バランスのとれた子どもが育ちます。
幼稚園は、皆さまの大切なお子さまの命と心をお預かりいたします。
ご家庭の皆さまと共に祈り・感謝・笑顔をもって、お子さまの心に安心・信頼・喜びを育て、たくさん友だちをつくって楽しく過ごせますよう見守っていきます。

認定こども園 捜真幼稚園

〒221-0804 横浜市神奈川区栗田谷42-43
TEL：045-323-1676
www.soshin.ed.jp/

◇JR・各私鉄横浜駅よりバス「県営栗田谷住宅前」
下車1分
◇横浜市営地下鉄「三ッ沢下町」駅より徒歩10分
◇東急東横線「反町」駅より徒歩15分

入園までの流れ

2024年度入試（2023年秋実施）より〜

募集人数 ＊カッコ内 新規受入予定数	1歳児 8名（3号8名） 2歳児 10名（3号2名） 3歳児 49名（1・2号39名） 4歳児 49名（1・2号数名） 5歳児 49名（1・2号数名）
公開行事	施設見学会：7月8日、9月16日 入園相談会： 10月20・23・24・25日
説明会	6月20日、9月12日、10月17日
願書配布	10月16日〜
入園手続	◇1号認定 願書受付・親子面接：11月1日 合格発表・認定申請：11月1日 招集日： 2024年2月14日、3月7日 ◇2・3号認定 認定申請：11月初旬 認定者親子面接： 2024年2月6日 招集日： 2024年2月14日、3月7日

2025年度募集日程 （予定）

＊日程はHPでご確認ください

【見 学 会】2024年6月〜
【説 明 会】2024年9月中旬
【願書配布】2024年10月15日〜31日
【入園試験】2024年11月1日

ここをチェック！

創　　立	1955年（昭和30年）
園 児 数	140名
教 員 数	常勤25名・非常勤17名
送迎バス	なし　　園　庭　土
保育時間	1号認定 月火木金：9時〜14時 水：9時〜11時30分 　＊土曜日休園（預かり保育あり） 1号＋預かり保育、2号・3号 月〜土：7時30分〜18時30分
預かり保育	あり（上記参照）
未就園児クラス	プレ保育、園庭開放、子育て相談
宿泊行事	自然教室（2泊3日・年長）
昼　　食	1・2号：希望給食（毎日提供） 　その他（週1給食） 　＊どちらか選択できる 3号：給食（月1回弁当）
服　　装	制帽・スモック（手作り）あり、 制服なし

諸費用

〈入園手続時〉
　入園準備金　　　　　　　　　　　5,000円
　施設充実費（入園時）　　　　　 50,000円
〈その他〉
　基本保育料　　　　　　　自治体の定める金額
　　　　　　　　　　　　（3〜5歳児無償）

　特定保育料
　・施設維持費（1〜5歳児・月額）　4,000円
　・教育諸費（3〜5歳児・月額）　　5,000円
　＊ほかに給食費、PTA会費、自然教室費用、用品代、
　　お誕生日会費など実費あり

このページの内容は、2024年度園児募集の際に配布された資料に基づいています。
来春入園を希望される方は2025年度園児募集要項（こども園配布）をご確認ください。

保育について

【教育理念】

園に集うもの皆が、自分が神様に愛されているかけがえのない存在であることを知り、自分と周りにいる人を大切にし、喜び、祈り、感謝する生活を通して、共に生きていこうとする力を育てます。

【教育目標】

◆健康の生活

子どもが基本的生活習慣を身につけ、自立し自信を持って、お互いに安全に生活できる力を育てる。

◆交わりの生活

子どもが自主的遊びを通して人と交わり、言葉で自分の気持ちや考えを伝え、互いの違いを認めつつ、共に過ごすことが喜びとなるように育てる。

◆探求する生活

子どもが想像力をもって心を動かし、さまざまな環境、事象に興味を持ち、探求し挑戦することを通して、諦めない心、知的好奇心を育てる。

◆表現する生活

子どもが自ら環境に関わり、感性を豊かにし、自分の思っていること考えていることをさまざまな方法で表現できるように育てる。

【保育の特色】

①目に見えないことを大切に

1人ひとりが神さまの愛の中に生かされていることに気づき、喜びのうちに心豊かに育っていく。

②自主性を大切に

大人が教えるのでなく、自分で考え、やってみて、調べたり試行錯誤することでその体験が自分のものとなる。保育者は1人ひとりの子どもが安心して伸び伸びと生活できるように配慮する。

 # 安全対策

・オートロック門扉　・保育時間内の施錠
・防犯監視カメラ設置　・警備会社契約
・れんらくアプリ　・防犯訓練実施
・非常用物品（水・食料・発電機等）の備蓄
・避難訓練の実施（園児のみ／月1回）
・保護者への引き渡し訓練の実施（年1回）

③交わりを大切に

集団の中で自由に遊ぶことによって、他者との違いに気づいたり、協力したり、自分の意見を伝えたり、共に生きるための努力を学んでいく。

 # 主な行事

◇年長組自然教室　◇運動会　◇感謝祭礼拝
◇クリスマス礼拝・祝会　◇イースター礼拝
ほかに、遠足、花の日・創立記念礼拝、なつのつどい、アドベント礼拝、おもちつき、バザー など

 # 進学と関連校

【小学校受験への対応】

特に受験指導は行っていないが、相談には応じている。卒園児の20%程度が国立・私立小学校に進学している。

【国・私立小学校への進学先例】

横浜国立大学教育学部附属横浜、捜真、関東学院、関東学院六浦、青山学院横浜英和、森村学園、精華、清泉、横浜雙葉、桐蔭学園、暁星、立教 など

神奈川

園長からのメッセージ

認定こども園は子どもたちが将来ひとりの人間として、豊かに生きていくための「底力」を培うところです。認定こども園捜真幼稚園は、キリスト教信仰を土台として保育をしています。子どもたちは安心して園で過ごし、主体的に遊び、集団の中で社会性や豊かな感性が養われていきます。縦割クラスも経験し、「生きる力」「優しい心」「自立心」が育ちます。保育者はローテーションを組んで、全園児1人ひとりの成長を喜び、日々分かち合っています。互いに尊敬し合い、祈り合っています。保護者は園の行事、懇談会、講演会、その他のPTA活動を通して、子育ての喜びを改めて感じ、自分らしさを楽しみます。共に育ち合い、豊かな歩みをしてまいりましょう。

大切な幼児期を、しっかり育み、楽しいシーンに。

大谷学園幼稚園

〒222-0024 横浜市港北区篠原台町20-1　　　◇東急東横線「白楽」駅より徒歩7分
TEL：045-433-1144
www.ootani-k.ed.jp/

入園までの流れ

2024年度入試（2023年秋実施）より〜

募集人数	3年保育　男女75名 2年保育　男女若干名
公開行事	園舎見学：実施日未定
説明会	10月28日
願書配布	10月15日〜26日
願書受付	11月1日
選考料	3,000円
選考	11月1日 面接：保護者と志願者
合格発表	11月1日
入園手続	11月2日まで

2025年度募集日程 （予定）

【説明会】2024年10月中旬
【願書配布】2024年10月15日〜
【入園試験】2024年11月1日
【公開行事】見学会：2024年6月〜
＊日程はHPでご確認ください。

ここをチェック！

創立	1956年（昭和31年）
園児数	年長74名・年中53名・年少65名 （各3クラス）
教員数	14名（他4名）
送迎バス	あり
園庭	土
保育時間	月火木金：9時〜14時 水：9時〜12時 ＊土曜日休園
預かり保育	7時30分より／18時30分まで ＊長期休暇中は7時30分〜18時30分
2歳児保育	8時30分〜16時30分 （給食・午睡あり）
英語教育	あり
課外授業	チアダンス、バスケット、スポーツクラブ、ピアノ、アトリエ
宿泊行事	お泊まり保育（年長）
昼食	給食（月火木金） ＊希望給食の日もある
服装	制服・制帽・体操服あり

諸費用

〈入園手続時〉
　入園料　　　　　　　　3年保育 170,000円
　　　　　　　　　　　　2年保育 160,000円

〈その後〉
　施設費（年額）　　　　　　　　50,000円
　保育料（月額）　　　　　　　　 4,300円
　　　　　　＊国から25,700円の補助あり
　保健・冷暖房費（年額）＊2期分納　6,000円
　＊ほかに制服などの学用品代、保護者会費などあり

神奈川

このページの内容は、2024年度園児募集の際に配布された資料に基づいています。
来春入園を希望される方は2025年度園児募集要項（幼稚園配布）をご確認ください。

保育について

【教育目標】
1．丈夫な身体と意欲を育てる
2．個性を大切にし、豊かな感性・創造性を養う
3．集団の楽しさを味わい、思いやりを育てる
　適正なクラス編成で、子どもの個性を尊重し、可能性をひき出し、発展させる。楽しく園生活を送るなかで社会性を培い、豊かな人間性を育み、幸せな幼児期を過ごせるよう努力と研究をつづけながら保育を行う。

【保育の特色】
◆遊びを中心に、集団を意識した保育を行う。
◆自由保育と一斉保育をバランスよく取り入れている。
◆リトミックなどで音楽性を、英語教室（外国人講師）で国際性を、アトリエで創造性・表現力を、体育遊びで俊敏性や体力を育てる。
◆絵本を多く取り入れて楽しさを味わい、豊かな心を育てる。
◆同じ学園内の横浜高等教育専門学校の教員、実習生の派遣があり、研究活動も活発で保育に反映されている。

 # 園での生活

年少さん
　まずは園に慣れ、集団の中に入っていろいろな人がいることを理解し、世界を広げる。

年中さん
　集団の楽しさがわかり、ルールを守りながら自分を発揮する。社会性の基盤が培われる大切な1年。

 # 安全対策

・インターホン設置　・学校110番設置
・セコムによる防犯カメラ設置　・AED設置
・赤外線センサー設置　・正門に守衛室の配置
・保育時間内は門を施錠・防災用品、非常食完備
・避難訓練の実施（園児のみ／月1回）
・保護者への引き渡し訓練の実施（年1回）

 ## スクールバス安全対策

・GPSと無線によるバスの進行管理

年長さん
　のびのびと自己を発揮。人への思いやりが育ち、社会性が増すことで友だちとの関係も深まり、園生活を存分に楽しむようになる。

 # 主な行事

◇お泊まり保育（年長）　◇おたのしみ会
◇運動会　◇はっぴょう会
◇おみせやさんごっこ
ほかに、たけのこ掘り、遠足、七夕まつり、スケート、おじいちゃん・おばあちゃんへのお便り、おいもほり、おもちつき、お別れ会 など

進学と関連校

【小学校受験への対応】
　受験指導は行っていないが、卒園児の19％程度が国立・私立小学校に進学
【国・私立小学校への進学先例】
慶應義塾、横浜国立大学教育学部附属横浜、田園調布雙葉、横浜雙葉、青山学院、清泉、立教女学院、聖ヨゼフ学園、森村学園、横浜英和 など

神奈川

園長からのメッセージ

　当園は、母体となる学校法人大谷学園の教育理念「必要で信頼される人となる」のもと、昭和31年に開園いたしました。幼児期に丈夫な身体と意欲を育て、豊かな感受性、創造力を養い、集団の楽しさを知り、その中で思いやりの気持ちを持てることを目標としています。また学園内には、幼稚園教諭、小学校教諭、養護教諭の養成機関があり、当園の教員たちは幼児教育を取り巻く最新の情報を常に吸収できる環境にあります。今の子ども達が大人になる頃にはIT化がより進み、今では想像もつかない職業が現れてくることでしょう。これから先の変化に富み、複雑化する世界を生きていくために必要となる力を育む手助けに尽力して参ります。「知」を得ながら「心」を豊かにする教育の実現のため、保護者の皆様との情報交流を大切にして参ります。

子どもたちはこの地球の宝物

大西学園幼稚園

〒211-0063 川崎市中原区小杉町2-284
TEL：044-711-6200
ohnishigakuen.ac.jp/yochien/

◇JR「武蔵小杉」駅より徒歩4分
◇東急東横線・目黒線「武蔵小杉」駅より徒歩5分

入園までの流れ

2024年度入試 (2023年秋実施) より～

募集人数	3年保育　男女60名 2年保育　男女20名
公開行事	見学会（要予約）： 　9月27日、10月17日・19日
説 明 会	9月2・13日（要予約）
願書配布	10月16日～19日
願書受付	11月1日
選 考 料	5,000円
選 考	11月1日 面接：保護者と志願者
合格発表	11月1日
入園手続	11月1・2日

2025年度募集日程 (予定)

【説 明 会】未定（2024年2月現在）
【願書配布】2024年10月15日～（予定）
【入園試験】2024年11月1日（予定）

ここをチェック！

創 　 立	1949年（昭和24年）
園 児 数	年長・年中・年少（各2クラス）
教 員 数	11名
送 迎 バ ス	あり（片道・往復選択制）
園 　 庭	ゴムチップ
保 育 時 間	月火木金：9時30分～14時 水：9時30分～11時30分 ＊土曜日休園
預かり保育	14:00～17:30
未就園児クラス	あり
英 語 教 育	あり
課 外 授 業	新体操、スポーツ、 学研・かがくルーム、サッカー
宿 泊 行 事	なし
昼 　 食	弁当（月～金） ＊希望者には給食あり（週2日／週5日選択制）
服 　 装	制服・制帽・スモックあり

諸費用

〈入園手続時〉
入園金＊　　　　　　　　　　　　　　130,000円
　＊兄弟姉妹が学園に在学中の場合、入園金は半額
　＊ほかに制服代・体操服代などあり
〈その後〉
保育料（月額）　　　　　　　　　　　 31,000円
材料費（年額）　　　　　　　　　　　 15,600円
保育用品代（年額）　　　　　　　　　 11,000円
母の会費（年額）　　　　　　　　　　 11,000円
通園バス代（月額）　　　　　　　 片道2,000円
　　　　　　　　　　　　　　　　 往復3,800円
通信費（年額）　　　　　　　　　　　　1,700円
月刊絵本代（年額）　　　　　　　　　　5,400円

このページの内容は、2024年度園児募集の際に配布された資料に基づいています。
来春入園を希望される方は2025年度園児募集要項（幼稚園配布）をご確認ください。

神奈川

保育について

【保育目標】

◆**丈夫な子ども**…健康で強い子に育つよう

・**送りコース**

　お家の近くまで先生やお兄さん・お姉さんと手を
つないで帰る。足腰を鍛え運動機能の発達を促す。

・**体操**　専門の先生が指導を行う。

・**外遊び**

　園庭や中高校庭外で体を動かして遊びます。

・**園外保育**

　河川敷のグラウンドで、学年を超えて一緒に遊ぶ。

・**お弁当・給食**

　座ってお行儀よく食べることを身に付ける。苦手
なものも、お友だちと一緒だと食べられるかも。

◆**やさしい子ども**…すべてのものを大切に思う心

・**自由遊び**

　みんなで楽しく遊びながら、社会性を身につけ、
好奇心や考える力を養う。

・**ゲーム遊び**

　ルールのある遊びで社会性や協調性を身につける。

・**縦割り保育**

　お兄さんやお姉さんに優しくしてもらった経験に
より、年下の子やお友だちに優しくできるように。

・**小学部との交流**

　憧れの小学生のお兄さん・お姉さんの真似をしな
がら、多くのことを身につけていく。

◆**考える子ども**…　“感じる”心を大切に育てるために

・**表現活動**

　季節の歌や季節ごとの制作を通して、感情を豊か
にし、気付きや学力を養う。

・**絵画・制作**

　お絵かき・折り紙・工作などを毎日一斉に行い、
技術とともに集中力・創造力・思考力を身につける。

 # 安全対策

・インターホン設置　・監視ビデオカメラ設置

・保育時間内は門を施錠

・防災訓練の実施（園児／月１回）

・保護者への引き渡し訓練の実施（年１回）

・**英語（年長）**

　ネイティブ講師による授業で、楽しみながら本物
の英語を身につける。

・**ひらがな・数字・漢字**

　年少よりひらがな・数字への準備期間を設け、苦
手意識を持つことなく自然に取り組めるよう配慮。

◆**特色**

　毎日の一斉活動により、独自のカリキュラムをす
すめている。特にひらがな、数字、ちえあそび、
時計、漢字、算数に取り組むことが本園の特色で
す。小学校に進学しても、学習に対して積極的に
取り組める土台を指導しております。

 # 主な行事

◇夏祭り　　◇運動会　　◇学園祭
◇クリスマス会　　◇お遊戯会

ほかに、親子遠足、園外保育、写真撮影（クラス
写真）、保育参観、七夕会、水遊び、幼小交流会、
豆まき、さよなら遠足、お別れ会 など

 # 進学と関連校

【大西学園小学校への進学】

　受験希望者には個別アドバイスを行う

　内部説明会実施

【関 連 校】

　大西学園高等学校・同中学校・同小学校

**園長からの
メッセージ**

　はじめての幼稚園生活に向けて、保護者・お子さまともに、さまざまな不安を
抱えられていることでしょう。幼稚園に通うということは、子どもたちにとっ
ての「社会への第一歩」となります。そんな幼稚園生活は、子どもたちがはじ
めて親元から離れ、大勢の同世代のお友だちと接することで、社会性や協調性
を身につける大切な時間。人間形成において大切な時期に、実り多く充実した
幼稚園生活を送れるよう、私たちはお預かりしたお子さまを毎日心を込めて、
大切に育んでまいります。

多様な経験と考える習慣

洗足学園大学附属幼稚園

〒213-8580 川崎市高津区久本2-3-1
TEL：044-857-1211
www.senzoku.ac.jp/youchien/

◇東急田園都市線・大井町線「溝の口」駅、
　JR「武蔵溝ノ口」駅より徒歩7分

入園までの流れ

2024年度入試（2023年秋実施）より～

募集人数	3年保育　男女32名
公開行事	施設見学会： 　6月14・21・28日、 　7月5・6・7日 保育見学会： 　9月11・12・13・14・15・19・ 　20・21日
説明会	10月15日
願書配布	10月15日～31日（WEB）
願書受付	11月1日（HP掲載）
選考料	15,000円
選考	11月2・3日 考査：行動観察 面接：保護者と志願者
合格発表	11月4日
入園手続	11月6日

ここをチェック！

創立	1948年（昭和23年）
園児数	年長33名（1クラス）・年中32名 （1クラス）・年少32名（2クラス）
教員数	教諭10名 看護1名　事務1名
送迎バス	なし
園庭	人工芝
保育時間	月火木金：9時～13時45分 水：9時～11時30分 ＊土曜日休園（年数回行事あり）
預かり保育	13時45分～17時まで
未就園児クラス	なし
英語教育	あり
課外授業	なし
宿泊行事	園内お泊まり保育（年長）
昼食	弁当（月火木金）
服装	制服あり

2025年度募集日程（予定）

【説　明　会】2024年10月15日
【願書配布】2024年10月15日～31日（WEB）
【入園試験】2024年11月2日・3日
【施設説明会】未定
【保育見学会】未定

諸費用

〈入園手続時〉
　入園料　　　　　　　　　　　　　　200,000円
　施設費（初年度分）　　　　　　　　180,000円
〈その後〉
　保育料（年額）＊年4回分納　　　　720,000円
　施設費（2年目以降）　　　　　　　180,000円
　＊ほかに洗足会（PTA）費、積立金（教材費）などあり
　＊洗足学園教育振興資金（任意の寄付金）募集あり

保育について

【教育目標】

自立―自らあそべる子ども

挑戦―がんばる子

奉仕―やさしい子

〈本園のこどもの姿〉

3年間の園生活の中で、幼児の主体的な活動である「遊び」を充分経験していく中で、子どもたちが「自らの力」で育つことを目標とする。

・心身ともに健康で、明るく元気に遊ぶ

・思いやりの気持ちを持ち、自分で考え行動する

・物事に親しみ、興味や関心を持つ

・豊かな感性を養い、創意工夫し表現することを楽しむ

・気持ちや考えを言葉で伝え、人の話をきく

【家庭との連携】

・個人面談　・園長面談　・園長懇談

・保育参観　・参加保育　・クラス懇談会

・預かり保育

子どもたちの育ちを共有しながら、「いま」気になる言動や「いま」感じたことを毎日の送り迎えのとき、保護者と担任が伝えあう。また子育ての不安や悩み、時には成長の喜びを担任はじめ園長や他の教諭、そして保護者同士の歓談などを交えながら、一緒に子育てができる環境をつくる。

【音楽体験】

系列の音楽大学や短期大学の協力により、「親子のための音楽会」や「キッズコンサート」を定期的に実施。幼少期から本物の音楽に触れることで、情操を養い、知的好奇心を動かしつつ、公共の場でのマナーなども学んでいく。

 ## 安全対策

・インターホン設置　・監視ビデオカメラ設置

・正門に警備員の配置　・学校110番設置

・保育時間内は門を施錠　・避難訓練の実施

・防犯対策の職員研修

・個人情報保護の職員研修

 ## 主な行事

こどもの日、春・秋の遠足、七夕、運動会、お月見、作品展、親子のための音楽会、クリスマス会、おもちつき、節分、ひな祭り、おゆうぎ会 など

 ## 進学と関連校

【小学校受験への対応】

相談者には面談などで対応する。

【洗足学園小学校への進学】

内部試験を行う

例年25名前後が進学　＊併願可能

【国・私立小学校への主な進学先例】

慶應義塾横浜、早稲田実業、雙葉、桐蔭 など

【関連校】

洗足学園音楽大学・同大学院・洗足学園こども短期大学・同高等学校・同中学校・同小学校

※洗足学園音楽大学附属音楽教室、バレエ教室

園長からのメッセージ

2021年度新入園児から、新カリキュラムを導入しました。

教師が主となり「やらせる」のではなく、子どもたちが自ら活動したくなる環境を作り、その活動に共感し、援助していく今までの教育に加えて、社会のリーダーの礎を築くための「多様な経験」と「考える習慣」を目標にICTも活用しながら教育を進めております。

愛の中で自由に大きく

カリタス幼稚園

〒214-0012 川崎市多摩区中野島4-6-1
TEL：044-922-2526
caritas.or.jp/kd/

◇ JR「中野島」駅より徒歩10分
◇ JR・小田急線「登戸」駅より徒歩20分
　またはバス「カリタス学園」下車1分

入園までの流れ

2024年度入試（2023年秋実施）**より〜**

募集人数	3年保育　男女60名 2年保育　男女10名程度
公開行事	幼稚園体験会：7月25日〜27日、 7月31日〜8月2日 保育見学会（要予約）： 7月5・12日、9月12・21日、 10月17日 公開保育：6月10日、9月9日 運動会：10月7日 クリスマス会：12月6日・9日
説明会	9月1日、10月15日
願書配布	10月15日〜26日（WEB）
願書受付	10月15日〜26日（WEB）
選考料	20,000円
選考	◇面接：11月1日 　　　　保護者と志願者の面接 ◇考査：11月1日 　3年保育：グループ自由遊び 　2年保育：グループ自由遊び 　　　　　　簡単な個別質問
合格発表	11月1日（WEB）
入園手続	11月2日

2025年度募集日程（予定）

【説　明　会】2024年9月1日、10月15日
【願 書 配 布】2024年10月15日〜10月26日
【入 園 試 験】2024年11月1日
【公 開 行 事】公開保育：2024年5月20〜24日、6月1日、
　　　　　　　7月18日、9月7日・10〜13日
　　　　　　　夏期マンテッソーリ体験会：2024年7
　　　　　　　月29〜31日、8月19〜21日
　　　　　　　運動会：2024年10月5日
　　　　　　　クリスマス会：2024年12月7日

ここをチェック！

創　　立	1962年（昭和37年）
園 児 数	年長52名・年中55名・年少47名
教 員 数	常勤28名
送迎バス	あり
園　　庭	土、芝生
保育時間	月火木金：9時〜14時 水：9時〜11時40分 ＊土曜日休園
預かり保育	7時30分より／18時30分まで
未就園児クラス	あり
外国語教育	フランス語・英語
課外授業	体操、チア、キッズダンス、音楽教室、英語、フランス語
宿泊行事	宿泊保育（年長）
昼　　食	弁当（月火木金） ＊2025年度より自校給食開始
服　　装	制服・制帽・スモックあり

諸費用

〈入園手続時〉
　入園料　　　　　　　　　　　　200,000円
　施設拡充費　　　　　　　　　　150,000円
　新入園児物品代　　　　　　　　 24,000円
〈その後〉
　授業料（月額）　　　　　　　　 30,000円
　維持費（月額）　　　　　　　　　6,800円
　学習費（月額）　　　　　　　　　2,000円
　後援会入会金　　　　　　　　　　1,000円
　後援会費（月額）　　　　　　　　2,500円
＊寄付金1口20,000円、2年保育は2口以上・3年保
　育は3口以上

神奈川

このページの内容は、2024年度園児募集の際に配布された資料に基づいています。
来春入園を希望される方は2025年度園児募集要項（幼稚園配布）をご確認ください。

保育について

【教育目標】
- 思いやりのあるやさしい心を持つ子
- よく見、よく考えて、最後までやり通す強い心をもつ子
- 友だちとともに感動し、喜びを分かち合える豊かな心をもつ子

１．キリスト教的愛に根ざした指導
「自分が大事にされている」と実感することで、人への愛情と信頼を育み、他者を思いやり、助け合う心を、日々の遊びや活動の中で養う。

２．豊かな感性の育成
自然、人間、動植物とふれ合い、自然への探究心、感動や感謝する心を育む。

３．心身ともにバランスのとれた成長
集団の中で協同、自主の精神を養い、自分の役割や責任をはたす大切さを教える。また専門の体育講師が、身体の各機能の発達を促しながら、体を動かすことの楽しさを教える。

４．生活習慣の確立
集団での活動を通して、自由とルールを識別できる行動を促す。挨拶や整理整頓など、無理なく自然に基礎的な生活習慣が身につくよう指導する。

５．外国語や異文化への興味づけ
外国人講師によるフランス語と英語の時間を設けており、子どもたちは新しい音やリズムを身体で感じ、異国の人、文化に触れる楽しさを自然に覚えていく。

【モンテッソーリ教育】
人格形成のいちばん大切な時期に自主性・協調性・社会性を育み、創造性を発揮しつつ、物事にじっくり取り組み、喜びに満ちた本来の子どもの姿の実現を目指す。

 ## 安全対策

- インターホン設置　・正門に警備員の配置
- 保育時間内は門を施錠　・保護者は名札着用
- 避難訓練の実施（園児のみ／月１回）
- 防犯訓練の実施　・メール緊急連絡システム

 ## スクールバス安全対策

- スクールバスに車内置き去り防止安全装置を設置
- スクールバスに GPS 機能設置
- 降車後、添乗職員・運転手による車内確認、その後運転手による車内清掃（合計３回車内チェック）
- 学園と幼稚園にバス担当者がおり、毎月運行について確認している

 ## 主な行事

◇マリア祭　◇ファミリーデー　◇運動会
◇七五三の祈りの集い　◇クリスマス会
ほかに、こどもの日の集い、親子遠足、宿泊保育（年長）、移動動物園、サツマイモ掘り、勤労感謝の集い（年長／警察署・消防署訪問）、もちつき、園外保育、宿泊保育、夏期保育 など

進学と関連校

【カリタス小学校への進学】
内部試験を経て、希望する全員が進学
（卒園児の 80％ほど）

【国・私立小学校への進学先例】
カリタス幼稚園、早稲田実業学校初等部、慶応義塾幼稚舎、慶応義塾大学横浜初等部、洗足学園小学校、青山学院横浜英和小学校、立教小学校、相模女子大学小学部 など

【関連校】
カリタス女子高等学校・同女子中学校
カリタス小学校

園長からのメッセージ

愛される体験、認められ、信頼される体験を通して子ども達の持っている内なる力を発揮できるよう援助します。祈り、感じ、考え、やってみることを促す豊かな環境が子どもたちを育みます。

カトリック精神のもと、1人ひとりを大切に
"幸せな子ども"を育てています。

聖セシリア幼稚園

〒242-0006 大和市南林間3-10-1
TEL：046-275-8036
www.cecilia.ac.jp/yochien/

◇小田急線「南林間」駅より徒歩7分
◇東急田園都市線・小田急線「中央林間」駅より徒歩10分

入園までの流れ

2024年度入試 (2023年秋実施) より〜

募集人数	3年保育　男女計40名 2年保育　男女若干名 1年保育　男女若干名
公開行事	保育見学：随時（要予約） 体験保育 セシリアフェスティバル マリア組プレイデー
説明会	9月9日、10月11日
願書配布	10月16日〜
願書受付	11月1日
選考料	5,000円
選考	11月1日 ◇行動観察 ◇面接（保護者と志願者） ◇口頭試問
合格発表	11月2日（郵送）
入園手続	11月6日

2025年度募集日程 (予定)

【説明会】2024年6月下旬、9月上旬、10月15日
【願書配布】2024年10月15日〜
【入園試験】2024年11月1日
【公開行事】セシリアフェスティバル：5月下旬
　　　　　　運動会：10月
　ほかに園庭開放、体験保育、プレイデーあり
　＊詳細はHP等でご確認ください

ここをチェック！

創立	1953年（昭和28年）
園児数	年長39名・年中40名・年少39名 （全学年2クラス）
教員数	専任12名、非常勤5名
送迎バス	あり
園庭	芝生
保育時間	月火木金：9時〜14時 水：9時〜11時30分 ＊土曜日休園
預かり保育	7時30分より／18時30分まで ＊長期休暇中は7時30分〜18時30分
未就園児クラス	2・3歳児対象保育
英語教育	あり
課外授業	バレエ教室、水泳教室、英語教室、 タグラグビー教室、音楽教室
宿泊行事	サマーキャンプ（1泊2日・年長）
昼食	弁当（月火木金） 週2回パン給食（希望者）
服装	制服（エプロン）あり、 制帽なし（夏帽のみあり） 通園カバンあり

諸費用

〈入園手続時〉
　入園料　　　　　　　　　　　　　　　　100,000円
〈その後〉
　保育料（月額）＊教材費・保健費含む　29,000円
　　　　　　　　　（無償化補助額　25,700円）
　教育施設環境費（月額）　　　　　　　　3,000円
　空調費（年額）　　　　　　　　　　　10,000円
　　＊ほかに制服代、道具代、父母会費などあり

このページの内容は、2024年度園児募集の際に配布された資料に基づいています。
来春入園を希望される方は2025年度園児募集要項（幼稚園配布）をご確認ください。

保育について

【建学の精神】

カトリック精神に基づき、「信じ、希望し、愛深く」を心の糧として、知育、徳育、体育のバランスの取れた総合教育をめざす。神を識り、人を愛し、奉仕する心をもって、広く社会に貢献できる知性をもった人間形成を旨とする。

【教育目標】

・素直で明るくやさしい心を養う
・自分が愛されていることを実感できる心を養う
・楽しく興味を持って学ぶ力を養う

【特色】

創立者の意志を尊重するパウロ書簡にちなんだ言葉「信、望、愛」は学園の合言葉であり、精神的な支えとなっている。創造力を養う遊びや英語を通して人間性を育み、四季折々の多彩な学園行事などでも、個々に合わせた成長を目指す。クラス担任と学年ごとの教諭の複数担任制をとっているほか、バレエ、英語、タグラグビー、水泳、音楽の課外教室、預かり保育、バス送迎などを行っている。

【保育内容】 週に1回ずつ専任講師が指導を行う。

◆体育
体操・かけっこ・マット運動・鉄棒・ゲームなどで、強いからだをつくる。

◆水泳
温水プールで年間を通して指導。ゲームや遊びで水慣れし、泳ぐことを目標とする。

◆英語
ネイティブティーチャーによる指導。歌や絵本、ゲームなどで日本語との違いに興味を持って楽しく取り組む。

◆複数担任制
担任のほか、学年ごとに担当教諭がつき、複数担任で温かく、きめ細かく指導する。

 ## 安全対策

・インターホン設置　・電子鍵
・監視ビデオカメラ設置
・正門に警備員の配置　・保育時間内は門を施錠
・保護者への引き渡し訓練の実施(年1回)
・避難訓練の実施(年3～4回)
・送迎者は保護者証をつける
・防災倉庫に食料備蓄あり

スクールバス安全対策

・降車後、添乗職員と運転手による車内確認
・安全装置の装備あり

 ## 主な行事

4月	入園式
5月	マリア祭、遠足、セシリアキッズフェスティバル
6月	季節の収穫
7月	サマーキャンプ
8月	夏まつり
9月	いもほり遠足
10月	運動会
11月	七五三ミサ
12月	クリスマス会
1月	おもちつき
2月	ひなまつり遊戯会
3月	卒園ミサ、卒園遠足、卒園式

そのほか、保育参観、誕生会、カレー・ピザパーティー など

進学と関連校

【小学校受験への対応】
相談に応ずる

【聖セシリア小学校への進学】
内部推薦制度あり

【関連校】
聖セシリア女子高等学校
同女子中学校・同小学校・同喜多見幼稚園

園長からのメッセージ

本園はキリストの愛の教えをもとに、「すなおさ　あかるさ　やさしさ」を育みます。幼稚園での経験は心の深いところに蓄積し、人格を作る土台となります。本園が子どもたちに伝えたいことは「あなたが大切な人である」ということです。人の心の痛みを理解できるあたたかなやさしさを身につけられるように、1人ひとりを大切にお育ていたします。

さくいん

【あ】

愛育幼稚園   100

青山学院幼稚園   186

麻布山幼稚園   108

麻布みこころ幼稚園   102

【い】

育英幼稚園   128

石川幼稚園   208

【う】

牛込成城幼稚園   114

【お】

大谷学園幼稚園   266

大西学園幼稚園   268

お茶の水女子大学附属幼稚園   80

【か】

学習院幼稚園   200

家庭幼稚園   150

上野毛幼稚園   166

上星川幼稚園   262

カリタス幼稚園   272

川村幼稚園   202

【き】

共立大日坂幼稚園   120

暁星幼稚園   90

金の星幼稚園   260

【く】

国立音楽大学附属幼稚園   240

国立学園附属かたばみ幼稚園   242

国本幼稚園   154

【こ】

光塩幼稚園   196

晃華学園暁星幼稚園   236

晃華学園マリアの園幼稚園   228

國學院大學附属幼稚園   198

【さ】

さくら幼稚園   176

三軒茶屋幼稚園   148

サンタ・セシリア幼稚園   112

【し】

枝光会駒場幼稚園   130

枝光会附属幼稚園   104

枝光学園幼稚園   132

品川翔英幼稚園   124

自由学園幼児生活団幼稚園   244

淑徳幼稚園   212

春光幼稚園   170

聖徳幼稚園   220

常徳幼稚園   182

湘南やまゆり学園   254

昭和女子大学附属昭和こども園   146

白百合学園幼稚園   92

白金幼稚園   110

【せ】

聖学院幼稚園   206

成城幼稚園   156

聖セシリア幼稚園   274

聖徳大学三田幼稚園   96

聖ドミニコ学園幼稚園   158

清明幼稚園   140

世田谷聖母幼稚園   174

洗足学園大学附属幼稚園   270

【そ】

認定こども園　捜真幼稚園   264

【た】

高松幼稚園   218

玉川学園幼稚部   232

【ち】

小さき花の幼稚園   142

【て】

田園調布雙葉小学校附属幼稚園　160

田園調布ルーテル幼稚園　144

【と】

桐蔭学園幼稚園　250

道灌山幼稚園　210

東京音楽大学付属幼稚園　204

東京学芸大学附属幼稚園小金井園舎　86

東京学芸大学附属幼稚園竹早園舎　84

桐朋幼稚園　230

東洋英和幼稚園　98

東京都市大学二子幼稚園　162

【に】

日体幼稚園　184

新渡戸文化子ども園（幼稚園）　194

日本女子体育大学附属みどり幼稚園　178

日本女子大学附属豊明幼稚園　118

【の】

伸びる会幼稚園　116

【は】

バディスポーツ幼児園　180

【ふ】

福田幼稚園　188

雙葉小学校附属幼稚園　94

文京学院大学文京幼稚園　122

文教大学付属幼稚園　126

【ほ】

宝仙学園幼稚園　190

【ま】

マダレナ・カノッサ幼稚園　172

【み】

みずほ幼稚園　216

みのり幼稚園　214

みふじ幼稚園　238

みょうじょう幼稚園　152

【む】

武蔵野学園ひまわり幼稚園　224

武蔵野東第一幼稚園・第二幼稚園　222

【め】

明星幼稚園　226

目黒サレジオ幼稚園　134

【も】

森村学園幼稚園　252

【や】

大和幼稚園　192

【ゆ】

祐天寺附属幼稚園　138

ゆかり文化幼稚園　168

【よ】

横浜あすか幼稚園　257

横浜英和幼稚園　248

横浜マドカ幼稚園　256

横浜みずほ幼稚園　258

横浜黎明幼稚園　259

【わ】

若草幼稚園（自由が丘）　136

若葉会幼稚園　106

和光鶴川幼稚園　234

和光幼稚園　164

本書の一部または全部を無断で複写複製することは、
著作権法上での例外を除き、禁じられています。

2025 年度版 首都圏 国立・私立幼稚園 入園のてびき

定価 2,860 円（本体 2,600 円＋税 10%）

印　刷	2024 年 4 月 17 日
発　行	2024 年 4 月 19 日
発行所	〒 162-0821　東京都新宿区津久戸町 3-11
	TH1 ビル 9 Ｆ
	日本学習図書株式会社
電　話	03-5261-8951（代）
印刷所	株式会社ダイトー
ＵＲＬ	https://www.nichigaku.jp

落丁本・乱丁本は発行所にてお取り換え致します。

★内容についての、ご意見・ご感想がございましたら、
　ぜひお寄せください。お待ちしております。